まえがき

　消費税は、特定の非課税取引を除くあらゆる取引を課税対象とする課税ベースの広い間接税として平成元年４月に導入され、今日では我が国の基幹税目として定着しています。

　我が国の消費税の税率は導入以来単一税率とされていましたが、元年10月１日からは標準税率が10％となり、飲食料品の譲〓〓読契約に基づく新聞の譲渡には８％の軽減税率が〓〓国の消費税も複数税率となっています。

　消費支出に担税力を求める消費税は、「転嫁」〓〓〓費者が負担することになりますが、納税義務者は事〓〓〓〓〓、事業者による商品の販売や役務の提供等の各段階において課税され、経済に対する中立性を確保するため、税の累積を排除する前段階税額控除方式を採用しています。

　この前段階税額控除方式についても複数税率の採用に伴って見直しがされ、令和５年10月１日からはインボイス方式である適格請求書等保存方式が適用されています。

　なお、小規模事業者の税負担の軽減及び事務負担の軽減を図る必要があるものとして、令和５年度の改正において、従来の特例措置に加えて、免税事業者がインボイス発行事業者となったことにより課税事業者となる場合には、納付税額を課税売上高に係る消費税額の２割とする負担軽減措置（２割特例）、一定規模以下の事業者の行う取引につき、帳簿のみの保存で仕入税額控除が可能となる制度等の小規模事業者に対する特例規定が設けられています。

　消費税は、原則として、課税売上げに対する消費税額から課税仕入れ等に係る消費税額を控除した税額を申告し・納付する仕組みとなっており、所得税及び法人税の取扱いと同様のものも多くありますが、課税対

象となる取引の判定、課税仕入れの判定や仕入税額控除の計算等においては、所得税及び法人税とは異なった解釈が必要となり、消費税の申告等に誤りを生じさせないためには、消費税固有の仕組みや制度を理解する必要があります。

　また、消費税には、事業者免税点制度、簡易課税制度などの中小事業者に対する特例制度があります。これらの制度については、その内容をよく理解し、必要な選択をし、又は選択を取りやめることが、中小事業者の事業経営にとって重要となってきます。

　本書の執筆にあたっては、消費税の仕組みや制度について初めて学ばれる方にも理解しやすいよう、また、ある程度の基礎的な知識を有する方にも役立つように、できるだけ平易に解説するとともに、重要と思われる項目については詳細に解説を加え、必要に応じて図解するなど、読者の方の理解を助けるよう努めました。

　本書によって少しでも消費税について理解を深めていただければ幸いです。

　令和6年5月

　　　　　　　　　　　　　　和　氣　　光

基礎から身につく

消　費　税

和氣　光 著

令和
6
年度版

一般財団法人 大蔵財務協会

─────── 凡　　例 ───────

本書において引用した法令は、それぞれ次の略語を用いました。

法＝消費税法
令＝消費税法施行令
規＝消費税法施行規則
通＝消費税法基本通達
外免通＝外国公館等に対する課税資産の譲渡等に係る消費
税の免除の取扱通達
様式通＝消費税関係申告書等の様式の制定について
措法＝租税特別措置法
措令＝租税特別措置法施行令
措規＝租税特別措置法施行規則
通則法＝国税通則法
通則法令＝国税通則法施行令
輸徴法＝輸入品に対する内国消費税の徴収等に関する法律

平27改正法＝所得税法等の一部を改正する法律（平成27年法律
第9号）
平28改正法＝所得税法等の一部を改正する法律（平成28年法律
第15号）
令2改正法＝所得税法等の一部を改正する法律（令和2年法律
第8号）
平28改正令＝消費税法施行令等の一部を改正する政令（平成28
年政令第148号）
平30改正令＝消費税法施行令等の一部を改正する政令（平成30
年政令第135号）
令和5.10.1以後＝平28年改正法による改正後の消費税法
適用される消法
令和5.10.1以後＝消費税法施行令等の一部を改正する政令（平成30
適用される消令　　年政令第135号）による改正後の消費税法施行令

㊟　本書は、令和6年5月1日現在の法令によっています。

◆　目　　次　◆

1 消費税のあらまし

1　消費税は、特定の物品やサービスに課税する個別消費税とは異なり、消費に広く公平に負担を求めるという観点から、金融取引や資本取引、医療、福祉、教育等の一部を除き、ほとんどすべての国内での商品の販売、サービスの提供及び保税地域から引き取られる外国貨物を課税の対象として、取引の各段階ごとに標準税率は7.8％（地方消費税を合わせると10％）、飲食料品の譲渡及び定期購読契約に基づく新聞の譲渡が適用対象となる軽減税率は6.24％（地方消費税を合わせると8％）の税率で課される間接税です。

2　消費税は、事業者に負担を求めるのではなく、税金分は事業者の販売する商品やサービスの価格に上乗せされて、次々と転嫁され、最終的には商品を消費し、又はサービスの提供を受ける消費者が負担することとなるものです。

　また、生産、流通の各段階で二重、三重に税が課されることのない

よう、課税売上げに係る消費税額から前段階の取引において課された税である課税仕入れ等に係る消費税額を控除し、税が累積しないような仕組みが採られています。

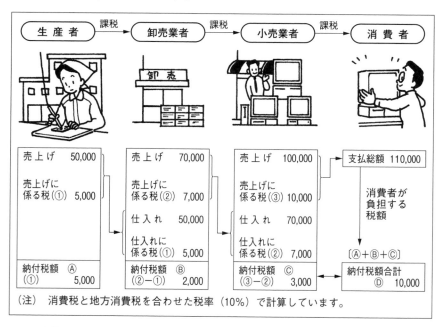

（注） 消費税と地方消費税を合わせた税率（10％）で計算しています。

3　消費税は、前段階の税額を控除する方式として、適格請求書発行事業者である売手から交付を受けたインボイス（適格請求書）の保存を仕入税額控除の要件とする「インボイス方式」が適用されます。

　インボイス方式は令和5年10月1日以後における課税資産の譲渡等及び課税仕入れについて適用されています。

4　納税義務者は製造、卸、小売、サービス等の各段階の事業者や保税地域からの外国貨物の引取者とされています（法5）。

　申告・納付については、事業者は課税期間の終了後2か月以内に所轄税務署長に確定申告書を提出し、消費税額及び地方消費税額を納付することになります（法45①、49、地方税法72の88）。

注 1 「課税期間」とは、納付する消費税額の計算の基礎となる期間で、個人事業者は暦年、法人は事業年度とされています。
　　2 個人事業者の各年の課税期間に係る確定申告書の提出期限は、翌年3月31日とされています（措法86の4①）。

また、事業者は、直前の課税期間の年税額に応じ、次のとおり中間申告・納付をする必要があります（法42、48）。

直前の課税期間の確定消費税額	48万円以下	48万円超400万円以下	400万円超4,800万円以下	4,800万円超
中間申告の回数	中間申告不要（任意の中間申告の選択可）	年1回	年3回	年11回

注 「確定消費税額」とは、中間申告対象期間の末日までに確定した消費税の年税額をいいます（通常の場合には、前年又は前事業年度1年分の消費税額となります。）。
　　消費税と地方消費税を合わせた額ではありません。

なお、外国貨物の引取者は、原則として、保税地域から課税貨物を引き取る時までに、その所轄税関長に引取りに係る消費税額を申告し、納付することになります（法47、50）。

注 外国貨物に係る関税を特例申告書（1か月分のまとめ申告）により申告する場合には、消費税についても、保税地域からの引取りの日の属する月の翌月末日までに申告し、納付することになります（法47③）。

5 事業者の納税事務の負担等を軽減するため、次のような措置が採られています。

① 事業者免税点制度

基準期間における課税売上高が1,000万円以下の事業者は、課税事業者を選択した事業者及び適格請求書発行事業者等を除き消費税の納税義務が免除されます（法9①、④）。消費税の納税義務が免除される事業者を「免税事業者」といいます（(注) 基準期間における課

税売上高が1,000万円以下の事業者であっても、還付が発生すると見込まれる輸出業者等は、事前に届出を行うことにより課税事業者になり、還付を受けることができます。）。

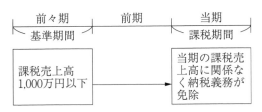

② 簡易課税制度

　　基準期間における課税売上高が5,000万円以下の事業者については、課税売上高に対する消費税額に、一定のみなし仕入率を掛けて納付する消費税額が計算できる簡易課税制度の選択ができます（法37①）。

注　1　「基準期間」とは、個人事業者についてはその年の前々年をいい、法人についてはその事業年度の前々事業年度をいいます。
　　2　「課税売上高」とは、「消費税が課税される取引の税抜きの売上金額の合計額」から「その取引に係る売上返品、売上値引きや売上割戻し等に係る税抜きの金額の合計額」を控除した残額をいいます。
　　3　免税事業者には消費税が課されませんから、基準期間において免税事業者であった場合の基準期間における課税売上高は、課税売上高に100/110（軽減税率の場合には100/108）を掛ける税抜計算を行うことなく、そのままの金額が基準期間における課税売上高となります。

6　一般会計の租税収入予算に占める消費税収入の位置づけは、次のとおりです。

【令和6年度租税及び印紙収入予算額・一般会計分】

税　　　　　目	令和6年度予算額 (2024) （単位：億円）	構成比 （単位：％）	令和5年度予算額 (2023) （単位：億円）
消　費　税	238,230	34.22	233,840
所　得　税	179,050	25.72	210,480
法　人　税	170,460	24.49	146,020
相　続　税	32,920	4.73	27,760
酒　　　　税	12,090	1.74	11,800
た　ば　こ　税	9,480	1.36	9,350
揮　発　油　税	20,180	2.90	19,990
石　油　ガ　ス　税	40	0.01	50
航　空　機　燃　料　税	320	0.05	340
石　油　石　炭　税	6,060	0.87	6,470
電　源　開　発　促　進　税	3,110	0.45	3,240
自　動　車　重　量　税	4,020	0.58	3,780
国　際　観　光　旅　客　税	440	0.06	200
関　　　　税	9,170	1.32	11,220
と　ん　税	90	0.01	100
印　紙　収　入	10,420	1.50	9,760
合　　　　計	696,080	100.00	694,400

7 　諸外国の付加価値税との比較は、次のとおりです。

【諸外国における付加価値税の概要】

（2023年1月現在）

		日本	EC指令	フランス	ドイツ	スウェーデン	英国
施行		1989年	1977年	1968年	1968年	1969年	1973年
納税義務者		資産の譲渡等を行う事業者及び輸入者	経済活動をいかなる場所であれ独立して行う者及び輸入者	有償により財貨の引渡又はサービスの提供を独立して行う者及び輸入者	営業又は職業活動を独立して行う者及び輸入者	経済活動をいかなる場所であれ独立して行う者及び輸入者	事業活動として財貨又はサービスの供給を行う者で登録を義務づけられている者及び輸入者
非課税		土地の譲渡・賃貸、住宅の賃貸、金融・保険、医療、教育、福祉等	土地の譲渡（建築用新築地を除く）・賃貸、中古建物の譲渡、建物の賃貸、金融・保険、医療、教育、郵便、福祉等	土地の譲渡（建物新築用地を除く）・賃貸、中古建物の譲渡、建物の賃貸、金融・保険、医療、教育、郵便、福祉等	土地の譲渡・賃貸、建物の譲渡・賃貸、金融・保険、医療、郵便、福祉等	土地の譲渡・賃貸、建物の譲渡・賃貸、金融・保険、医療、教育、郵便、福祉等	土地の譲渡（建物新築用地を除く）・賃貸、中古建物の譲渡、賃貸、金融・保険、医療、教育、郵便、福祉等
税率	標準税率	10％（注2）	15％以上	20％	19％	25％	20％
	ゼロ税率	なし	食料品、水道水、新聞、雑誌、書籍、医薬品、医療機器、旅客輸送、太陽光パネル等（注3）	なし	太陽光パネル等	なし	食料品、水道水（家庭用）、新聞、雑誌、書籍、国内旅客輸送、医薬品、居住用建物の建築（土地を含む）、新築建物の譲渡（土地を含む）、障害者用機器等
	輸出免税	輸出及び輸出類似取引	輸出及び輸出類似取引	輸出及び輸出類似取引	輸出及び輸出類似取引	輸出及び輸出類似取引	輸出及び輸出類似取引
	軽減税率	酒類・外食を除く飲食料品、定期購読契約が締結された週2回以上発行される新聞 8％（注2）	食料品、水道水、新聞、雑誌、書籍、医薬品、医療機器、旅客輸送、太陽光パネル等　5％未満（注3）上記及び宿泊施設の利用、外食サービス、スポーツ観戦、映画等　5％以上（注3）（2段階まで設定可能）	旅客輸送、宿泊施設の利用、外食サービス等　10％食料品、水道水、書籍、スポーツ観戦、映画等　5.5％新聞、雑誌、医薬品等　2.1％	食料品、水道水、新聞、雑誌、書籍、旅客輸送、宿泊施設の利用、スポーツ観戦、映画等　7％	食料品、宿泊施設の利用、外食サービス等　12％新聞、雑誌、書籍、旅客輸送、スポーツ観戦等　6％	家庭用燃料及び電力等　5％
	割増税率	なし	割増税率は否定する考え方を採っている。	なし	なし	なし	なし
課税期間		1年（個人事業者：暦年 法人：事業年度）ただし、選択により3か月又は1か月とすることができる。	1か月、2か月、3か月又は加盟国の任意により定める1年以内の期間	1か月（注4）	1年	3か月又は1年（注5）	3か月（注6）

（注1）　上記は、各国における原則的な取扱いを記載。なお、新型コロナウイルス感染症やウクライナ情勢による物価高騰に伴う措置として、時限的に税率の引下げや軽減税率の対象品目の拡大等を実施している場合がある。
（注2）　日本については、10％（標準税率）のうち2.2％、8％（軽減税率）のうち1.76％は地方消費税（地方）である。
（注3）　EC指令においては、従来、ゼロ税率及び5％未満の軽減税率を否定する考え方を採っていたが、令和4年4月の改正により、特定の品目についてはゼロ税率及び5％未満の軽減税率が認められた。
（注4）　課税売上高が一定額以下の場合には、1年の課税期間を選択することができ、付加価値税額が一定額以下の場合には、3か月の課税期間を選択することができる。
（注5）　課税期間は課税売上高に応じて決定される（課税売上高が大きいほど短い課税期間となる）。また、申請によって1か月又は3か月より短い課税期間を選択することができる。
（注6）　課税売上高が一定額以下等の場合には、1年の課税期間を選択することができる。また、申請等によって1か月の課税期間を選択することができる。

（資料：財務省ホームページより）

【諸外国等における付加価値税率（標準税率及び食料品に対する適用税率）の国際比較】

○　日本の標準税率は51ヵ国（OECD加盟国、EU、ASEAN＋3（＋台湾））中、41位（下から6番目）。
○　日本の標準税率（10％）は51ヵ国の平均税率17.6％を下回っている。

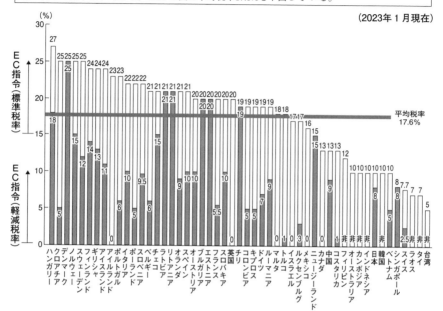

（2023年1月現在）

（注1）　上記は、原則的な取扱いを示したもので、代表的な品目に対する税率のみを記載しており、品目によっては税率が変わることに留意が必要。なお、新型コロナウイルス感染症に伴う措置として、時限的に税率の引下げや軽減税率の対象品目の拡大等を実施している場合がある。

（注2）　上記中、■が食料品に係る適用税率である。「0」と記載のある国は、食料品についてゼロ税率が適用される国である。「非」と記載のある国は、食料品が非課税対象となる国である。
　　　　　なお、軽減税率・ゼロ税率の適用及び非課税対象とされる食料品の範囲は各国ごとに異なり、食料品によっては上記以外の取扱いとなる場合がある。

（注3）　日本については、10％（標準税率）のうち2.2％、8％（軽減税率）のうち1.76％は地方消費税（地方）である。

（注4）　EC指令においては、従来、ゼロ税率及び5％未満の軽減税率を否定する考え方を採っていたが、令和4年4月の改正により、特定の品目についてゼロ税率及び5％未満の軽減税率が認められた。

（注5）　デンマーク、ギリシャ、イタリア、チェコについては2022年7月時点の数字。キプロスについては2022年1月時点の数字。

（注6）　カナダについては、①連邦税である財貨・サービス税のみ課されている州、②財貨・サービス税に加えて、州税としての付加価値税も課されている州、③連邦・州共通の税としての付加価値税が課されている州が存在する。
　　　　　なお、表中では③の類型であるオンタリオ州の税率を記載（連邦・州共通の付加価値税13％（うち州税8％））。

（注7）　ポーランドにおいては、本則税率は22％、7％、5％の3段階であるが、財政状況に応じて税率を変更する旨の規定があり、現在は特例として23％、8％、5％の税率が適用されている。

（注8）　米国では、連邦における付加価値税は存在しないが、地方税として、売買取引に対する小売売上税が存在する（例：ニューヨーク州及びニューヨーク市の合計8.875％）。

（出典）　OECD資料、欧州委員会及び各国政府ホームページ、IBFD等。

（資料：財務省ホームページより）

【主要国の付加価値税におけるインボイス制度の概要】 （2023年1月現在）

	英国	ドイツ	フランス	EC指令	＜参考＞日本【区分記載請求書等保存方式】	＜参考＞日本【適格請求書等保存方式】（R5.10.1～）
仕入税額控除	インボイス保存が要件 インボイス記載の税額を控除	インボイス保存が要件 インボイス記載の税額を控除	インボイス保存が要件 インボイス記載の税額を控除	インボイス保存が要件 インボイス記載の税額を控除	帳簿及び請求書等の保存が要件 仕入れ等に係る税込価額から一括して割り戻す形（税込価額×7.8/110（軽減対象の場合6.24/108））で計算した消費税額を控除	帳簿及び適格請求書等（インボイス）の保存が要件 ① インボイスに記載のある消費税額等を積み上げて計算する「積上げ計算」 ② 適用税率毎の取引総額を割り戻して計算する「割戻し計算」 のいずれかを選択して計算した消費税額を控除
発行資格・義務者	登録事業者（付加価値税番号が付与される）※ 非登録事業者（免税事業者）は発行不可	事業者 ※ 免税事業者もインボイスの発行はできるが、税額の記載不可	事業者 ※ 免税事業者もインボイスの発行はできるが、税額の記載不可	事業者 ※ 免税事業者もインボイスの発行はできるが、税額の記載不可	請求書等の発行者に制限なし	登録事業者（登録番号が付与される）※ 非登録事業者（免税事業者）は発行不可
記載事項	① 年月日 ② 付加価値税番号 ③ 供給者の住所・氏名 ④ 発行番号（連続番号）⑤ 顧客の住所・氏名 ⑥ 財貨・サービスの内容 ⑦ 税抜対価 ⑧ 適用税率・税額 等	① 年月日 ② 付加価値税番号 ③ 供給者の住所・氏名 ④ 発行番号（連続番号）⑤ 顧客の住所・氏名 ⑥ 財貨・サービスの内容 ⑦ 税抜対価 ⑧ 適用税率・税額 等	① 年月日 ② 付加価値税番号 ③ 供給者の住所・氏名 ④ 発行番号（連続番号）⑤ 顧客の住所・氏名 ⑥ 財貨・サービスの内容 ⑦ 税抜対価 ⑧ 適用税率・税額 等	① 年月日 ② 付加価値税番号 ③ 供給者の住所・氏名 ④ 発行番号（連続番号）⑤ 顧客の住所・氏名 ⑥ 財貨・サービスの内容 ⑦ 税抜対価 ⑧ 適用税率・税額 等	【請求書等の記載事項】① 年月日 ② 書類の作成者の氏名又は名称 ③ 書類の交付を受ける当該事業者の氏名又は名称 ④ 資産又は役務の内容（軽減税率対象である場合その旨）⑤ 税率の異なるごとに区分して合計した税込対価 ※ 税額の記載は任意	【インボイスの記載事項】① 年月日 ② 書類の作成者の氏名又は名称及び登録番号 ③ 書類の交付を受ける当該事業者の氏名又は名称 ④ 資産又は役務の内容（軽減税率対象である場合その旨）⑤ 税率の異なるごとに区分して合計した対価（税抜又は税込み）及び適用税率 ⑥ 税率の異なるごとに区分した消費税額等
免税事業者からの仕入れ	インボイスがないため、仕入税額控除できない。非登録事業者がインボイスを発行した場合にも、インボイス受領者が善意である場合を除き、原則税額控除不可（当該免税事業者には、記載税額の納付義務あり）。	インボイスに税額の記載がないため、仕入税額控除できない。免税事業者が税額を記載した場合にも、インボイス受領者が善意である場合を除き、税額控除不可（当該免税事業者には、記載税額の納付義務あり）。	インボイスに税額の記載がないため、仕入税額控除できない。免税事業者が税額を記載した場合にも、税額控除不可（当該免税事業者には、記載税額の納付義務あり）。	—	免税事業者が発行した請求書等の場合にも、税額控除を容認。	インボイスがないため、仕入税額控除できない。

（注）　上記は、各国における原則的な取扱いを記載。なお、日本及び付加価値税の存在しない米国を除くOECD諸国ではインボイス制度が導入されている。

（資料：財務省ホームページより）

2 消費税は何にかかるか

〔ポイント〕

消費税は次のものを課税の対象にしています。

① 国内取引……国内において事業者が行った資産の譲渡等及び特定仕入れ

② 輸入取引……保税地域からの外国貨物の引取り

なお、国内取引又は輸入取引となるものでも一定の取引については、非課税又は免税とされ、課税されないものもあります（詳細は第3章及び第4章を参照）。

〈課税対象の概要〉

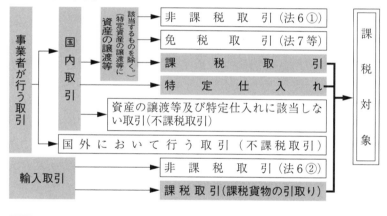

注 輸入取引は、輸入者が事業者であるかどうかにかかわらず、課税貨物の保税地域からの引取りの際に消費税が課されます。

国内取引に係る課税の対象は、国内において事業者が行った資産の譲渡等（特定資産の譲渡等に該当するものを除きます。）及び特定仕入れです（法4①）。

以下、資産の譲渡等に係る課税の対象について記述します。なお、特定仕入れに係る課税の対象は、第2章の2－1において記述しています。

1 資産の譲渡等に係る課税の対象

　国内取引として課税の対象となる資産の譲渡等は、次の4つの要件の
すべてを満たす取引をいいます（法4①、2①八）。

　なお、課税の対象となる資産の譲渡等から除かれるのは特定資産の譲
渡等ですから、特定資産の譲渡等に該当しない事業者向け電気通信利用
役務の提供以外の電気通信利用役務の提供（以下「消費者向け電気通信利用
役務の提供」といいます。）については、国外事業者が行うものであっても
この要件に基づき課税の判定を行い、国外事業者が納税義務者となります。

- **(要件)**
  ① 国内において行うものであること
  ② 事業者が事業として行うものであること ┐ ※②～④の3つの要
  ③ 対価を得て行うものであること 　　　　┤ 　件を満たすものを、
  ④ 資産の譲渡、資産の貸付け又は役務の提供で ┤ 「**資産の譲渡等**」
  　あること 　　　　　　　　　　　　　　　┘ といいます。

(1) 国内において行うものであること

　消費税は、国内で消費される財貨やサービスに対して負担を求めるも
のですから、国外で行われる取引は課税の対象にはなりません。

　資産の譲渡等が国内で行われたかどうかの判定は、次の区分に応じ、
それぞれに定める場所が国内にあるかどうかにより行います（法4③）。

> **資産の譲渡又は貸付けである場合**

原則	資産の譲渡又は貸付けについては、その譲渡又は貸付けが行われる時において、その資産が所在していた場所が国内であるかどうかにより判定します（法4③一）。

　　ただし、次に掲げる資産については、譲渡又は貸付けが行われる時の次に掲げる場所が国内にあるかどうかにより判定します（法4③一、令6①）。

① 　船舶（登録（外国の登録を含みます。）を受けたものに限ります。）　船舶の登録をした機関の所在地（同一の船舶について二以上の国において登録をしている場合には、いずれかの機関の所在地）。ただし、居住者が行う日本船舶以外の船舶の貸付け及び非居住者が行う日本船舶の譲渡又は貸付けにあっては、その譲渡又は貸付けを行う者の住所又は本店若しくは主たる事務所の所在地（**住所地**）により判定します。

② 　①以外の船舶　その譲渡又は貸付けを行う者のその譲渡又は貸付けに係る事務所、事業所その他これらに準ずるもの（**事務所等**）の所在地

③ 　航空機　航空機の登録をした機関の所在地（登録を受けていない航空機にあっては、その譲渡又は貸付けを行う者の譲渡又は貸付けに係る事務所等の所在地）

④ 　鉱業権、租鉱権、採石権その他土石を採掘し、若しくは採取する権利又は樹木採取権　鉱業権に係る鉱区若しくは租鉱権に係る租鉱区、採石権等に係る採石場又は樹木採取権に係る樹木採取区所在地

⑤ 　特許権、実用新案権、意匠権、商標権、回路配置利用権又は育成者権（これらの権利を利用する権利を含みます。）　これらの権利の登録をした機関の所在地（同一の権利について2以上の国において登録をしている場合には、これらの権利の譲渡又は貸付けを行う者の住所地）

⑥ 　公共施設等運営権　公共施設等の所在地

⑦ 　著作権（出版権及び著作隣接権その他これに準ずる権利を含みます。）又は特別の技術による生産方式及びこれに準ずるもの（ノウハウ）　これらの譲渡又は貸付けを行う者の住所地

⑧　営業権又は漁業権若しくは入漁権　これらの権利に係る事業を行う者の住所地

⑨　有価証券（金融商品取引法第2条第1項《定義》に規定する有価証券をいい、⑪に掲げる有価証券及びゴルフ場利用株式等を除きます。）　有価証券が所在していた場所

⑩　登録国債（国債に関する法律の規定により登録された国債）　登録国債の登録をした機関の所在地

⑪　社債、株式等の振替に関する法律第2条第2項《定義》に規定する振替機関及びこれに類する外国の機関が取り扱う有価証券又は有価証券が発行されていない場合の有価証券に表示されるべき権利　振替機関等の所在地

⑫　有価証券若しくは有価証券が発行されていない場合の有価証券に表示されるべき権利又は法人の出資者の持分　持分に係る法人の本店又は主たる事務所の所在地

⑬　貸付金、預金、売掛金その他の金銭債権（⑭に掲げるものを除き、譲渡性預金証書又はコマーシャル・ペーパーに係る金銭債権を含みます。）　金銭債権に係る債権者の譲渡に係る事務所等の所在地

⑭　ゴルフ場利用株式等又はゴルフ場等の預託金に係る金銭債権　ゴルフ場その他の施設の所在地

⑮　①から⑭までに掲げる資産以外の資産でその所在していた場所が明らかでないもの　その資産の譲渡又は貸付けを行う者のその譲渡又は貸付けに係る事務所等の所在地

役 務 の 提 供 で あ る 場 合
（電気通信利用役務の提供である場合を除く。）

原則　役務の提供については、役務の提供が行われた場所が国内であるかどうかにより判定します（法4③二）。

　ただし、次に掲げる役務の提供場所が明らかでないものについては、役務の提供が行われる際の次に掲げる場所が国内であるかどうかにより判定します（法4③二、令6②）。

① 　国内及び国内以外の地域にわたって行われる旅客又は貨物の輸送（国際輸送）　その旅客又は貨物の出発地若しくは発送地又は到着地

② 　国内及び国内以外の地域にわたって行われる通信（国際通信）　発信地又は受信地

③ 　国内及び国内以外の地域にわたって行われる郵便又は信書便（民間事業者による信書の送達に関する法律第二条第二項《定義》に規定する信書便）（国際郵便等）　差出地又は配達地

④ 　保険　保険に係る事業を営む者（保険契約の締結の代理をする者を除きます。）の保険契約の締結に係る事務所等の所在地

⑤ 　専門的な科学技術に関する知識を必要とする調査、企画、立案、助言、監督又は検査に係る役務の提供で、生産設備等の建設又は製造に関するもの　生産設備等の建設又は製造に必要な資材の大部分が調達される場所

　なお、この場合の生産設備等とは、次のものをいいます（令6②六、規2）。

　イ　建物（その附属設備を含みます。）又は構築物

　ロ　鉱工業生産施設、発電及び送電施設、鉄道、道路、港湾設備その他の運輸施設又は漁業生産施設

ハ　変電及び配電施設、ガス貯蔵及び供給施設、石油貯蔵施設、通信
　　　　施設、放送施設、工業用水道施設、上水道施設、下水道施設、汚水
　　　　処理施設、農業生産施設、林業生産施設、ヒートポンプ施設、ばい
　　　　煙処理施設、窒素酸化物抑制施設、粉じん処理施設、廃棄物処理施
　　　　設
　　　ニ　船舶、鉄道用車両又は航空機
⑥　①から⑤までに掲げる役務の提供以外のもので、国内及び国内以外
　　の地域にわたって行われる役務の提供その他の役務の提供が行われた
　　場所が明らかでないもの　役務の提供を行う者の役務の提供に係る事
　　務所等の所在地

> ### 電気通信利用役務の提供である場合

　　電気通信利用役務の提供に係る国内取引の判定は、その電気通信利用
役務の提供を受ける者の住所若しくは居所（現在まで引き続いて1年以上居
住する場所をいいます。）又は本店若しくは主たる事務所の所在地が国内に
あるかどうかにより判定します（法4③三）。

　　なお、事業者向け電気通信利用役務の提供のうち、次のものに係る国
内取引の判定は、次により行うこととなります（法4④ただし書）。

　　国外事業者が国内にある恒久的施設で受けた事業者向け電気通信利用
役務の提供のうち、国内において行う資産の譲渡等に要するものについ
ては国内取引に該当します。

　　国内事業者の国外事業所等で受けた事業者向け電気通信利用役務の提
供のうち、国外において行う資産の譲渡等にのみ要するものについては
国外取引に該当します。

> ## 金 融 取 引 で あ る 場 合

　利子を対価とする金銭の貸付けその他一定の金融取引に掲げる行為が
国内で行われたかどうかの判定は、その貸付け等の行為を行う者の貸付
け等の行為に係る事務所等の所在地が国内にあるかどうかにより判定し
ます（令6③）。

（2）事業者が事業として行うものであること

　「**事業者**」とは、事業を行う個人及び法人をいい（法2①三、四）、また、
「**事業として……**」とは、対価を得て行われる資産の譲渡等が反復、継
続、独立して行われることをいいます（通5－1－1）。したがって、個
人については「事業を行う個人が事業として」行う場合の取引が、また、
法人については、法人はそもそも事業活動を行う目的をもって設立され
ていますので、法人が行う取引のすべてが、「事業者が事業として行う
もの」に該当します。

　　注　個人事業者が生活の用に供している資産を譲渡する場合は、「事業
　　　として」には該当しません。

　なお、例えば、事業活動の一環として、又はこれに関連して行われる
次のような行為は、資産の譲渡等に該当することになります（通5－1
－7）。

　①　職業運動家、作家、映画・演劇等の出演者等で事業者に該当する
　　　ものが対価を得て行う他の事業者の広告宣伝のための役務の提供
　②　職業運動家、作家等で事業者に該当するものが対価を得て行う催
　　　物への参加又はラジオ、テレビ放送等に係る出演その他これらに類
　　　するもののための役務の提供

③ 事業の用に供している建物、機械等の売却

④ 利子を対価とする事業資金の預入れ

⑤ 事業の遂行のための取引先又は使用人に対する利子を対価とする
金銭等の貸付け

⑥ 新聞販売店における折込広告

⑦ 浴場業、飲食業等における広告の掲示

（3）対価を得て行うものであること

「**対価を得て行うもの**」とは、資産の譲渡等に対して反対給付を受けることをいいますから、無償による資産の譲渡及び貸付け並びに役務の提供は、原則として課税の対象とはなりません（通5－1－2）。

ただし、対価を得ないものであっても、次の取引は対価を得て行う資産の譲渡とみなされます（法4⑤）。

① 個人事業者が棚卸資産等を家事のために消費・使用した場合（いわゆる自家消費）

② 法人が資産をその役員に対し贈与した場合

> 注 1 事業者が自ら行う広告宣伝又は試験研究等のために商品、原材料等を使用、消費する行為は、課税の対象となりません（通5－2－12）。
> 2 受取保険金、受取配当金（出資に係るものに限ります。）、心身又は資産につき加えられた損害の発生に伴い受ける損害賠償金は、資産の譲渡等の対価に該当しません（通5－2－4、5－2－5、5－2－8）。
> 3 相殺は、相互の債務の消滅であり、反対給付といったものを伴わないので、「対価を得て行うもの」には該当しません。

（4）資産の譲渡若しくは貸付け又は役務の提供であること

① **資産の譲渡**とは、棚卸資産又は固定資産のような有形資産のほか、

権利その他の無形資産など、取引の対象となる一切の資産を、その同一性を保持しつつ、他人に移転させることをいい、資産の交換も含まれます（通5－1－3、5－2－1）。

　この場合、移転原因は問いませんから、例えば、事業者が他の者の債務の保証を履行するために行う資産の譲渡や強制換価手続により換価された場合も資産の譲渡に該当します（通5－2－2）。

> 注　漁業権の放棄（消滅）に対して対価を支払う場合は、権利の消滅は資産の譲渡に該当しないので課税の対象となりません。

② **資産の貸付け**とは、賃貸借契約、消費貸借等の契約により資産を貸し付けることをいい、資産に係る権利の設定その他他の者に資産を使用させる一切の行為を含みます（法2②）。

　この「資産に係る権利の設定」とは、例えば、土地に係る地上権若しくは地役権、工業所有権（特許権、実用新案権、意匠権及び商標権をいいます。）に係る実施権若しくは使用権又は著作物に係る出版権の設定をいいます（通5－4－1）。

　また、「資産を使用させる一切の行為」とは、例えば、次のものをいいます（通5－4－2）。

イ　工業所有権等の使用、提供又は伝授

ロ　著作物の複製、上演、その他著作物を利用させる行為

ハ　ノウハウの使用、提供又は伝授

③ **役務の提供**とは、例えば、土木工事、修繕、運送、保管、印刷、広告、仲介、興行、宿泊、飲食、技術援助、情報の提供、便益、出演、著述その他のサービスを提供することをいい、弁護士、公認会計士、税理士、作家、スポーツ選手、映画監督、棋士等による専門的知識、技能等に基づく役務の提供もこれに含まれます（通5－5－1）。

2 国内取引として課税される「資産の譲渡等」の範囲

（1）資産の譲渡等に含まれるもの

　国内取引として課税される資産の譲渡等の範囲は、「事業として対価を得て行われる資産の譲渡及び貸付け（資産に係る権利の設定その他他の者に資産を使用させる一切の行為を含みます。）並びに役務の提供」であり、これには、次の行為も含まれます（法2①八、2②）。

① 代物弁済による資産の譲渡（法2①八）

　　注　代物弁済による資産の譲渡とは、債務者が債権者の承諾を得て、約定されていた弁済の手段に代えて他の給付をもって弁済する場合の資産の譲渡をいいます。したがって、例えば、いわゆる現物給与とされる現物による給付であっても、その現物の給付が給与の支払に代えて行われるものではなく、単に現物を給付することとする場合のその現物の給付は、代物弁済に該当しないことになります（通5－1－4）。

② 負担付き贈与による資産の譲渡（令2①一）

　　注　負担付き贈与とは、その贈与に係る受贈者に一定の給付をする義務を負担させる資産の贈与をいいます。
　　　　なお、事業者が他の事業者に対して行った広告宣伝用の資産の贈与は、負担付き贈与には該当しません。
　　　　また、事業者が資産を贈与（法人のその役員に対する贈与を除きます。）した場合において、資産の贈与が負担付き贈与に該当しない限り、その資産の贈与は、資産の譲渡等に該当しないことになります（通5－1－5）。

③ 金銭以外の資産の出資（令2①二）

　なお、金銭出資により設立した法人に契約に基づく金銭以外の資産を譲渡する形態により行われるものは「金銭以外の資産の出資」には含まれません（通5－1－6）。

　また、例えば、独立行政法人や特殊法人改革に伴い設立される法人への金銭以外の資産の出資など、特別の法律に基づく承継に係るものについては、当該金銭以外の資産の出資から除くこととされています（令2①二かっこ書）。

④　法人税法に規定する特定受益証券発行信託又は法人課税信託の委託者がその有する資産（金銭以外の資産に限ります。）の信託をした場合におけるその資産の移転及び信託の受益者がその信託財産に属する資産を有するものとみなされる信託が法人課税信託に該当することとなった場合につき法人税法第4条の7第9号《受託法人等に関するこの法律の適用》の規定により出資があったものとみなされるもの（金銭以外の資産につき出資があったものとみなされるものに限ります。）（令2①三）

⑤　貸付金その他の金銭債権の譲受けその他の承継(包括承継を除きます。)（令2①四）

⑥　不特定かつ多数の者によって直接受信されることを目的とする無線通信の送信で、法律により受信者がその締結を行わなければならないこととされている契約に基づき受信料を徴収して行われるもの（令2①五　NHKの受信料が該当します。）

⑦　資産の交換（通5-2-1注書）

⑧　その性質上事業に付随して対価を得て行われる資産の譲渡及び貸付け並びに役務の提供（令2③）

　ただし、個人事業者が行う次に掲げるような資産の譲渡は、事業のために行うものであっても、「その性質上事業に付随して対価を得て行われる行為」には含まれません（通5-1-8）。

　　イ　事業用資金の取得のために行う家事用資産の譲渡

　　ロ　事業用資産の仕入代金に係る債務又は事業用に借り入れた資金

の代物弁済として行われる家事用資産の譲渡

（2）資産の譲渡とみなされるもの（みなし譲渡）

次のものは法令上「対価を得て行われる資産の譲渡」とみなされます
（法4⑤、令2②）。

① 個人事業者が棚卸資産又は棚卸資産以外の資産で事業の用に供して
いたものを家事のために消費し、又は使用した場合におけるその消費
又は使用

> 注 「棚卸資産又は棚卸資産以外の資産で事業の用に供していたもの
> を家事のために消費し、又は使用した場合」とは、棚卸資産又は
> 棚卸資産以外の資産で事業の用に供していたものを個人事業者又
> はその個人事業者と生計を一にする親族の用に消費し、又は使用
> した場合をいいます（通5－3－1）。
> 　また、「使用」とは、資産の全部又は一部を家事のためにのみ使
> 用することをいいますから、例えば、事業の用に供している自動
> 車を家事のためにも利用する場合のように、家事のためにのみ使
> 用する部分を明確に区分できない資産に係る利用は、「使用」には
> 該当しません（通5－3－2）。

② 法人が資産をその役員（法人税法第2条第15号《定義》に規定する役員を
いいます。）に対して贈与した場合におけるその贈与

> 注 法人がその役員に対し無償で行った資産の貸付け又は役務の提
> 供については、対価を得て行われた資産の譲渡等とはみなされま
> せん（通5－3－5）。

③ 事業者が土地収用法その他の法律の規定に基づいてその所有権その
他の権利を収用され、かつ、その権利を取得する者から権利の消滅に
係る補償金を取得した場合

> 注 1 「補償金」とは、譲渡があったものとみなされる収用の目的
> となった所有権その他の権利の対価たる補償金（以下「対価補

償金」といいます。）をいいますから、次に掲げる補償金は、
対価補償金に該当しないことになります（通5－2－10）。
　　　イ　事業について減少することとなる収益又は生ずることとな
　　　　る損失の補てんに充てるものとして交付を受ける補償金
　　　ロ　休廃業等により生ずる事業上の費用の補てん又は収用等に
　　　　よる譲渡の目的となった資産以外の資産について実現した損
　　　　失の補てんに充てるものとして交付を受ける補償金
　　　ハ　資産の移転に要する費用の補てんに充てるものとして交付
　　　　を受ける補償金
　　　ニ　その他対価補償金たる実質を有しない補償金
　　2　公有水面埋立法の規定に基づく公有水面の埋立てによる漁業
　　権又は入漁権の消滅若しくはこれらの価値の減少に伴う対価補
　　償金は、資産の譲渡の対価に該当しません（通5－2－10注書）。

（3）資産の譲渡等の具体的判定

①　親族間の取引

　　個人事業者が生計を一にする親族との間で行った資産の譲渡及び貸
付け並びに役務の提供であっても、それが事業として対価を得て行わ
れるものであるときは、これらの行為は、資産の譲渡等に該当します
（通5－1－10）。

②　非居住者が行う取引

　　非居住者（外国為替及び外国貿易法第6条第1項第6号《定義》に規定する
非居住者をいいます。）が行う資産の譲渡及び貸付け並びに役務の提供で
あっても、それが事業として対価を得て行われるものであるときは、
これらの行為は、資産の譲渡等に該当します（通5－1－11）。

③　保証債務等を履行するための譲渡

　　他の者の債務の保証を履行するために行う資産の譲渡又は強制換価
手続により換価された場合の資産の譲渡は、資産の譲渡に該当します
（通5－2－2）。

④　会報、機関紙（誌）の発行

　　同業者団体、組合等が対価を得て行う会報又は機関紙（誌）（以下「会報等」といいます。）の発行（会報等の発行の対価が会費又は組合費等の名目で徴収されていると認められる場合の会報等の発行を含みます。）は、資産の譲渡等に該当します。しかし、会報等が同業者団体、組合等の通常の業務運営の一環として発行され、その構成員に配布される場合には、会報等の発行費用がその構成員からの会費、組合費等によって賄われているときであっても、その構成員に対する会報等の配布は、資産の譲渡等に該当しません。

　　なお、同業者団体、組合等が、その構成員から会費、組合費等を受け、その構成員に会報等を配布した場合に、その会報等が書店等において販売されているときであっても、会報等が同業者団体、組合等の業務運営の一環として発行されるものであるときは、その構成員に対する配布は、資産の譲渡等に該当しないものとして取り扱われます（通5－2－3）。

⑤　保険金、共済金等

　　保険金又は共済金（これらに準ずるものを含みます。）は、保険事故の発生に伴い受けるものですから、資産の譲渡等の対価に該当しません（通5－2－4）。

⑥　損害賠償金

　　損害賠償金のうち、心身又は資産につき加えられた損害の発生に伴い受けるものは、資産の譲渡等に係る対価に該当しませんが、次のような損害賠償金は、資産の譲渡等に係る対価に該当します（通5－2－5）。

　　イ　損害を受けた棚卸資産等が加害者（加害者に代わって損害賠償金を支

払う者を含みます。）に引き渡される場合で、棚卸資産等がそのまま又は軽微な修理を加えることにより使用できるときの譲渡代金に相当する損害賠償金

ロ　無体財産権の侵害を受けたことにより受け取る権利の使用料に相当する損害賠償金

ハ　不動産等の明渡し遅滞により受け取る賃貸料に相当する損害賠償金

⑦　**容器保証金**

空の容器を返却したときに返還することとされている容器保証金や容器が返却されないこととなり返還しないこととなった容器保証金で当事者間で損害賠償金として処理するものは資産の譲渡等の対価に該当しません。

ただし、当事者間においてその容器の譲渡の対価として処理する場合は資産の譲渡等の対価に該当します（通 5 - 2 - 6）。

⑧　**立退料**

建物等の賃貸借契約等の解除に伴い賃貸人から受け取る立退料は、権利の消滅の対価であることから、資産の譲渡等の対価に該当しません（通 5 - 2 - 7）。

⑨　**利益の配当等**

剰余金の配当若しくは利益の配当又は剰余金の分配（出資に係るものに限ります。）は、株主又は出資者たる地位に基づき、出資に対する配当又は分配として受けるものですから、資産の譲渡等の対価に該当しません。

なお、法人税法第60条の2第1項第1号《協同組合等の事業分量配当等の損金算入》に掲げる事業分量配当（課税仕入れに係るものに限りま

す。）を受けた場合には、法第32条《仕入れに係る対価の返還等を受けた場合の仕入れに係る消費税額の控除の特例》の規定が適用されます（通5－2－8）。

⑩　**自社使用等**

　　事業者自らが行う広告宣伝又は試験研究等のために商品、原材料等の資産を消費し、又は使用した場合の消費又は使用は、資産の譲渡には該当しません（通5－2－12）。

⑪　**資産の廃棄、盗難、滅失**

　　棚卸資産又は事業用資産につき廃棄をし、又は盗難若しくは滅失があった場合のこれらの廃棄、盗難又は滅失は、資産の譲渡等には該当しません（通5－2－13）。

⑫　**寄附金、祝金、見舞金等**

　　寄附金、祝金、見舞金等は、原則として資産の譲渡等の対価には該当しませんが、例えば、資産の譲渡等を行った事業者が、その譲渡等の対価のほかに、別途寄附金等の名目で金銭を受領した場合において、その寄附金等として受領した金銭が実質的にみて、資産の譲渡等の対価を構成すべきものと認められるときは、その受領した金銭は、その資産の譲渡等の対価に該当します（通5－2－14）。

⑬　**補助金、奨励金、助成金等**

　　事業者が国又は地方公共団体等から受ける奨励金、若しくは助成金等又は補助金等に係る予算の執行の適正化に関する法律第2条第1項《定義》に掲げる補助金等のように、特定の政策目的の実現を図るための給付金は、資産の譲渡等の対価に該当しません。

　　また、雇用保険法の規定による雇用調整助成金、雇用対策法の規定による職業転換給付金又は障害者の雇用の促進等に関する法律の規定

による障害者等能力開発助成金のように、その給付原因となる休業手当、賃金、職業訓練費等の経費の支出に当たり、あらかじめこれらの雇用調整助成金等による補てんを前提として所定の手続をとり、その手続のもとにこれらの経費の支出がされることになるものであっても、これらの雇用調整助成金等は、資産の譲渡等の対価に該当しません（通5－2－15）。

⑭　**下請先に対する原材料等の支給**

　事業者が外注先等に対して、外注加工に係る原材料等を支給する場合において、その支給に係る対価を収受することとしているとき（以下「有償支給」といいます。）は、その原材料等の支給は、資産の譲渡に該当しますが、有償支給の場合であっても、発注者である事業者がその支給に係る原材料等を自己の資産として管理しているときは、その原材料等の支給は、資産の譲渡には該当しません（通5－2－16）。

> 注　有償支給に係る原材料等について、その支給をした事業者が自己の資産として管理しているときには、支給を受ける外注先等では、当該原材料等の有償支給は課税仕入れに該当せず、また、当該支給をした事業者から収受すべき金銭等のうち原材料等の有償支給に係る金額を除いた金額が資産の譲渡等の対価に該当することとなります。

⑮　**借家保証金、権利金等**

　建物又は土地等の賃貸借契約等の締結又は更改に当たって受ける保証金、権利金、敷金又は更改料（更新料を含みます。）のうち、賃貸借期間の経過その他賃貸借契約等の終了前における一定の事由の発生により返還しないこととなるものは、権利の設定の対価ですから資産の譲渡等の対価に該当しますが、賃貸借契約の終了等に伴って返還することとされているものは、資産の譲渡等の対価には該当しません（通5

- 4 - 3)。

⑯　**福利厚生施設の利用**

　事業者が、その有する宿舎、宿泊所、集会所、体育館、食堂その他の施設を、対価を得て役員又は使用人等に利用させる行為は、資産の譲渡等に該当します（通5 - 4 - 4）。

⑰　**解約手数料、払戻手数料等**

　予約の取消し、変更等に伴って予約を受けていた事業者が収受するキャンセル料、解約損害金等は、逸失利益等に対する損害賠償金であり、資産の譲渡等の対価に該当しませんが、解約手数料、取消手数料又は払戻手数料等を対価とする役務の提供のように、資産の譲渡等に係る契約等の解約又は取消し等の請求に応じ、対価を得て行われる役務の提供は、資産の譲渡等に該当します。

　例えば、約款、契約等において解約等の時期にかかわらず、一定額を手数料等として授受することとしている場合の手数料等は、解約等の請求に応じて行う役務の提供の対価に該当します。

　なお、解約等に際し授受することとされている金銭のうちに役務の提供の対価である解約手数料等に相当する部分と逸失利益等に対する損害賠償金に相当する部分とが含まれている場合には、その解約手数料等に相当する部分が役務の提供の対価に該当しますが、これらの対価の額を区分することなく、一括して授受することとしているときは、その全体を資産の譲渡等の対価に該当しないものとして取り扱われます（通5 - 5 - 2）。

⑱　**会費、組合費等**

　同業者団体、組合等がその構成員から受ける会費、組合費等については、同業者団体、組合等がその構成員に対して行う役務の提供等の

間に明白な対価関係があるかどうかによって、資産の譲渡等の対価であるかどうかを判定します。しかし、その判定が困難なものについて、継続して、同業者団体、組合等が資産の譲渡等の対価に該当しないものとし、かつ、その会費等を支払う事業者側がその支払を課税仕入れに該当しないこととしている場合には、その取扱いは認められます。

　なお、団体としての通常の業務運営のために経常的に要する費用をその構成員に分担させ、その団体の存立を図るというようないわゆる通常会費については、資産の譲渡等の対価に該当しないものとして取り扱うことができます。

　また、名目が会費等とされている場合であっても、それが実質的に出版物の購読料、映画・演劇等の入場料、職員研修の受講料又は施設の利用料等と認められるときは、その会費等は、資産の譲渡等の対価に該当します（通5-5-3）。

> 注　資産の譲渡等の対価に該当するかどうかの判定が困難な会費、組合費等について、上記の取扱いにより資産の譲渡等の対価に該当しないものとする場合には、同業者団体、組合等は、その旨をその構成員に通知する必要があります。

⑲　入会金

　同業者団体、組合等がその構成員となる者から受ける入会金（返還しないものに限ります。）については、同業者団体、組合等がその構成員に対して行う役務の提供等の間に明白な対価関係があるかどうかによって、資産の譲渡等の対価であるかどうかを判定します。

　例えば、ゴルフクラブ、宿泊施設その他レジャー施設の利用又は一定の割引率で商品等を販売するなど会員に対する役務の提供を目的とする事業者が、会員等の資格を付与することと引換えに収受する入会金（返還しないものに限ります。）は、資産の譲渡等の対価に該当します

（通5－5－5）。

　なお、同業者団体、組合等が受ける入会金については、その判定が
困難なものにつき、同業者団体、組合等が資産の譲渡等の対価に該当
しないものとし、かつ、その入会金を支払う事業者側がその支払を課
税仕入れに該当しないこととして取り扱っている場合には、その取扱
いは認められます（通5－5－4）。

> 注　資産の譲渡等の対価に該当するかどうかの判定が困難な入会金
> について、上記の取扱いにより資産の譲渡等の対価に該当しない
> ものとする場合には、同業者団体、組合等は、その旨を構成員に
> 通知する必要があります。

⑳　**公共施設の負担金等**

　特定の事業を実施する者がその事業への参加者又は事業に係る受益
者から受ける負担金、賦課金等については、事業の実施に伴う役務の
提供との間に明白な対価関係があるかどうかによって、資産の譲渡等
の対価であるかどうかを判定しますが、例えば、その判定が困難な国
若しくは地方公共団体の有する公共的施設又は同業者団体等の有する
共同的施設の設置又は改良のための負担金について、国、地方公共団
体又は同業者団体等が資産の譲渡等の対価に該当しないものとし、か
つ、その負担金を支払う事業者がその支払を課税仕入れに該当しない
こととして取り扱っている場合には、その取扱いは認められます。

　なお、公共的施設の負担金等であっても、例えば専用側線利用権、
電気ガス供給施設利用権、水道施設利用権、電気通信施設利用権等の
権利の設定に係る対価と認められる場合等の、その負担金等は、資産
の譲渡等の対価に該当します（通5－5－6）。

> 注　資産の譲渡等の対価に該当するかどうかの判定が困難な公共的
> 施設の負担金等について、上記の取扱いにより資産の譲渡等の対

価に該当しないものとする場合には、国、地方公共団体又は同業者団体等は、その旨をその構成員に通知する必要があります。

㉑　**共同行事に係る負担金等**

同業者団体等の構成員が共同して行う宣伝、販売促進、会議等（以下「共同行事」といいます。）に要した費用を賄うために共同行事の主宰者がその参加者から収受する負担金、賦課金等については、主宰者において資産の譲渡等の対価に該当します。ただし、共同行事のために要した費用の全額について、その共同行事への参加者ごとの負担割合が予め定められている場合において、共同行事の主宰者が収受した負担金、賦課金等について資産の譲渡等の対価とせず、その負担割合に応じて各参加者ごとにその共同行事を実施したものとして、負担金、賦課金等につき仮勘定として経理したときは、その処理は認められます（通5-5-7）。

> 注　この取扱いによる場合において、その負担金、賦課金等により賄われた費用のうちに課税仕入れ等に該当するものがあるときは、各参加者がその負担割合に応じて課税仕入れ等について法第30条《仕入れに係る消費税額の控除》の規定を適用することになります。

㉒　**賞金等**

他の者から賞金又は賞品（以下「賞金等」といいます。）の給付を受けた場合において、その賞金等が資産の譲渡等の対価に該当するかどうかは、その賞金等の給付と賞金等の対象となる役務の提供との間の関連性の程度により個々に判定することになりますが、例えば、次のいずれの要件をも満たす場合の賞金等は、資産の譲渡等の対価に該当します（通5-5-8）。

イ　受賞者が、その受賞に係る役務の提供を業とする者であること。

ロ　賞金等の給付が予定されている催物等に参加し、その結果として

賞金等の給付を受けるものであること。

㉓ **滞船料、早出料**

　海上運送業を営む事業者が船舶による運送に関連して受ける滞船料（貨物の積卸期間が当初契約で予定した期間を超過して運送期間が長期にわたることとなった場合に徴収する割増運賃をいいます。）は、資産の譲渡等の対価に該当します（通5－5－9）。

　なお、事業者が船舶による運送に関連して支払う早出料（貨物の積卸期間が短縮され運送期間が短縮したために運賃の割戻しを行う場合の割戻運賃をいいます。）については、法第38条《売上げに係る対価の返還等をした場合の消費税額の控除》の規定の適用を受けることになります（通14－1－1）。

㉔ **出向先事業者が支出する給与負担金**

　事業者の使用人が他の事業者に出向した場合において、その出向した使用人（以下「出向者」といいます。）に対する給与を出向元事業者（出向者を出向させている事業者をいいます。）が支給することとしているため、出向先事業者（出向元事業者から出向者の出向を受けている事業者をいいます。）が自己の負担すべき給与に相当する金額（以下「給与負担金」といいます。）を出向元事業者に支出したときは、その給与負担金の額は、出向先事業者におけるその出向者に対する給与として取り扱われます。

　なお、この取扱いは、出向先事業者が実質的に給与負担金の性質を有する金額を経営指導料等の名義で支出する場合にも適用されます（通5－5－10）。

㉕ **労働者派遣料**

　労働者の派遣を行った事業者が、派遣先等から受け取る派遣料は資産の譲渡等の対価に該当します（通5－5－11）。

> 注　この場合の「労働者の派遣」とは、自己の雇用する労働者を派遣先等の指揮命令下において、派遣先等のために労働に従事させることをいいます。この点において、派遣先等との間に雇用関係のある出向とは異なります。

3　輸入取引に係る課税の対象

　輸入取引に係る課税の対象である「保税地域から引き取られる外国貨物」における外国貨物とは、輸出の許可を受けた貨物及び外国から国内に到着した貨物で輸入が許可される前のものをいい（関税法２①三）、外国貨物の保税地域からの引取りについて消費税が課され、また、輸徴法第５条《保税地域からの引取等とみなす場合》の規定により「保税地域からの引取りとみなされる貨物」についても消費税の課税対象となります（通５－６－１）。

　なお、保税地域において外国貨物が消費され、又は使用された場合には、その消費又は使用した者がその消費又は使用の時にその外国貨物をその保税地域から引き取るものとみなされます。

　ただし、その外国貨物が課税貨物の原料又は材料として消費され、又は使用された場合等は除かれます（法４⑤、令７）。

> 注　課税の対象とされる保税地域から引き取られる外国貨物は、国内において事業者が行った資産の譲渡等の場合のように、「事業として対価を得て行われる……」ものには限られませんから、保税地域から引き取られる外国貨物に係る対価が無償であっても、又は保税地域からの外国貨物の引取りが事業として行われないもの（消費者が自己において使用するために輸入するもの）であったとしても、そのいずれについても法第４条第２項《外国貨物に対する消費税の課税》の規定が適用されます（通５－６－２）。

2-2 国境を越えて行う電子商取引等に係る課税関係

〔ポイント〕

1　国内において事業者が行う特定仕入れは、消費税の課税対象となります。

2　国内取引に該当する特定課税仕入れについては、特定課税仕入れを行った国内事業者が納税義務者となります。

　このような納税義務者の転換を、いわゆる「リバースチャージ方式」と称しています。

3　特定仕入れとは、事業として他の者から受けた特定資産の譲渡等をいい、特定課税仕入れとは、課税仕入れのうち特定仕入れに該当するものをいいます。

4　特定資産の譲渡等とは、事業者向け電気通信利用役務の提供及び特定役務の提供をいいます。

5　電気通信利用役務の提供とは、資産の譲渡等のうち、電気通信回線を介して行われる著作物の提供その他の電気通信回線を介して行われる役務の提供であって、他の資産の譲渡等の結果の通知その他の他の資産の譲渡等に付随して行われる役務の提供以外のものをいい、事業者向け電気通信利用役務の提供とは、国外事業者が行う電気通信利用役務の提供のうち、その電気通信利用役務の提供に係る役務の性質又はその役務の提供に係る取引条件等からその役務の提供を受ける者が通常事業者に限られるものをいいます。

> 6　特定役務の提供とは、資産の譲渡等のうち、国外事業者が
> 　行う演劇・スポーツ等の役務の提供をいいます。
> 7　電気通信利用役務の提供に係る国内取引の判定は、原則と
> 　して役務の提供を受ける事業者の住所、本店等の所在地が国
> 　内か国外かにより判定することになります。

　国内事業者と国外事業者の課税上のバランスを図るため、電気通信利用役務の提供及び特定役務の提供に係る課税の対象及び納税義務者について、資産の譲渡等に対する課税関係とは区分した課税関係とされています。

　これらの課税関係に係る用語の意義等は次のとおりです。

イ　国外事業者　所得税法第２条第１項第５号《定義》に規定する非居住者である個人事業者及び法人税法第２条第４号《定義》に規定する外国法人をいいます（法２①四の二）。

ロ　特定資産の譲渡等　事業者向け電気通信利用役務の提供及び特定役務の提供をいいます（法②八の二）。

ハ　電気通信利用役務の提供　資産の譲渡等のうち、電気通信回線を介して行われる著作物（著作権法第２条第１項第１号《定義》に規定する著作物をいいます。）の提供（その著作物の利用の許諾に係る取引を含みます。）その他の電気通信回線を介して行われる役務の提供（電話、電信その他の電気通信設備を用いて他人の通信を媒介する役務の提供を除きます。）であって、他の資産の譲渡等の結果の通知その他の他の資産の譲渡等に付随して行われる役務の提供以外のものをいいます（法２①八の三）。

　電気通信利用役務の提供には、例えば、次のものが該当することになります。

・インターネットを通じた電子書籍・電子新聞・音楽・映像・ソフトウエア（ゲームなどの様々なアプリケーションを含む。）などの配信
・クラウド上のソフトウエアやデータベースなどを利用させるサービス
・インターネット等を通じた広告の配信・掲載
・インターネット上のショッピングサイト・オークションサイトを利用させるサービス
・インターネット上でゲームソフト等を販売する場所（WEB サイト）を利用させるサービス
・インターネットを介して行う宿泊予約、飲食店予約サイト（宿泊施設、飲食店等を経営する事業者から掲載料等を徴するもの）
・インターネットを介して行う英会話教室 など
・電話・電子メールによる継続的なコンサルティング
　次に掲げる取引は、電気通信利用役務の提供には該当しないことになります。
・電話、ファックス、電報、インターネット回線の利用等本来の通信手段に該当するもの
・ソフトウエアの制作請負など
・国外事業者に依頼する情報の収集、調査、分析等の一環としての電気通信回線を利用しての報告等
・国外の弁護士に依頼する弁護士業務の一環としての電気通信回線を利用しての報告等
ニ　事業者向け電気通信利用役務の提供　国外事業者が行う電気通信利用役務の提供のうち、その電気通信利用役務の提供に係る役務の性質又はその役務の提供に係る取引条件等からその役務の提供を受ける者が通常事業者に限られるものをいいます（法2①八の四）。

　役務の性質から、役務の提供を受ける者が通常事業者に限られるものとして、例えば、インターネット配信による広告等があります。

　また、事業者と消費者のいずれもが利用する電気通信利用役務の提供については、契約書その他の文書等において事業者が役務の提供を受けるものであることを明らかにし、その事業者との間の取引条件等を個別に定めている場合には、役務の提供を受ける者が事業者であることが明らかなものとして事業者向け電気通信利用役務の提供に該当することになります。

ホ　特定役務の提供　資産の譲渡等のうち、国外事業者が行う演劇その他の政令で定める役務の提供（電気通信利用役務の提供に該当するものを除きます。）をいいます（法2①八の五）。

　なお、政令で定める役務の提供は、映画若しくは演劇の俳優、音楽家その他の芸能人又は職業運動家の役務の提供を主たる内容とする事業として行う役務の提供のうち、国外事業者が他の事業者に対して行う役務の提供（その国外事業者が不特定かつ多数の者に対して行う役務の提供を除きます。）とされています（令2の2）。

ヘ　特定仕入れ　事業として他の者から受けた特定資産の譲渡等をいいます（法4①）。

ト　特定課税仕入れ　課税仕入れのうち特定仕入れに該当するものをいいます（法5①）。

1 電気通信利用役務の提供等に係る課税の対象

　消費税の課税の対象は、国内において事業者が行った資産の譲渡等（特定資産の譲渡等に該当するものを除きます。）及び特定仕入れとされています（法4①）。

この規定から電気通信利用役務の提供等に係る課税の対象は、次のようになります。

（1）特定仕入れに係る課税の対象

　特定仕入れに係る課税の対象は、国内において事業者が行った特定仕入れであり、特定仕入れとは、事業として他の者から受けた特定資産の譲渡等をいいます（法4①）。

　特定資産の譲渡等は、事業者向け電気通信利用役務の提供及び特定役務の提供をいいますから、国内において事業者が事業として他の者から事業者向け電気通信利用役務の提供又は特定役務の提供を受けた場合には消費税の課税の対象になることになります。

　したがって、課税対象としての資産の譲渡等が対価を得て行う資産の譲渡等についてその対価に対して課税するいわゆる売上課税であるのに対し、特定仕入れとしての課税の対象は、対価を支払って特定資産の譲渡等を受ける場合にその支払対価に対して課税するいわゆる仕入課税となります。

（2）消費者向け電気通信利用役務の提供に係る課税の対象

　電気通信利用役務の提供は資産の譲渡等に該当するものであり、消費税の課税の対象から除かれる特定資産の譲渡等に該当する事業者向け電気通信利用役務の提供以外のいわゆる消費者向け電気通信利用役務の提供（この章においては、単に「消費者向け電気通信利用役務の提供」といいます。）は、それが国内において事業者が事業として対価を得て行うものについては、国内において事業者が事業として対価を得て行う資産の譲渡等として、国外事業者が行うものであっても消費税の課税の対象になること

になります。

2　電気通信利用役務の提供に係る国内取引の判定

　電気通信利用役務の提供に係る国内取引の判定は、電気通信利用役務の提供を受ける者の住所若しくは居所（現在まで引き続いて1年以上居住する場所をいいます。）又は本店若しくは主たる事務所の所在地が国内にある場合には国内取引に、国内以外の場所にある場合には国外取引となります（法4③三）。

　なお、特定仕入れが国内において行われたかどうかの判定は、上記の判定結果に基づき判定することになります（法4④）。

　ただし、国外事業者が国内に所在する支店等の恒久的施設で行う特定仕入れのうち、国内において行う資産の譲渡等に要するものは国内取引に、国内事業者が国外の支店、出張所等の国外事業所等で行う特定仕入のうち国外において行う資産の譲渡等にのみ要するものは国外取引に該当することになります（法4④）。

3　電気通信利用役務の提供等に係る納税義務者

　消費税の納税義務者は、国内において課税資産の譲渡等（特定資産の譲渡等に該当するものを除きます。）を行った事業者及び特定課税仕入れを行った事業者とされています（法5①）。

　この規定から電気通信利用役務の提供等に係る納税義務者は、次のようになります。

（1）特定課税仕入れに係る納税義務者

　特定資産の譲渡等に該当する事業者向け電気通信利用役務の提供及び

特定役務の提供については、国内においてこれらの役務の提供を受けた事業者が納税義務者となり、役務の提供を行った事業者は納税義務者とはなりません。

したがって、特定資産の譲渡等に該当する事業者向け電気通信利用役務の提供及び特定役務の提供については、特定資産の譲渡等を行った国外事業者は納税義務者とならず、特定資産の譲渡等を受けた国内事業者が納税義務者となり、いわゆるリバースチャージ方式の対象となります。

例えば、国内事業者が国外事業者にインターネット広告の掲出を依頼した場合には、そのインターネット広告の掲出は事業者向け電気通信利用役務の提供に該当しますから、この場合には広告の掲出の依頼をした国内事業者が納税義務者となり、国外事業者は納税義務者とならないことになります。

また、例えば、国内事業者が国外の音楽家に国内で開催されるコンサート等の出演料を支払う場合には、国内事業者が国外の音楽家から特定役務の提供を受けるものであり、特定役務の提供を受けた国内事業者が納税義務者となり、特定役務の提供をした国外の音楽家は納税義務者とはなりません。

なお、国内において特定課税仕入れを行う事業者の課税売上割合が95％以上である場合及び簡易課税制度の適用対象者である場合には、当分の間、その課税期間中に行った特定課税仕入れはなかったものとされますから、この規定に該当する事業者の消費税の処理は改正前と同じになります（平27改正法附則42、44②）。

　　注　この場合の95％以上か否かの判定には、課税売上割合に準ずる割合は適用できません。

（2）消費者向け電気通信利用役務の提供に係る納税義務者

　消費者向け電気通信利用役務の提供については、その電気通信利用役務の提供を行った者が事業者である限り国外事業者であっても納税義務者になります。

4　特定課税仕入れに係る課税標準

　特定課税仕入れに係る消費税の課税標準は、特定課税仕入れに係る支払対価の額です（法28②）。

　特定課税仕入れに係る支払対価の額は、特定課税仕入れの対価として支払い、又は支払うべき一切の金銭又は金銭以外の物若しくは権利その他経済的な利益の額です（法28②）。

　特定課税仕入れに係る消費税の課税標準は支払対価の額となりますから、税抜きの計算は必要なく、また、「支払うべき」の考え方は課税資産の譲渡等に係る課税標準の「収受すべき」と同様となります。

5　特定課税仕入れ等を行った場合の税額控除

　国内において事業者が特定課税仕入れを行った場合には、課税標準額に対する消費税額から特定課税仕入れに係る消費税額を控除することとされており、特定課税仕入れに該当しない消費者向け電気通信利用役務の提供を受けた場合には、国内において行った課税仕入れとして仕入税額控除の対象となります（法30①）。

（1）特定課税仕入れに係る税額控除

　課税事業者が、国内において特定課税仕入れを行った場合には、課税標準額に対する消費税額から特定課税仕入れに係る消費税額を控除する

こととされています（法30①）。

　したがって、国内事業者が国外事業者から事業者向け電気通信利用役務の提供又は特定役務の提供を受けた場合には、リバースチャージ方式に基づき納税義務が生じるとともに税額控除の対象になることになります。

　この場合の控除税額の計算は、特定課税仕入れに係る支払対価の額に100分の7.8を乗じて算出した金額となります。

　なお、国内において特定課税仕入れを行う事業者の課税売上割合が95％以上である場合及び簡易課税制度の適用がある場合には、当分の間、その課税期間中に行った特定課税仕入れはなかったものとされますから、この要件に該当する場合のその事業者は特定課税仕入れに係る納税義務はなく、税額控除もしないこととなります（平27改正法附則42、44②）。

（2）消費者向け電気通信利用役務の提供に係る税額控除

　国内事業者が消費者向け電気通信利用役務の提供を受けた場合には、国内において課税仕入れを行ったものとして仕入税額控除の対象となります（法30①）。

　なお、国外事業者から受けた消費者向け電気通信利用役務の提供については、当分の間、仕入税額控除はできないこととされていますが、登録国外事業者から受けた消費者向け電気通信利用役務の提供については仕入税額控除ができることとされています（平27改正法附則38①）。

（3）簡易課税制度適用事業者の特定課税仕入れに係る税額控除

　簡易課税制度適用事業者が特定課税仕入れを行った場合には、その特定課税仕入れについて課税対象とするとともに、特定課税仕入れに係る課税標準額に対する消費税額は全額控除対象とすることとされています

が（消法37①二）、簡易課税制度適用事業者が行った特定課税仕入れについては、当分の間、なかったものとされますから（平27改正法附則44②）、税額計算には影響しないこととなります。

6　特定資産の譲渡等を行う事業者の義務

　国内において特定資産の譲渡等を行う事業者は、特定資産の譲渡等に際し、あらかじめ、その特定資産に係る特定課税仕入れを行う事業者に納税義務があり、いわゆるリバースチャージ方式の対象取引であることを表示しなければなりません（法62）。

7　国外事業者の登録等

　電気通信利用役務の提供を行い、又は行おうとする国外事業者のうち課税事業者に該当する者は、国税庁長官の登録を受けることができることとされています（平27改正法附則39①）。

　この登録を受けることにより、登録を受けた事業者から消費者向け電気通信利用役務の提供に係る課税仕入れを行った事業者は仕入税額控除ができることになります。

　また、登録国外事業者には事業者免税点の適用がありませんから、基準期間における課税売上高が1,000万円以下の課税期間においても申告・納付義務があることになります（平27改正法附則39⑩）。

　なお、令和5年（2023年）9月1日において登録国外事業者（電気通信利用役務の提供を行う事業者のうち国税庁長官の登録を受けた事業者（平27改正法附則39①））であった者は、原則として、令和5年10月1日に適格請求書発行事業者の登録を受けたものとみなすこととされており（平28改正法附則45①）、同日以後は適格請求書発行事業者登録制度に吸収されることになります。

8 プラットフォーム課税の導入

アプリ（アプリケーションソフトウエア）を介して行うゲームなどの電気通信利用役務の提供（事業者向け電気通信利用役務の提供に該当するものを除きます。）に該当するデジタルサービス市場において、電気通信利用役務の提供に該当するゲームなどを提供する国外事業者に代わって、プラットフォームを提供する事業者を納税義務者とするいわゆるプラットフォーム課税制度が導入されます（令和6年度の改正後の消法15の2）。

この改正法の規定は、令和7年4月1日以後に行われるゲームなどの電気通信利用役務の提供について適用されます。

非課税となるものは
どのようなものか

┌─〔ポイント〕──

　取引の中には消費に負担を求める税としての性格からみて、課税の対象とすることになじまないものや社会政策的な配慮から課税することが適当でないものがあること等から、このような取引については、非課税取引として消費税を課さないこととしています。

　この非課税取引及び非課税貨物の概要は、次のとおりです。

1　国内取引

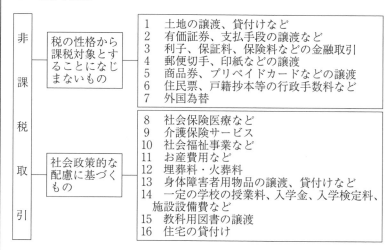

非課税取引	税の性格から課税対象とすることになじまないもの	1　土地の譲渡、貸付けなど 2　有価証券、支払手段の譲渡など 3　利子、保証料、保険料などの金融取引 4　郵便切手、印紙などの譲渡 5　商品券、プリペイドカードなどの譲渡 6　住民票、戸籍抄本等の行政手数料など 7　外国為替
	社会政策的な配慮に基づくもの	8　社会保険医療など 9　介護保険サービス 10　社会福祉事業など 11　お産費用など 12　埋葬料・火葬料 13　身体障害者用物品の譲渡、貸付けなど 14　一定の学校の授業料、入学金、入学検定料、施設設備費など 15　教科用図書の譲渡 16　住宅の貸付け

2　外国貨物

　有価証券、郵便切手、身体障害者用物品など

1 土地の譲渡及び貸付け

　土地（土地の上に存する権利を含みます。）の譲渡及び貸付け（一時的に使用させる場合等を除きます。）は非課税とされています（法別表第2一、令8）。

(1)　「土地」には、立木その他独立して取引の対象となる土地の定着物は含まれませんが、その土地が宅地である場合には、庭木、石垣、庭園その他これらに類するものを宅地と一体として譲渡するときには、その全体が土地として取り扱われます（通6－1－1）。

(2)　「土地の上に存する権利」とは、地上権、土地の賃借権、地役権、永小作権等の土地の使用収益に関する権利をいい、鉱業権、土石採取権、温泉利用権及び土地を目的物とした抵当権は、これに含まれません。

　なお、土地の賃貸借の形態により行われる土石、砂利等の採取が、採石法第33条《採取計画の認可》、砂利採取法第16条《採取計画の認可》等の規定により認可を受けて行われるべきものである場合には、その対価は、土石、砂利等の採取の対価であり、非課税とされる土地の貸付けの対価には該当しません（通6－1－2）。

(3)　土地の貸付けのうち、貸付けに係る期間が1か月に満たない場合及び駐車場その他の施設の利用に伴って土地が使用される場合は、非課税としての土地の貸付けから除くこととされています（令8）。この場合において、土地の貸付けに係る期間が1か月に満たないかどうかは、その土地の貸付けに係る契約において定められた貸付期間によって判定します（通6－1－4）。

(4)　建物、野球場、プール、テニスコート等の施設の利用が土地の使用を伴うことになるとしても、その土地の使用は、土地の貸付けに該当

しません（通 6 - 1 - 5）。

> 注　建物その他の施設の貸付け又は役務の提供（以下「建物の貸付け
> 等」といいます。）に伴って土地を使用させた場合において、建物の
> 貸付け等に係る対価と土地の貸付けに係る対価とに区分していると
> きであっても、その対価の額の合計額が当該建物の貸付け等に係る
> 対価の額となります。

(5)　事業者が駐車場又は駐輪場として土地を利用させた場合において、
その土地につき駐車場又は駐輪場としての用途に応じる地面の整備又
はフェンス、区画、建物の設置等をしていないとき（駐車又は駐輪に係
る車両又は自転車の管理をしている場合を除きます。）は、その土地の使用は、
土地の貸付けに含まれます（通 6 - 1 - 5（注）1）。

2　有価証券及び支払手段等の譲渡

　金融商品取引法第 2 条第 1 項《定義》に規定する有価証券その他これ
に類するもの及び支払手段等の譲渡は非課税とされていますが、その範
囲は次のとおりです（法別表第 2 二、令 9 ①）。

(1)　非課税となる有価証券とは、次のものをいいます（通 6 - 2 - 1(1)）。

　　なお、船荷証券、複合運送証券、倉荷証券や株式・出資・預託の形
態によるゴルフ会員権等は、有価証券に含まれません（通 6 - 2 - 2）。

① 　国債証券

② 　地方債証券

③ 　農林中央金庫の発行する農林債券その他の特別の法律により法人
の発行する債券（④及び⑪に掲げるものを除きます。）

④ 　資産の流動化に関する法律（以下「資産流動化法」といいます。）に規
定する特定社債券

⑤ 　社債券（相互会社の社債券を含みます。）

⑥　日本銀行その他の特別の法律により設立された法人の発行する出資証券（⑦、⑧及び⑪に掲げるものを除きます。）

⑦　協同組織金融機関の優先出資に関する法律（以下「優先出資法」といいます。）に規定する優先出資証券

⑧　資産流動化法に規定する優先出資証券又は新優先出資引受権を表示する証券

⑨　株券又は新株予約権証券

⑩　投資信託及び投資法人に関する法律（以下「投資信託法」といいます。）に規定する投資信託又は外国投資信託の受益証券

⑪　投資信託法に規定する投資証券、新投資口予約権証券若しくは投資法人債券又は外国投資証券

⑫　貸付信託の受益証券

⑬　資産流動化法に規定する特定目的信託の受益証券

⑭　信託法に規定する受益証券発行信託の受益証券

⑮　コマーシャルペーパー（金融商品取引法第2条に規定する定義に関する内閣府令第2条《コマーシャル・ペーパー》に規定するコマーシャルペーパー（以下「ＣＰ」といいます。））

⑯　抵当証券法に規定する抵当証券

⑰　外国債、海外ＣＰなど外国又は外国の者の発行する証券又は証書で①から⑨まで又は⑫から⑯の性質を有するもの

⑱　外国の者の発行する証券又は証書で銀行業を営む者その他の金銭の貸付けを業として行う者の貸付債権を信託する信託の受益権又はこれに類する権利を表示するもの

⑲　オプションを表示する証券又は証書

⑳　預託証券

㉑　譲渡性預金（払戻しについて期限の定めがある預金であって、民法第３編第１章第７節第１款に規定する指図証券、同節第２款に規定する記名式所持人払証券、同節第３款に規定するその他の記名証券又は同節第４款に規定する無記名証券に係る債権であるもの）の預金証書のうち外国法人が発行するもの

㉒　学校法人等（私立学校法第３条に規定する学校法人又は同法第64条第４項に規定する法人をいう。以下同じ。）が行う割当てにより発生する当該学校法人等を債務者とする金銭債権（㉑に規定する債権であるものに限る。）を表示する証券又は証書であって、当該学校法人等の名称その他の内閣府令で定める事項を表示するもの

(2)　有価証券に類するものとは、次のものをいいます（通６－２－１(2)）。

①　(1)の①から⑮まで及び⑰（⑯に掲げる有価証券の性質を有するものを除きます。）に掲げる有価証券に表示されるべき権利で有価証券が発行されていないもの（資金決済に関する法律（資金決済法）第２条第５項《定義》に規定する電子決済手段を除く。）。

②　合名会社、合資会社又は合同会社の社員の持分、協同組合等の組合員又は会員の持分その他法人（人格のない社団等、匿名組合及び民法上の組合を含みます。）の出資者の持分

③　株主又は投資主（投資信託法第２条第16項に規定する投資主をいいます。）となる権利、優先出資者（優先出資法第13条第１項の優先出資者をいいます。）となる権利、特定社員（資産流動化法第２条第５項に規定する特定社員をいいます。）又は優先出資社員（同法26条に規定する優先出資社員をいいます。）となる権利その他法人の出資者となる権利

④　貸付金、預金、売掛金その他の金銭債権（電子決済手段を除く。）

注　1　居住者が発行する譲渡性預金証書は預金に該当します。

2　(2)①には、例えば、令第1条第2項第3号《登録国債》に規定
する登録国債、社債、株式等の振替に関する法律の規定による振
替口座簿の記載又は記録により定まるものとされるもの、株券の
発行がない株式、新株予約権、優先出資法又は資産流動化法に規
定する優先出資証券の発行がない優先出資及び投資信託法に規定
する投資証券の発行がない投資口が該当します。

(3)　支払手段とは、次のものをいいます（通6-2-3）。

①　銀行券、政府紙幣及び硬貨

②　小切手（旅行小切手を含みます。）、為替手形、郵便為替及び信用状

③　約束手形

④　①～③に掲げるもののいずれかに類する支払指図

⑤　証票、電子機器その他の物に電磁的方法（電子的方法、磁気的方法
その他の人の知覚によって認識することができない方法をいいます。）により
入力されている財産的価値であって、不特定又は多数の者相互間で
その支払のために使用することができるもの（その使用の状況が通貨
のそれと近似しているものに限ります。）

注　1　これらの支払手段であっても、収集品及び販売用のものは、課
税の対象となります。
　　2　⑤はいわゆる電子マネーを指しますが、その具体的範囲につい
ては、今後、外国為替令において定めることとされています。

(4)　国際通貨基金協定第15条に規定する特別引出権又は資金決済に関す
る法律に規定する暗号資産の譲渡は、支払手段に類するものの譲渡と
して非課税となります（法別表第2二、令9④）。

3　利子、保証料及び保険料等

次に掲げる利子を対価とする貸付金等は、非課税とされています（法
別表第2三、令10、通6-3-1）。

①　国債、地方債、社債、新株予約権付社債、投資法人債券、貸付金、

預金、貯金、国際通貨基金協定第15条に規定する特別引出権の利子

② 信用の保証料

③ 所得税法第2条第1項第11号《定義》に規定する合同運用信託、同項第15号に規定する公社債投資信託又は同項第15号の2に規定する公社債等運用投資信託の信託報酬

④ 保険料（厚生年金基金契約等に係る事務費用部分を除きます。）

⑤ 法人税法に規定する集団投資信託、法人課税信託又は退職年金信託若しくは特定公益信託等の収益の分配金

⑥ 相互掛金又は定期積金の給付補填金及び無尽契約の掛金差益

⑦ 抵当証券（これに類する外国の証券を含みます。）の利息、割引債（利付債を含みます。）の償還差益、手形の割引料、金銭債権の買取又は立替払に係る差益

⑧ 割賦販売法に規定する割賦販売、ローン提携販売、包括信用購入あっせん又は個別信用購入のあっせんの手数料（契約においてその額が明示されているものに限ります。）

⑨ 割賦販売等に準ずる方法により資産の譲渡等を行う場合の利子又は保証料相当額（契約においてその額が明示されている部分に限ります。）

⑩ 有価証券（その権利の帰属が社債等の振替に関する法律の規定による振替口座簿の記載又は記録により定まるものとされるもの及び登録国債を含み、ゴルフ場利用株式等を除きます。）の賃貸料

⑪ 物上保証料

⑫ 共済掛金

⑬ 動産又は不動産の貸付けを行う信託で、貸付期間の終了時に未償却残額で譲渡する旨の特約が付けられたものの利子及び保険料相当額（契約において明示されている部分に限ります。）

⑭　所得税法第67条の２第３項《リース取引の範囲》又は法人税法第
64条の２第３項《リース取引の範囲》に規定するリース取引でその
契約に係るリース料のうち、利子又は保険料相当額（契約において利
子又は保険料の額が明示されている部分に限ります。）

4　郵便切手類、印紙及び証紙の譲渡

郵便切手類、印紙及び証紙については、次のものが非課税となります。

ただし、いわゆるチケットショップ等の①から③までの場所以外の場
所における郵便切手類又は印紙の譲渡は、非課税とはなりません（法別
表第２四イ、ロ、通６−４−１）。

①　日本郵便株式会社が行う郵便切手類又は印紙の譲渡

②　簡易郵便局法第７条第１項《簡易郵便局の設置及び受託者の呼
称》に規定する委託業務を行う施設又は郵便切手類販売所等一定の
場所における郵便切手類又は印紙の譲渡

③　地方公共団体又は売りさばき人が行う証紙の譲渡

> 注　郵便切手類とは、郵便切手、郵便葉書、郵便書簡をいい、郵便
> 切手類販売所等に関する法律第１条《定義》に規定する郵便切手
> を保存用の冊子に収めたものその他郵便に関する料金を示す証票
> に関し周知し、又は啓発を図るための物は、含まれません（通６
> −４−２）。

5　物品切手等の譲渡

物品切手等の譲渡は非課税とされています（法別表第２四ハ、令11）。

(1)　物品切手（商品券その他名称のいかんを問わず、物品の給付請求権を表彰す
る証書をいい、郵便切手類に該当するものを除きます。）、役務の提供又は物
品の貸付けに係る請求権を表彰する証書及び資金決裁に関する法律第

３条第１項《定義》に規定する前払式支払手段に該当する番号、記号その他の符号（電子決済手段に該当するものを除く。）の譲渡が非課税となります。

(2) 請求権を表彰する証書とは、例えば、商品券、ビール券、図書券、旅行券のように物品の給付若しくは貸付け又は特定の役務の提供をすることを約する証書をいい、記名式であるかどうか又は証書の作成者と給付義務者とが同一であるかどうかは問いません（通６－４－３）。

(3) 次のいずれの要件をも満たす証書及び資金決済法の前払式支払手段に該当する番号、記号、その他の符号は、物品切手等として取り扱われます（通６－４－４）。

① その証書と引換えに一定の物品の給付若しくは貸付け又は特定の役務の提供を約するものであること。

② 給付請求権利者がその証書と引換えに一定の物品の給付若しくは貸付け又は特定の役務の提供を受けたことによって、その対価の全部又は一部の支払債務を負担しないものであること。

　注　いわゆるプリペイドカードは、物品切手等に該当します。

6　国、地方公共団体の行政手数料等

国、地方公共団体、法別表第３に掲げる法人その他法令に基づき国若しくは地方公共団体の委託又は指定を受けた者が徴収する手数料等で法別表第２五イ及びロ《国、地方公共団体等が行う役務の提供》に規定するものは、非課税とされていますが、この規定により非課税となるものは次のとおりです。（通６－５－１）。

(1) 法令（法律、政令、省令又は大臣告示のほか条例及び規則を含み、業務方法書又は定款等は含みません。以下同じです。）に基づいて行われる次に掲げ

る事務の手数料、特許料、申立料その他の料金（以下「手数料等」といいます。）で、その徴収について法令に根拠となる規定があるもの

① 登記、登録、特許、免許、許可、認可、承認、認定、確認及び指定

② 検査、検定、試験、審査及び講習（令第12条第1項第1号イからニまで《非課税となる国、地方公共団体等の役務の提供》に掲げる事務のいずれにも該当しないものを除きます。）

③ 証明（令第12条第1項第2号《非課税となる国、地方公共団体等の役務の提供》に掲げるものを除きます。）

④ 公文書の交付（再交付及び書換交付を含みます。）、更新、訂正、閲覧及び謄写（令第12条第1項第2号に掲げるものを除きます。）

⑤ 裁判その他の紛争の処理

⑥ 旅券の発給（旅券法第20条第1項に掲げる渡航先の追加、記載事項の訂正、再発給、旅券の合冊又は査証欄の増補及び渡航書の発給を含みます。）

⑦ 裁定、裁決、判定及び決定

⑧ 公文書に類するもの（記章、標識その他これらに類するものを含みます。以下同じです。）の交付（再交付及び書換交付を含みます。）、更新、訂正、閲覧及び謄写（令第12条第1項第1号に掲げる事務に係るものを除きます。）

⑨ 審査請求その他これらに類するものの処理

(2) 法令に基づいて行われる登録、認定、確認、指定、検査、検定、試験、審査及び講習（以下「登録等」といいます。）で法令に手数料等の徴収の根拠となる規定がないもののうち、次に掲げる登録等の手数料等

① 法令において、弁護士その他の法令に基づく資格を取得し、若しくは維持し、又はその資格に係る業務若しくは行為を行うための要件とされている登録等

②　法令において、輸出その他の行為を行う場合には、その対象となる資産又は使用する資産について登録等を受けることが要件とされている登録等

③　法令において、登録等により一定の規格に該当するものとされた資産でなければ一定の規格についての表示を付し、又は一定の名称を使用することができないこととされている登録等

④　法令において、登録等を受けることが義務付けられている登録等

⑤　証明、公文書及び公文書に類するものの交付（再交付及び書換交付を含みます。）、更新、訂正、閲覧及び謄写（①から④までに該当しない登録等に係るものを除きます。）

(3)　国又は地方公共団体が、法令に基づき行う他の者の徴収すべき料金、賦課金その他これらに類するものの滞納処分について、法令に基づき他の者から徴収する手数料等

(4)　独立行政法人等の保有する情報の公開に関する法律（独法等情報公開法）第2条第1項《定義》に規定する独立行政法人等又は独立行政法人等の保有する個人情報の保護に関する法律（独法等情報保護法）第2条第1項《定義》に規定する独立行政法人等のうち法別表第3に掲げる法人以外の法人が、独法等情報公開法第17条第1項《手数料》又は独法等情報保護法第26条第1項《手数料》又は第44条の13第1項《手数料》に基づき徴収する手数料（法別表第3に掲げる独立行政法人等が徴収する手数料は、法別表第2五イ（3）又は令第12条第2項第1号ハの規定により、これ以外の独立行政法人等が徴収する手数料は、同項第4号により非課税となります。）

(5)　執行官又は公証人が裁判所法第62条第4項又は公証人法第7条第1項の規定に基づき受ける手数料

7 外国為替業務

次のものが非課税になります（法別表第2五ニ、ホ、令13）。

外国為替業務に係る次に掲げる役務の提供（当該業務の周辺業務として行われる役務の提供を除きます。）（令13、通6－5－3）。

　イ　外国為替取引

　ロ　対外支払手段の発行

　ハ　対外支払手段の売買及び債権の売買（本邦通貨をもって支払われる債権の居住者間の売買を除きます。）

　なお、居住者による非居住者からの証券（外国為替及び外国貿易法第6条第1項第11号に規定する「証券」をいいます。）の取得又は居住者による非居住者に対する証券の譲渡に係る媒介、取次ぎ又は代理については、非課税とされる外国為替業務に係る役務の提供から除かれています。

8 社会保険医療等

次の医療等が非課税になります（法別表第2六、令14、通6－6－1）。

なお、特別の病室の提供及び特別の食事の提供等に係る料金は、課税対象となります。

①　健康保険法、国民健康保険法等の規定に基づく療養の給付等

②　高齢者の医療の確保に関する法律の規定に基づく療養の給付等

③　精神保健及び精神障害者福祉に関する法律、生活保護法、原子爆弾被爆者に対する援護に関する法律及び障害者の日常生活及び社会生活を総合的に支援するための法律の規定に基づく医療等

④　公害健康被害の補償等に関する法律の規定に基づく療養の給付等

⑤　労働者災害補償保険法の規定に基づく療養の給付等

⑥　自動車損害賠償保障法の規定による損害賠償額の支払（同法第72条第

1項の規定による損害をてん補するための支払を含みます。）を受けるべき被

害者に対するその支払に係る療養

⑦　その他これらに類するものとして、例えば学校保健法の規定に基づ

く医療に要する費用の援助に係る医療、母子保健法の規定に基づく養

育医療の給付又は養育医療に要する費用の支給に係る医療等、国又は

地方公共団体の施策に基づきその要する費用の全部又は一部が国又は

地方公共団体により負担される医療及び療養（いわゆる公費負担医療。

令14）

9　介護保険サービス等

介護保険法の規定に基づき行われる、次の資産の譲渡等が非課税とな

ります（法別表第2七イ、令14の2、通6－7－1）。

(1)　介護保険法の規定に基づく居宅介護サービス費の支給に係る居宅サ

ービス

この場合の居宅サービスは、介護保険法第8条第2項から第11項ま

で《定義》に規定する訪問介護、訪問入浴介護、訪問看護、訪問リハ

ビリテーション、居宅療養管理指導、通所介護、通所リハビリテーシ

ョン、短期入所生活介護、短期入所療養介護及び特定施設入居者生活

介護に限られます。

なお、特別の居室の提供、交通費、特別な浴槽水の提供、送迎及び

特別な食事の提供に係る料金は課税の対象となります。

(2)　介護保険法の規定に基づく施設介護サービス費の支給に係る施設サ

ービス

これらのサービスのうち、特別な居室の提供、特別な食事の提供、

特別な療養室の提供及び特別な病室の提供に係る料金は、課税の対象となります。

(3) (1)及び(2)に掲げるものの他、居宅サービス又は施設サービスに類するものとして令第14条の2第3項《居宅サービスの範囲等》に掲げる介護サービスが非課税となります。

10 社会福祉事業等

次の事業に係るものが非課税になります（介護保険の非課税対象になるものを除きます。）（法別表第2七ロ、ハ、令14の3、通6－7－5）。

(1) 社会福祉法第2条第2項《定義》に規定する第一種社会福祉事業

(2) 社会福祉法第2条第3項《定義》に規定する第二種社会福祉事業

(3) 更生保護事業法第2条第1項《定義》に規定する更生保護事業

(4) 社会福祉事業等として行われる資産の譲渡等に類するものとして令第14条の3《社会福祉事業として行われる資産の譲渡等に類するものの範囲》に掲げるものが非課税となります。

11 お産費用等

医師、助産師その他医療に関する施設の開設者による助産に係る資産の譲渡等が非課税となります。

助産に係る資産の譲渡等の範囲は、医師又は助産師等が行う妊娠しているかどうかの検査から出産後の検診及び入院等の役務の提供等をいいます（法別表第2八、通6－8－1）。

12 埋葬料、火葬料

墓地、埋葬等に関する法律第2条第1項《定義》に規定する埋葬に係

る埋葬料又は同法第2条第2項に規定する火葬料を対価とする役務の提供が非課税となります（法別表第2九）。

　なお、埋葬及び火葬の許可手数料は行政手数料として非課税となります。

　　注　葬儀料は課税の対象となります。

13　身体障害者用物品の譲渡等

　身体障害者の使用に供するための特殊な性状、構造又は機能を有する物品（以下「身体障害者用物品」といいます。）の譲渡、貸付け等が非課税となります（法別表第2十、令14の4）。

(1)　適用対象となる身体障害者用物品の範囲（令14の4）

　非課税の対象となる身体障害者用物品は、義肢、盲人安全つえ、義眼、点字器、人工喉頭、車いすその他の物品で、身体障害者の使用に供するための特殊な性状、構造又は機能を有するものとして厚生労働大臣が財務大臣と協議して指定するものとなります（平成3年6月7日厚生省告示第130号）。

　　注　1　身体障害者用物品の一部を構成する部分品は、身体障害者用物品に該当しません（通6-10-2）。
　　　　2　身体障害者用物品の譲渡等の非課税対象は、身体障害者への譲渡等に限定されているものではありませんから、その構造・機能等が非課税となる身体障害者用物品に該当するものである場合には、身体障害者以外の者に譲渡等する場合であっても非課税となります。

(2)　非課税となる資産の譲渡等の範囲（令14の4）

　非課税となる資産の譲渡等は、身体障害者用物品の譲渡、貸付け及び身体障害者用物品の製作の請負並びに一定の身体障害者用物品の修理となります（平成3年6月7日　厚生省告示第130号）。

14 学校教育等

　学校教育法に規定する学校、専修学校、各種学校、国立研究開発法人水産研究・教育機構法等に規定する国立研究開発法人水産研究・教育機構等及び職業能力開発促進法に規定する職業能力開発総合大学校等の学校教育に関する授業料、入学金及び入園料、施設設備費、入学又は入園のための試験に係る検定料及び在学証明、成績証明、その他学生、生徒、児童又は幼児の記録に係る証明に係る手数料及びこれに類する手数料を対価とする役務の提供が非課税になります（法別表第2十一、令14の5、15、16、通6-11-1）。

15 教科用図書の譲渡

　教科用図書の譲渡が非課税となります（法別表第2十二）。

　その譲渡が非課税となる教科用図書は、学校教育法第34条《小学校の教科用図書》（同法第49条《中学校》、第49条の8《義務教育学校》、第62条《高等学校》、第70条第1項《中等教育学校》及び第82条《特別支援学校》において準用する場合を含みます。）に規定する文部科学大臣の検定を経た教科用図書（いわゆる検定済教科書）及び文部科学省が著作の名義を有する教科用図書に限られます（通6-12-1）。

16 住宅の貸付け

　住宅の貸付け（一時的に使用させる場合等を除きます。）が非課税となります（法別表第2十三）。

(1)　住宅の範囲

　　住宅とは、人の居住の用に供する家屋又は家屋のうち人の居住の用

に供する部分をいい、一戸建ての住宅のほかマンション、アパート、社宅、寮、貸間等が含まれます。

> 注 1 住宅用に建設された建物であっても、居住用以外（例えば、事務所用、店舗用など）の目的で賃貸する場合は課税となります。
> 2 住宅と店舗又は事務所等の事業用施設が併設されている建物の貸付けは、住宅部分のみが非課税となります。
> この場合において、建物の貸付けに係る対価の額を住宅の貸付けに係る対価の額と事業用施設の貸付けに係る対価の額とに合理的に区分することとなります（通6－13－5）。
> 3 賃貸した住宅用の建物を賃借人が自ら使用しない場合であっても、社宅などの住宅として転貸することが明らかな場合には、当該住宅用の建物の貸付けは、住宅の貸付けに含まれ非課税となります（通6－13－7）。

(2) 「住宅の貸付け」の範囲

イ 「住宅の貸付け」とは、契約において人の居住の用に供することが明らかにされている場合（その契約においてその貸付に係る用途が明らかにされていない場合にその貸付け等の状況からみて人の居住の用に供されていることが明らかな場合を含む。）に限られ、その貸付けに係る期間が1月に満たない場合及び当該貸付が旅館業法第2条第1項《定義》に規定する旅館業に係る施設の貸付けに該当する場合（例えば、旅館、ホテル、簡易宿泊所等）は除かれます（令16の2、通6－13－4）。

> 注 1 ホテル、旅館のほか旅館業法第2条第1項の適用を受けるリゾートマンション、貸別荘等は、たとえこれらの施設の利用期間が1月以上となる場合であっても非課税とはなりません（通6－13－4）。
> 2 貸家業及び貸間業（学生等に部屋等を提供して生活させるいわゆる「下宿」と称するものを含みます。）については、旅館業法第2条第1項に規定する旅館業には含まれません（通6－13－4）。
> 3 一の契約で住宅の貸付けと役務の提供を約している場合には、この契約に係る対価の額を住宅の貸付けに係る対価の額と役務

の提供に係る対価の額に合理的に区分することとなります。

　　この契約に該当するものとしては、例えば、有料老人ホーム、ケア付住宅、食事付の貸間、食事付の寄宿舎等があります（通6－13－6）。

4　貸付けに係る契約においてその用途が明らかにされていない場合においても、賃借人が現に住宅として使用している場合等においては、その貸付けは住宅の貸付けとして非課税対象となります（法別表第2第13号）。

　　この場合の貸付けに係る契約においてその用途が明らかにされていない場合とは、例えば、住宅の貸付けに係る契約において、住宅を居住用又は事業用どちらでも使用することができることとされている場合が含まれます（通6－13－10）。

5　契約において当該貸付けに係る用途が明らかにされていない場合に当該貸付け等の状況からみて人の居住の用に供されていることが明らかな場合とは、住宅の貸付けに係る契約において当該貸付けに係る用途が明らかにされていない場合に当該貸付けに係る賃借人や住宅の状況その他の状況からみて人の居住の用に供されていることが明らかな場合をいうから、例えば、住宅を賃貸する場合において、次に掲げるような場合が該当します（通6－13－11）。

⑴　住宅の賃借人が個人であって、当該住宅が人の居住の用に供されていないことを賃貸人が把握していない場合

⑵　住宅の賃借人が当該住宅を第三者に転貸している場合であって、当該賃借人と入居者である転借人との間の契約において人の居住の用に供することが明らかにされている場合

⑶　住宅の賃借人が当該住宅を第三者に転貸している場合であって、当該賃借人と入居者である転借人との間の契約において貸付けに係る用途が明らかにされていないが、当該転借人が個人であって、当該住宅が人の居住の用に供されていないことを賃貸人が把握していない場合

ロ　「住宅の貸付け」には、庭、塀その他これらに類するもので、通常住宅に付随して貸し付けられると認められるもの及び家具、じゅうたん、照明設備、冷暖房設備その他これらに類するもので住宅の付属施設として、住宅と一体となって貸し付けられると認められる

ものが含まれます（通6－13－1）。

　なお、住宅の付属施設又は通常住宅に付随する施設等と認められるものであっても、当事者間において住宅とは別の賃貸借の目的物として、住宅の貸付けの対価とは別に使用料等を収受している場合には、当該設備又は施設の使用料等は非課税とはなりません（通6－13－1なお書）。

> 注 1　プール、アスレチック施設等を備えた住宅の貸付けにおいて、例えば、その施設等を居住者以外の者も利用でき、当該居住者以外の者が利用する場合に利用料（月決め又は年決めの会費等を含みます。）を徴収している場合等には、居住者について家賃の一部としてその料金等が収受されていても、住宅とは別に貸し付けられるものとして取り扱われます（通6－13－2）。
> 　　　2　一戸建住宅に係る駐車場のほか、集合住宅に係る駐車場で入居者について1戸当たり1台分以上の駐車スペースが確保されており、かつ、自動車の保有の有無にかかわらず割り当てられる等の場合で、住宅の貸付けの対価とは別に駐車場使用料等を収受していない場合には、その駐車場部分を含めた全体が住宅の貸付けの対価として非課税となります（通6－13－3）。
> 　　　　なお、この場合であっても、住宅の貸付けの対価と駐車料金とを区分して受領している場合には、駐車料金部分は非課税とはなりません。

(3)　家賃の範囲

　住宅の貸付けの対価である家賃には、月極め等の家賃のほか、敷金、保証金、一時金等のうち返還しない部分及び共同住宅における共用部分に係る費用を入居者が応分に負担する、いわゆる共益費（課税対象となるプール、アスレチック施設や駐車場等の施設に係る費用部分を除きます。）も含まれます（通6－13－9）。

17　非課税となる外国貨物

　国内における非課税取引とのバランスを図るため、保税地域から引き取られる外国貨物のうち、次のものが非課税となります（法別表第2の2）。

① 　有価証券等（国内取引の非課税範囲の2の有価証券、有価証券に類するもの及び支払手段等をいいます。）

② 　郵便切手類（郵便切手類販売所等に関する法律第1条に規定する郵便切手類をいいます。）

③ 　印紙（印紙をもってする歳入金納付に関する法律第3条第1項各号及び第4条第1項に掲げる印紙をいいます。）

④ 　証紙（地方自治法第231条の2第1項並びに地方税法第1条第1項第13号及び同法第124条第1項に規定する証紙をいいます。）

⑤ 　物品切手等（商品券その他名称のいかんを問わず、物品の給付請求権を表彰する証書及び役務の提供又は物品の貸付けに係る請求権を表彰する証書並びに資金決済に関する法律第3条第12項に規定する前払式支払手段に該当する番号、記号その他の符号をいいます。）

⑥ 　身体障害者用物品

⑦ 　教科用図書

4 免税取引はどのようなものか

┌─〔ポイント〕─────────────────────

　次の取引は、免税取引として消費税が免除されます。

(1)　輸出取引等として行われる課税資産の譲渡等

(2)　輸出物品販売場における輸出物品の譲渡

(3)　外航船等に積み込む物品の譲渡

(4)　外国公館等に対する課税資産の譲渡等

(5)　海軍販売所等に対する物品の譲渡

(6)　合衆国軍隊等に対する資産の譲渡等

└──────────────────────────────

1 輸出取引等に係る免税

(1) 制度の概要

　事業者が国内において課税資産の譲渡等を行った場合に、それが輸出取引等に該当する場合には消費税が免除されます（法7①）。

　これらの取引を免税としているのは、消費税が国内において消費される物品やサービスについて税負担を求める性格の税（内国消費税）であることによるものです。

　なお、輸出免税の対象となる取引であっても、その仕入れに係る消費税額は控除することができ、この点において仕入税額控除をすることができない「非課税」とは性格を異にするものです。

（2）輸出免税の適用要件

　資産の譲渡等のうち輸出免税等の規定により消費税が免除されるのは、次の要件を満たしているものに限られます（通７－１－１）。

イ　資産の譲渡等が、課税事業者によって行われるものであること。

ロ　資産の譲渡等が、国内において行われるものであること。

ハ　資産の譲渡等が、法第31条第１項及び第２項《非課税資産の輸出等を行った場合の仕入れに係る消費税額の控除の特例》の適用がある場合を除き、課税資産の譲渡等に該当するものであること。

ニ　資産の譲渡等が、法第７条第１項各号《輸出免税等の範囲》に掲げるものに該当するものであること。

ホ　資産の譲渡等が、法第７条第１項各号に掲げるものであることにつき、証明がなされたものであること。

（3）輸出取引等の範囲

　免税とされる輸出取引等は、国内において行われる課税資産の譲渡等のうち、次に掲げるものです（法７①、令17①、②、通７－２－１）。

輸出取引等の範囲	① 輸出として行われる資産の譲渡・貸付け（法７①一）
	② 外国貨物の譲渡・貸付け（法７①二）
	③ 国際輸送・国際通信・国際郵便等（法７①三、令17②五）
	④ 外航船舶等の譲渡・貸付け・修理（法７①四、令17①、②一）
	⑤ 国際輸送用のコンテナーの譲渡・貸付け・修理（令17②二）
	⑥ 外航船舶等の水先等の役務提供（令17②三）
	⑦ 外国貨物の荷役等（令17②四）
	⑧ 非居住者に対する無形固定資産等の譲渡・貸付け（令17②六）
	⑨ 非居住者に対する役務提供（令17②七）

イ　国内からの輸出として行われる資産の譲渡又は貸付け

　この典型的な輸出取引は、あくまでも輸出を自ら行う事業者につい

てのみ免税とされます。

　したがって、輸出される物品の製造のための下請加工を行う事業者や輸出取引を行う事業者に輸出物品を販売する事業者については、輸出免税の規定は適用されません（通7－2－2）。

ロ　外国貨物の譲渡又は貸付け

　外国貨物とは、輸出の許可を受けた貨物及び外国から本邦に到着した貨物で輸入が許可される前のものをいうこととされていますから（消法2①十、関税法2①三）、例えば、輸入した商品を輸入の許可を受ける前に他の者に転売する場合には、外国貨物の譲渡として輸出免税の適用対象となります。

ハ　国内及び国内以外の地域にわたって行われる旅客若しくは貨物の輸送、通信又は郵便若しくは信書便

　いわゆる国際運輸、国際通信及び国際郵便等は、輸出取引等とされています。

ニ　専ら国内と国内以外の地域間又は国内以外の地域間の旅客又は貨物の輸送の用に供される船舶（以下「外航船舶」といいます。）の譲渡又は貸付けで、海上運送法に規定する船舶運航事業又は船舶貸渡業を営む者に対して行われるもの

　この外航船舶の貸付けには、裸傭船契約に基づく傭船のほか定期傭船契約に基づく用船が含まれます（通7－2－9）。

ホ　外航船舶の修理で船舶運航事業又は船舶貸渡業を営む者の求めに応じて行われるもの

ヘ　専ら国内と国内以外の地域間又は国内以外の地域間の旅客又は貨物の輸送の用に供される航空機（以下「外航航空機」といいます。）の譲渡又は貸付けで航空法に規定する航空運送事業を営む者（以下「航空運送

事業者」といいます。）に対して行われるもの

ト　外航航空機の修理で、航空運送事業者の求めに応じて行われるもの

チ　専ら国内と国内以外の地域間又は国内以外の地域間で行われる貨物
の輸送の用に供されるコンテナーの譲渡若しくは貸付けで船舶運航事
業、船舶貸渡事業若しくは航空運送事業を営む者（以下「船舶運航事業
者等」といいます。）に対して行われるもの又はコンテナーの修理で船
舶運航事業者等の求めに応じて行われるもの

　　この場合のコンテナーは、コンテナーに関する通関条約等に規定す
るコンテナーに限られます。

リ　外航船舶又は外航航空機（以下「外航船舶等」といいます。）の水先、
誘導その他入出港若しくは離着陸の補助又は入出港、離着陸、停泊若
しくは駐機のための施設の提供に係る役務の提供その他これらに類す
る役務（その施設の貸付けを含みます。）で船舶運航事業者等に対して行
われるもの

　　ここにいう「これらに類する役務の提供」には、例えば、外航船舶
等の清掃、廃油の回収、汚水処理等が該当します（通7－2－11）。

ヌ　外国貨物の荷役、運送、保管、検数、鑑定その他これらに類する外
国貨物に係る役務の提供

　　なお、これには、指定保税地域等（関税法第29条《保税地域の種類》に
規定する、指定保税地域、保税蔵置場、保税工場、保税展示場及び総合保税地域
をいいます。）にある輸出しようとする貨物又は輸入の許可を受けた貨
物に係るこれらの役務の提供が含まれます。また、「その他これらに
類する外国貨物に係る役務の提供」には、例えば、外国貨物に係る検
量、港湾運送関連事業に係る業務、輸入貨物に係る通関手続、青果物
に係るくんじょう等の役務の提供が含まれます（通7－2－12、7－2

- 13)。

> 注　関税法第30条第1項第5号《外国貨物を置く場所の制限》に規定する特例輸出貨物に係る役務の提供については、指定保税地域等及び特例輸出貨物を輸出するための船舶又は航空機への積込みの場所におけるものに限られます（令17②四）。

ル　鉱業権、租鉱権、採石権その他土石を採掘し、若しくは採取する権利、特許権、実用新案権、意匠権、商標権、回路配置利用権若しくは育成者権（これらの権利を利用する権利を含みます。）、著作権（出版権及び著作隣接権その他これに準ずる権利を含みます。）、特別の技術による生産方式及びこれに準ずるもの（ノウハウ）、営業権又は漁業権若しくは入漁権の譲渡又は貸付けで非居住者に対して行われるもの

ヲ　上記に掲げるもののほか、非居住者に対して行われる役務の提供で次に掲げるもの以外のもの

　　イ　国内に所在する資産に係る運送又は保管

　　ロ　国内における飲食又は宿泊

　　ハ　イ及びロに掲げるものに準ずるもので、国内において直接便益を享受するもの

（4）具体的な取扱い

①　輸出物品の下請加工等

　輸出免税の適用が受けられるのは、法第7条第1項各号《輸出免税等》に掲げる取引及び令第17条各項《輸出取引等の範囲》に掲げる取引に限られますから、例えば、次の取引については、法第7条第1項の規定の適用はありません（通7-2-2）。

　　イ　輸出する物品の製造のための下請加工

　　ロ　輸出取引を行う事業者に対して行う国内での資産の譲渡等

② 国外で購入した貨物を国内の保税地域を経由して国外へ譲渡した場合

　国外で購入した貨物を国内の保税地域に陸揚げし、輸入手続を経ないで再び国外へ譲渡する場合には、関税法第75条《外国貨物の積戻し》の規定により内国貨物を輸出する場合の手続規定が準用されますから、法第7条第1項第1号《輸出免税》の規定により輸出免税の対象となります（通7−2−3）。

③ 旅客輸送に係る国際輸送

　法第7条第1項第3号《国際輸送等に対する輸出免税》に規定する国内及び国内以外の地域にわたって行われる旅客又は貨物の輸送は、国内から国外への旅客若しくは貨物の輸送又は国外から国内への旅客若しくは貨物の輸送（以下「国際輸送」といいます。）をいいますが、国際輸送として行う旅客輸送の一部に国内における輸送（以下「国内輸送」といいます。）が含まれている場合であっても、次のすべての要件を満たす場合の国内輸送は、国際輸送に該当するものとして取り扱われます（通7−2−4）。

　イ　国際輸送に係る契約において、国際輸送の一環としてのものであることが明らかにされていること。

　ロ　国内間の移動のための輸送と国内と国外との間の移動のための国内乗継地又は寄港地における到着から出発までの時間が定期路線時刻表上で24時間以内である場合の国内輸送であること。

④ 貨物輸送に係る国際輸送

　国際輸送として行う貨物の輸送の一部に国内輸送が含まれている場合であっても、国内輸送が国際輸送の一環としてのものであることが国際輸送に係る契約において明らかにされているときは、その国内輸送は国際輸送に該当するものとして取り扱われます（通7−2−5）。

⑤ **非居住者に対する役務の提供で免税とならないものの範囲**

　非居住者に対する役務の提供は、原則として輸出免税の対象となるのですが、次に掲げる資産の譲渡等は、輸出免税の対象から除かれ課税対象となります（令17②七）。

　イ　国内に所在する資産に係る運送又は保管

　ロ　国内における飲食又は宿泊

　ハ　イ及びロに準ずるもので、国内において直接便益を享受するもの

　輸出免税の対象となるものから除かれる非居住者に対する役務の提供には、例えば、次のものが該当します（通7−2−16）。

(1)　国内に所在する資産に係る運送や保管

(2)　国内に所在する不動産の管理や修理

(3)　建物の建築請負

(4)　電車、バス、タクシー等による旅客の輸送

(5)　国内における飲食又は宿泊

(6)　理容又は美容

(7)　医療又は療養

(8)　劇場、映画館等の興行場における観劇等の役務の提供

(9)　国内間の電話、郵便又は信書便

(10)　日本語学校等における語学教育等に係る役務の提供

⑥ **国内に支店等を有する非居住者に対する役務の提供**

　事業者が非居住者に対して役務の提供を行った場合に、その非居住者が支店又は出張所等を国内に有するときは、当該役務の提供は当該支店又は出張所等を経由して役務の提供を行ったものとして、輸出免税の適用はないものとして取り扱われます。

　ただし、国内に支店又は出張所等を有する非居住者に対する役務の提

供であっても、次の要件のすべてを満たす場合には、輸出免税に該当するものとして取り扱われます（通7-2-17）。

(1) 役務の提供が非居住者の国外の本店等との直接取引であり、その非居住者の国内の支店又は出張所等はこの役務の提供に直接的にも間接的にもかかわっていないこと。

(2) 役務の提供を受ける非居住者の国内の支店又は出張所等の業務は、当該役務の提供に係る業務と同種、あるいは関連する業務でないこと。

（5）輸出証明書等

輸出取引等に係る免税規定の適用を受けるためには、輸出許可書、税関長の証明書又は輸出の事実を記載した帳簿や書類を整理し、これを確定申告期限後7年間、納税地又はその取引に係る事務所、事業所その他これらに準ずるものの所在地に保存することにより、その取引が輸出取引等に該当するものであることを証明する必要があります（法7②、規5）。

2 輸出物品販売場に係る免税

（1）制度の概要

輸出物品販売場（免税ショップ）を経営する事業者が、外国人旅行者などの免税購入対象者に対して物品（輸出携帯品）を販売する場合には、消費税が免除されます（法8①）。

> 注 輸出物品販売場免税制度については、制度が不正に利用されている現状等を踏まえ、令和7年度税制改正において、制度の抜本的な見直しがされる予定となっています（令和6年度与党税制改正大綱）。

なお、免税販売ができるのは、通常生活の用に供する物品で、同一の

免税購入対象者に対する同一の販売場における1日の販売価額の合計額が次の基準を満たすものに限られます。

免税対象物品の区分	販売価額（税抜）の合計額
一般物品（家電、バッグ、衣料品等（消耗品以外のもの））	5千円以上
消耗品（飲食料品、医薬品、化粧品その他の消耗品）	5千円以上50万円以下

注　金又は白金の地金は通常生活の用に供する物品には該当せず、その販売は免税対象にはなりません。
　　また、免税の対象となるのは通常生活の用に供する物品ですから、旅行者が本国に帰ってから販売するための物品は輸出物品販売場における免税対象にはなりません。

　輸出物品販売場とは、事業者が経営する販売場で、免税購入対象者に対し物品を免税で販売することができるものとして、その事業者の納税地の所轄税務署長の許可を受けた販売場をいい、輸出物品販売場の種類は次のとおりとなります（法8⑦、⑨、令18②、18の2②）。

・市中の輸出物品販売場のうち、一般型輸出物品販売場（免税販売手続が、その販売場においてのみ行われる輸出物品販売場。令18の2②一）

・市中の輸出物品販売場のうち、手続委託型輸出物品販売場（免税販売手続を輸出物品販売場の経営者自らが行うのではなく、承認免税手続事業者が代理して行う輸出物品販売場。令18の2②二）

・市中の輸出物品販売場のうち、自動販売機型輸出物品販売場（免税販売手続が、その販売場に設置する自動販売機によってのみ行われる輸出物品販売場。令18の2②三）

・市中の輸出物品販売場のうち、クルーズ船等が寄港する港湾施設における臨時店舗としての輸出物品販売場（港湾施設に期間を定めて設置する臨時販売場。法8⑨）

・米軍施設内の輸出物品販売場（基地内輸出物品販売場。令18③四）

> 注 免税購入対象者とは、輸出物品販売場において免税で購入する非居住者をいい、非居住者とは、外国為替及び外国貿易法第6条第1項第6号《定義》に規定する非居住者をいいます（法8①）。

輸出物品販売場において免税購入対象者が購入する物品のうち消耗品については、輸出仕様の包装がされていること等の要件を満たす必要があります（令18②二、平成26年国土交通省・経済産業省告示第6号）。

また、輸出物品販売場における免税対象物品の販売は、その譲渡の対価の額（税抜き）の合計額が5千円以上となる場合に限り、免税とされます（法8①、令18⑭）。

（2）免税販売の手続

免税販売の手続は、市中にある輸出物品販売場（市中の輸出物品販売場）と米軍施設内にある輸出物品販売場とに区分して定められています（令18）。

イ 市中の輸出物品販売場の場合

市中の輸出物品販売場における免税販売手続は、①免税購入対象者が旅券等又はデジタル庁が整備及び管理をする情報システムにより当該旅券等に係る情報が表示された当該免税対象者の使用する通信端末機器の映像面を市中輸出物品販売場の経営者に提示し、②購入記録情報（免税購入対象者である購入者から提示を受けた旅券等に記録された情報及び購入の事実を記録した電子的記録（データ）を、電子情報処理組織を使用して（インターネット回線等を通じて電子的に）遅滞なく国税庁長官に提供し、③その購入記録情報を7年間保存する必要があります（令18⑦、規7）。

なお、免税対象物品が消耗品に該当する場合には、一定の包装をし

たうえで引き渡すことになります。

　免税販売手続について図で示すと、次のようになります。

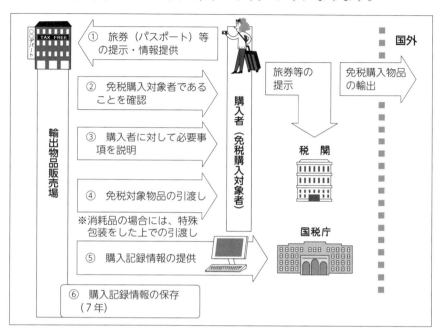

ロ　米軍施設内の輸出物品販売場の場合

　米軍の構成員及び軍属並びにこれらの家族が、米軍施設内の輸出物品販売場において物品を購入する場合には、その購入の際、一般物品と消耗品に区分して購入者誓約書を提出します（令18③四、五）。

　なお、この場合における購入者誓約書の提出は、電磁的記録の提供によって行うことができます（令18⑤）。

ハ　国際運送事業者との間において運送契約を締結する場合

　イ又はロの輸出物品販売場において、免税購入対象者が免税対象物品を購入する際に国際運送事業者との間において免税対象物品の輸出に係る運送契約を締結する場合には、次の手続を行ったうえで免税対

象物品の引渡しを受け、かつ、その場で国際運送事業者（その代理人を含みます。）に免税対象物品を引き渡す方法により免税手続を行うことができます（令18③三、六）。

(イ)　イ及びロの要件を満たすこと

(ロ)　一定事項が記載された免税対象物品に係る運送契約書の写しを輸出物品販売場を経営する事業者に提出すること

（3）適用要件

　輸出物品販売場を経営する事業者は、この免税措置の適用を受ける場合には、販売した物品が免税購入対象者によって法第8条第1項に規定する方法により購入されたことを証する書類又は電磁的記録を保存する必要があります（法8②）。

（4）輸出物品販売場の許可等

　輸出物品販売場の許可、手続委託型輸出物品販売場に係る承認免税手続事業者の承認、クルーズ船等が寄港する港湾施設における臨時販売場に係る承認の要件等は、それぞれの区分ごとに定められています（法8⑥、⑧、⑨、令18の2、18の3、18の4、18の5）。

3　外航船等に積み込む物品の譲渡等に係る免税

（1）制度の概要

　本邦と外国との間を往来する外国籍の船舶又は航空機に内国貨物を積み込むために譲渡が行われる場合には、「輸出取引」として、前述の輸出免税の適用がありますが、これとのバランスから、所轄税関長の承認を受けて本邦の外航船等に船用品又は機用品を積み込む場合には、輸出

又は外国籍の船舶若しくは航空機への積込みとみなして、消費税を免除することとされています（措法85①）。

イ　本邦と外国との間を往来する本邦の船舶又は航空機（以下「外航船等」といいます。）に船用品又は機用品として積み込むため、その積み込もうとする港（開港、税関空港又は不開港）の所在地の所轄税関長の承認を受けた指定物品を譲渡した場合には、その外航船等への積込みは、輸出とみなされます。

ロ　外航船等に船用品又は機用品として積み込むため、その積み込もうとする港の所在地の所轄税関長の承認を受けた指定物品を保税地域から引き取る場合には、その外航船等への積込みは船用品又は機用品の積込み等の場合の免税措置（輸徴法12①）が適用される積込みとみなされます。

　　なお、上記の外航船等には、一定の母船式捕鯨に従事する船舶が含まれます（措令45②）。

（2）指定物品

　指定物品とは、酒類、製造たばこ、その他の船用品（燃料、飲食物その他の消耗品及び帆布、綱、じゅう器その他これらに類する貨物で、船舶において使用するもの）又は機用品（航空機において使用する貨物で、船用品に準ずるもの）をいいます（措令45①）。

　これらの指定物品が本邦において陸揚げ若しくは取卸しがされる場合又は外航船等が外航船等でなくなる場合において、その外航船等に指定物品が現存する場合には、指定物品を保税地域から引き取るものとみなして、消費税が課されます（措法85②）。

（3）適用要件

　この免税措置の適用を受ける事業者は、所轄税関長の交付する船（機）用品積込承認書を、確定申告期限後7年間、納税地又はその課税資産の譲渡等に係る事務所等に保存する必要があります。

4　外国公館等に対する課税資産の譲渡等に係る免税

（1）制度の概要

　あらかじめ指定を受けた事業者が、本邦にある外国の大使館等に対し、一定の方法により、課税資産の譲渡等を行った場合には、その課税資産の譲渡等については、消費税が免除されます（措法86①）。

　「一定の方法」とは、その大使館等又は大使等が、外交、領事その他の任務を遂行するために必要なものとして外務省大臣官房儀典総括官から交付を受けた証明書（免税カード等）を提示し、かつ、資産の購入等に係る所定の明細書（免税購入票）を提出する方法をいいます。

　なお、外国にある本邦の大使館又は外国に派遣された本邦の大使等につき、消費税に類似する租税の免除に制限を付する国の大使館等又は大使等については、相互条件によることとされています（措法86①、措令45の4①、措規36の2）。

（2）対象事業者

　この免税措置の適用を受けるのは、外務省大臣官房儀典官室での手続を経由の上、国税庁長官の指定を受けた課税事業者に限られます（措令45の4①）。

（3）外国公館等の範囲

この免税措置の対象となる外国公館等とは、次に掲げるものです（措法86①、措規36の2①、外免通1、2）。

イ　次に掲げる本邦にある外国の公館等で、相互条件に基づき消費税を免除すべきものとして外務省大臣官房儀典総括官（以下「外務省」といいます。）から外国公館であることの証明書（免税カード等）の交付を受けたもの

①　大使館、公使館、総領事館及び領事館（名誉（総）領事館を除きます。）

②　外国政府等代表部

③　①又は②に掲げるものに類する外国政府等の機関で、①に掲げるものに準ずるものとして日本国政府が認める機関

ロ　本邦に派遣された次に掲げる大使等及びその家族で、相互条件に基づき消費税を免除すべきものとして外務省の証明書の交付を受けたもの

①　大使、公使、代理公使、臨時代理大（公）使及び大（公）使館員（参事官、書記官、外交官補、陸海空軍駐在官及びその他の外交職員並びに事務技術職員）

②　総領事、領事等の領事館（名誉総領事、名誉領事等の名誉領事官を除きます。）及び（総）領事館の事務技術職員

③　外国政府等代表部員

④　大使館、公使館又は領事館に準ずるものとして日本国政府が認める外国政府等の機関の職員

（4）適用要件

この免税措置の適用を受ける事業者は、大使館等又は大使等が提出し

た書類を整理し、これを確定申告期限後7年間、納税地又はその課税資産の譲渡等に係る事務所等に保存することが適用要件とされています（措法86②、措令45の4②）。

　また、大使館等又は大使等は、この免税措置の適用を受けた日から2年間は、やむを得ない事情がある場合を除き、その適用に係る資産を外交、領事その他の任務遂行のための用途以外の用途に供することはできません（措法86③）。

5　海軍販売所等に対する物品の譲渡に係る免税

（1）制度の概要

　事業者が米国の海軍販売所又はピー・エックスに対し、米軍の構成員及び軍属並びにこれらの家族（合衆国軍隊の構成員等）が輸出する目的でこれらの機関から一定の方法で購入する物品を譲渡する場合には、その物品の譲渡については、免税とされます（措法86の2①）。

　「一定の方法」とは、合衆国軍隊の構成員等が、その購入の際、その物品をその購入後において輸出するものであることを記載した書類を海軍販売所等に提出して物品の引渡しを受ける方法をいいます（措令46①）。

　なお、この免税措置の対象となる物品の範囲は、輸出物品販売場において免税販売することのできる物品と同一です（措令46②）。

（2）適用要件

　この免税措置の適用を受ける場合には、事業者は、上記の合衆国軍隊の構成員等が、購入の際、海軍販売所等に提出した書類を整理し、これを確定申告期限後7年間、納税地又は事務所等の所在地に保存することが適用要件とされています（措法86の2②、措令46③）。

6　合衆国軍隊等に対する資産の譲渡等に係る免税

　事業者が、合衆国軍隊等に対し次に掲げる資産の譲渡等を行う場合において、その譲渡等した課税資産が合衆国軍隊の用に供するものであることにつき、合衆国軍隊の権限ある官憲が発給する証明書を保存している場合には、消費税が免除されます（所得臨特法7）。

① 　合衆国軍隊又は合衆国軍隊の公認調達機関が合衆国軍隊の用に供するために購入するもの

② 　個人契約者又は法人契約者がその建設等契約に係る建設、維持又は運営のみの事業の用に供するために購入するもので合衆国軍隊の用に供されるもの

5　納税は誰が行うのか

―〔ポイント〕――――――

1　国内取引に係る納税義務者は、事業者すなわち個人事業者及び法人です。

　　事業者が納税義務を負うのは、国内において行った課税資産の譲渡等（特定資産の譲渡等に該当するものを除きます。）及び特定課税仕入れです。

2　輸入取引に係る納税義務者は、課税貨物を保税地域から引き取る者です。

1　納税義務者

（1）国内取引

　国内取引に係る納税義務者は、国内において行った課税資産の譲渡等（特定資産の譲渡等に該当するものを除きます。以下、この章において同じです。）を行った事業者及び国内において特定課税仕入れを行った事業者です。

　したがって、課税資産の譲渡等に係る納税義務者は、課税資産の譲渡等を行った者が事業者である限り国外事業者であっても納税義務者になりますが、特定資産の譲渡等に該当する事業者向け電気通信利用役務の提供及び特定役務の提供については、特定資産の譲渡等を行った国外事業者は納税義務者とならず、特定資産の譲渡等を受けた国内事業者が納税義務者となり、いわゆるリバースチャージ方式の対象となります（法5①）。

　なお、事業者とは個人事業者及び法人をいい（法2①四）、製造業者、

卸売業者、小売業者、取次業者、サービス業を営む事業者、作家、タレントなどのいわゆる自由業者のほか、国、地方公共団体、公共法人、公益財団（社団）法人、一般財団（社団）法人及び人格のない社団（財団）なども事業者に該当し納税義務者となります。

　また、サラリーマンなどの給与所得者でも、不動産（店舗・事務所・駐車場）の賃貸やインターネットなどによるサイドビジネスを行っている場合には事業者として納税義務者となります。

　ここでいう事業者には、国内で課税資産の譲渡等を行う非居住者及び外国法人も含まれます。

（2）輸入取引

　輸入取引については、課税貨物を保税地域から引き取る者が納税義務者となります。なお、免税事業者や消費者たる個人が輸入する場合であっても、納税義務者となります（法5②）。

2　納税義務者の判定等

（1）課税資産の譲渡等に係る納税義務者

　国内において課税資産の譲渡等を行った事業者は消費税の納税義務者となりますが、事業者の判定等における注意すべき事項等は次のとおりとなります。

　なお、この場合において特定資産の譲渡等である事業者向け電気通信利用役務の提供及び特定役務の提供は、事業者が納税義務を負うべき課税資産の譲渡等から除かれていますから（法5①）、国内において特定資産の譲渡等を行った国外事業者は、納税義務者に該当しないことになります。

イ　事業者の実質判定等

　　事業に係る事業者がだれであるかは、資産の譲渡等に係る対価を実質的に享受している者がだれであるかにより判定します（法13①、通4-1-1）。

　　また、生計を一にしている親族間における事業に係る事業者がだれであるかの判定をする場合には、その事業の経営方針の決定につき支配的影響力を有すると認められる者が、その事業主に該当するものと推定されます（通4-1-2）。

　　なお、資産の譲渡等が委託販売の方法その他業務代行契約に基づいて行われるかどうかの判定は、委託者等と受託者等との間の契約の内容、価格の決定経緯、資産の譲渡等に係る代金の最終的な帰属者がだれであるか等を総合判断して行うこととされています（通4-1-3）。

ロ　信託財産に係る譲渡等の帰属

　　信託財産に係る資産の譲渡等、課税仕入れ及び課税貨物の保税地域からの引取り（以下「資産等取引」といいます。）については、次の場合に応じ、それぞれ次のとおりとなります（法14①）。

①　信託の受益者（受益者としての権利を現に有する者に限ります。）はその信託の信託財産に属する資産を有するものとみなし、かつ、その信託財産に係る資産等取引はその受益者の資産等取引とみなして、消費税法が適用されます。

②　法人税法第2条第29号に規定する集団投資信託、同条第29号の2に規定する法人課税信託又は同法第12条第4項第1号に規定する退職年金等信託若しくは同項第2号に規定する特定公益信託等については、現実に信託財産を所有し、その運用等を行っている

受託者が、信託財産に属する資産を有し、その信託財産に係る資産等取引を行ったものとし、課税資産の譲渡等が行われた場合には、その受託者が納税義務を負うことになります。

③ 法人課税信託の受託者は、各法人課税信託の信託財産等に係る資産等取引（受託事業）について信託ごとに、受託者の固有財産に係る資産等取引（固有事業）とは区分して消費税が課されますから、固有事業、受託事業それぞれについて受託者において確定申告等を行うことになります。

ハ 個人事業者と給与所得者の区分

事業者とは、自己の計算において独立して事業を行う者をいいますから、個人が雇用契約又はこれに準ずる契約に基づき他の者に従属し、かつ、その者の計算により行われる事業に役務を提供する場合（いわゆるサラリーマン）は、事業には該当しません。

したがって、出来高払の給与を対価とする役務の提供は事業に該当せず、請負による報酬を対価とする役務の提供は事業に該当します。

なお、支払を受けた役務の提供の対価が、出来高払の給与であるか請負による報酬であるかの区分については、雇用契約又はこれに準ずる契約に基づく対価であるかどうかにより判定することになります。この場合において、その区分が明らかでないときは、例えば、次の事項を総合勘案して判定することとされています（通１－１－１）。

(イ) その契約に係る役務の提供の内容が他人の代替を容れるかどうか。

(ロ) 役務の提供に当たり事業者の指揮監督を受けるかどうか。

(ハ) まだ引渡しを了しない完成品が不可抗力のため滅失した場合等

においても、その個人が権利として既に提供した役務に係る報酬の請求をなすことができるかどうか。

(ニ) 役務の提供に係る材料又は用具等を供与されているかどうか。

ニ　事業者の従業員団体が行う資産の譲渡等に係る納税義務

事業者の役員又は使用人をもって組織した団体が、これらの者の親睦、福利厚生に関する事業を主として行っている場合において、その事業経費の相当部分をその事業者が負担しており、かつ、次に掲げる事実のいずれか一の事実があるときは、原則として、その事業は事業者が行ったものとされます（通1－2－4）。

(イ) 事業者の役員又は使用人で一定の資格を有する者が、その資格において当然にその団体の役員に選出されることになっていること。

(ロ) 団体の事業計画又は事業の運営に関する重要案件の決定について、事業者の許諾を要する等事業者がその事業の運営に参画していること。

(ハ) 団体の事業に必要な施設の全部又は大部分をその事業者が提供していること。

ただし、例えば、その団体の課税仕入れ等が、事業者から拠出された部分と構成員から収入した会費等の部分とであん分する等の方法により適正に区分されている場合には、その団体の行った事業のうちその区分されたところにより、その構成員から収入した会費等の部分に対応する資産の譲渡等又は課税仕入れ等については、その事業者が行ったものとすることはできません（通1－2－5）。

ホ　共同事業の納税義務

共同事業（人格のない社団等又は匿名組合が行う事業を除きます。）に属

する資産の譲渡等、課税仕入れ又は外国貨物の引取りについては、その共同事業の構成員が、共同事業の持分の割合又は利益の分配割合に対応する部分につき、それぞれ資産の譲渡等、課税仕入れ又は外国貨物の引取りを行ったことになります（通1－3－1）。

へ　匿名組合の納税義務

匿名組合の事業に属する資産の譲渡等、課税仕入れ又は外国貨物の引取りについては、商法第535条《匿名組合契約》に規定する営業者が単独で行ったことになります（通1－3－2）。

（2）特定課税仕入れに係る納税義務者

国内において特定課税仕入れを行った事業者は、消費税の納税義務者となります（法5①）。

特定課税仕入れは、課税対象となる事業者向け電気通信利用役務の提供及び特定役務の提供を受けることですから、役務の提供を行う国外事業者は納税義務者とはならず、役務の提供を受ける国内事業者が特定課税仕入れを行った者として納税義務者となる、いわゆるリバースチャージ方式の対象となります。

> 注　この場合において、いわゆるリバースチャージ方式の対象となる事業者の課税売上割合が95％以上である場合又はその事業者について簡易課税制度が適用される場合には、その事業者が行った特定課税仕入れはなかったものとされます（平成27改正法附則42、44②）。

小規模事業者に対する
納税義務免除の特例は

〔ポイント〕

1　その課税期間に係る基準期間における課税売上高が1,000万円以下である事業者については、その課税期間中に行った国内取引について、納税義務が免除されます。

　　ただし、基準期間における課税売上高が1,000万円以下である事業者であっても、課税事業者を選択した場合又は適格請求書発行事業者の登録を受けた場合は納税義務者となります。

　　この場合において、課税事業者選択届出書を提出した事業者が、その提出により課税事業者となった後2年以内に調整対象固定資産の課税仕入れ等を行った場合には、調整対象固定資産の課税仕入れ等を行った課税期間から3年間は免税事業者に戻れません。

2　基準期間における課税売上高が1,000万円以下である事業者であっても、その課税期間に係る特定期間における課税売上高が1,000万円を超えるときは、その課税期間については納税義務が免除されません。

3　相続、合併、分割等があった場合には、納税義務の判定に係る特例規定が設けられています。

4　その事業年度の基準期間がない法人のうち、資本金の額又は出資の金額が1,000万円以上である法人については、基準

期間がない課税期間について納税義務免除の規定は適用されません。

5　その事業年度の基準期間がない資本金1,000万円未満の新規設立法人のうち、その事業年度開始の日において他の者により株式等の50％超を保有されている場合で、かつ、当該他の者及び他の者と特殊な関係にある法人のうちいずれかの者の課税売上高が5億円を超える場合には、その新規設立法人の基準期間がない事業年度については、特定新規設立法人として納税義務免除の規定は適用されません。

6　課税事業者が、簡易課税制度が適用されない課税期間中に高額特定資産の課税仕入れ等を行った場合には、原則としてその課税期間から3年間は納税義務免除の規定は適用されません。

7　事業者が高額特定資産である棚卸資産等について、免税事業者であった課税期間中に行った課税仕入れ等に係る棚卸資産に係る控除税額の調整の規定の適用を受けた場合には、原則として調整を受けた課税期間から3年間は納税義務免除の規定は適用されません。

1　基準期間における課税売上高による納税義務の免除の特例

（1）概　　要

　国内取引を行う事業者のうち、その課税期間（個人事業者は暦年、法人は事業年度）の基準期間（個人事業者についてはその年の前々年、法人について

はその事業年度の前々事業年度）における課税売上高が1,000万円以下の者（適格請求書発行事業者を除きます。）については、その課税期間中に国内において行った課税資産の譲渡等及び特定課税仕入れにつき、納税義務が免除されます（法9①）。

（2）基準期間の意義

　基準期間とは、個人事業者についてはその年の前々年、法人についてはその事業年度の前々事業年度をいいます。ただし、その前々事業年度が1年未満である場合には、その事業年度開始の日の2年前の日の前日から同日以後1年を経過する日までの間に開始した各事業年度を合わせた期間となります（法2①十四）。

（3）基準期間における課税売上高

イ　原　則

　基準期間における課税売上高とは、基準期間が1年である事業者については、基準期間中に国内において行った「課税資産の譲渡等（特定資産の譲渡等に該当するものを除きます。以下、この章において同じです。）の対価の額（税抜きの金額）の合計額」から「売上対価の返還等の金額（売上げにつき返品を受け、又は値引き若しくは割戻し等をした金額で税抜きの金額）の合計額」を控除した金額です。

基準期間における課税売上高		
基準期間の資産の譲渡等の対価の額（税抜き）		
課税売上高（免税取引含む）	非課税取引	値引、返品、割戻し

また、基準期間が１年でない法人については、基準期間中に国内において行った「課税資産の譲渡等の対価の額の合計額」から「売上対価の返還等の金額の合計額」を控除した残額を、その基準期間に含まれる事業年度の月数の合計数で除し、これに12を乗じて１年分に按分した金額とされています（法９②）。

なお、基準期間において免税事業者であった場合には、基準期間における売上高には消費税及び地方消費税の額が含まれていませんから、基準期間における課税売上高の計算においては改めて税抜きの計算（税込課税売上高× $\frac{100}{108}$ 又は $\frac{100}{110}$ ）はしません（通１－４－５）。

ロ　**基準期間における課税売上高に含まれるもの等の範囲**

基準期間における課税売上高に含まれるもの及び含まれないものを例示すると、次のとおりです（通１－４－２）。

(イ)　課税売上高に含まれるもの

①　事業者向け電気通信利用役務の提供以外のいわゆる消費者向け電気通信利用役務の提供に係る対価の額

②　法第４条第５項《資産のみなし譲渡》の規定により資産の譲渡とみなされるものの対価の額

③　法第７条、第８条《輸出免税等》の規定により消費税が免除される輸出売上げの対価の額

④　措法第85条から第86条の２まで《海軍販売所等に譲渡する物品の免税等》又はその他の法律や条約の規定により消費税が免除される場合の課税資産の譲渡等に係る対価の額

(ロ)　課税売上高に含まれないもの

①　国外事業者が行った特定資産の譲渡等に係る対価の額

②　課税資産の譲渡等につき課されるべき消費税額及び当該消費税

額を課税標準として課される地方消費税額（基準期間において課税事業者であった場合に限ります。）

③　法第31条《非課税資産の輸出等を行った場合の仕入れに係る消費税額の控除の特例》の規定により課税資産の譲渡等とみなされるものの対価の額

④　法第38条第1項《売上げに係る対価の返還等をした場合の消費税額の控除》に規定する売上対価の返還等の金額（売上対価の返還等の金額に係る消費税額を除きます。）

> 注　法第39条第1項《貸倒れに係る消費税額の控除等》に規定する事実が生じたため、領収することができなくなった課税資産の譲渡等の対価の額は、基準期間における課税資産の譲渡等に係る対価の額からは控除しません。

ハ　原材料等の支給による加工等の場合の対価の額

事業者が原材料等の支給を受けて加工等を行った場合、基準期間における課税売上高に算入される課税資産の譲渡等（国内において行った課税資産の譲渡等に限ります。）の対価の額は、原則として、次に掲げる場合の区分に応じ、それぞれ次に掲げる対価の額となります（通1－4－3）。

(イ)　製造販売契約の方式により原材料等の有償支給を受けている場合
加工等を行った製品の譲渡の対価の額

(ロ)　賃加工契約の方式により原材料等の無償支給を受けている場合
加工等に係る役務の提供の対価の額

ニ　基準期間における課税売上高の算定単位

基準期間における課税売上高は、事業者単位で算定しますから、例えば、事業として食料品の販売を行っている事業者がその有する建物

を事務所として賃貸する場合のように、一の事業者が異なる種類の事業を行う場合又は2以上の事業所を有している場合であっても、それらの事業又は事業所における課税資産の譲渡等の対価の額の合計額により基準期間における課税売上高を算定することになります（通1－4－4）。

ホ　個人事業者の基準期間における課税売上高の判定

個人事業者の基準期間における課税売上高については、基準期間において事業を行っていた期間が1年に満たない次に掲げるような場合であっても、基準期間が1年に満たない法人の場合のように1年間の売上高に換算する必要はなく、基準期間における課税売上高によって、法第9条第2項第1号《個人事業者に係る課税売上高》の規定を適用することになります（通1－4－9）。

(イ)　基準期間の中途で新たに事業を開始した場合

(ロ)　基準期間の中途で事業を廃止した場合

(ハ)　基準期間の中途で事業を廃止し、その後その基準期間中に廃止前と同一又は異なる種類の事業を開始した場合において、これらの事業を行った期間が1年に満たないとき

なお、個人事業者のいわゆる法人成りにより新たに設立された法人であっても、その個人事業者の基準期間における課税売上高は、その法人の基準期間における課税売上高とはなりません（通1－4－6（注））。

（4）課税事業者の選択

新規に開業した事業者は、その課税期間の基準期間における課税売上高はありませんから、基準期間における課税売上高が1,000万円以下となり、原則としてその課税期間は納税義務はありません（通1－4－6）。

しかし、課税事業者を選択することを希望する事業者は、納税義務の免除を受けない旨の届出書（課税事業者選択届出書）を所轄税務署長に提出することにより課税事業者となることができます（法9④）。

（5）課税事業者選択届出書の効力

イ　原　則

　法第9条第4項《課税事業者の選択》の規定による課税事業者選択届出書の効力は、届出書を提出した日の属する課税期間の翌課税期間から生ずることとなります。したがって、年又は事業年度の中途から同項の規定の適用を受けようとする場合には、課税事業者選択届出書を提出するとともに、法第19条第1項第3号、第3号の2、第4号又は第4号の2《課税期間の特例》に規定する課税期間特例選択届出書を併せて提出し、課税期間を短縮する必要があります。この場合において、課税事業者選択届出書及び課税期間特例選択届出書を併せて提出したときには、課税事業者の選択の届出は、その届出書を提出した日の属する法第19条第1項第3号、第3号の2、第4号又は第4号の2において定める期間の翌期間の初日から効力が生じることになります。

ロ　相続があった場合

　被相続人が提出した課税事業者選択届出書の効力は、相続により被相続人の事業を承継した相続人には及びませんから、相続人が法第9条第4項の規定の適用を受けようとするときは、新たに課税事業者選択届出書を提出する必要があります。

　相続があった場合の法第9条第4項《課税事業者の選択》の規定の適用は、次のようになります（通1－4－12）。

　(イ)　事業を営んでいない相続人が相続により被相続人の事業を承継し

た場合において、相続人が相続があった日の属する課税期間中に課税事業者選択届出書を提出したときは、その課税期間は、令第20条第1号《事業を開始した日の属する課税期間》に規定する課税期間に該当することになります。

(ロ)　個人事業者が、相続により法第9条第4項の規定の適用を受けていた被相続人の事業を承継した場合において、その相続があった日を含む課税期間中に課税事業者選択届出書を提出したときは、その課税期間は、令第20条第2号《相続があった日の属する課税期間》に規定する課税期間に該当することになります。

ハ　合併法人又は分割承継法人が提出した場合

　法第9条第4項《課税事業者の選択》の規定の適用において、令第20条第3号《合併があった日の属する課税期間》又は第4号《吸収分割があった日の属する課税期間》の規定が適用される合併法人又は分割承継法人については、ロ（相続があった場合）の（ロ）に準じた取扱いになります（通1-4-13、1-4-13の2）。

（6）やむを得ない事情がある場合の課税事業者選択届出書等の提出に係る特例

　課税事業者を選択しようとする事業者が、やむを得ない事情があるため、その適用を受けようとする課税期間の開始前に「課税事業者選択届出書」を提出できなかった場合において、税務署長の承認を受けたときは、その適用を受けようとする課税期間の開始の日の前日に提出したものとみなすこととされています（法9⑨、令20の2①）。

　この承認を受けようとする事業者は、その適用を受けようとする課税期間の初日の年月日、課税期間開始前に提出できなかった事情等を記載

した申請書（様式通第33号様式）を、当該事情がやんだ後相当の期間内に所轄税務署長に提出することとされています（令20の2③、規則11④一）。

なお、課税事業者を選択している事業者が、その選択をやめようとする場合に提出する「課税事業者選択不適用届出書」についても同様です（令20の2②、規則11④二）。

イ　「やむを得ない事情」の範囲

この特例に規定する「やむを得ない事情」とは、次に掲げるような場合をいい、単に届出書の提出を失念したような場合は対象となりません（通1-4-16）。

(イ)　震災、風水害、雪害、凍害、落雷、雪崩、がけ崩れ、地滑り、火山の噴火等の天災又は火災その他の人的災害で自己の責任によらないものに基因する災害が発生したことにより、届出書の提出ができない状態になったと認められる場合

(ロ)　(イ)に規定する災害に準ずるような状況又は当該事業者の責めに帰することができない状態にあることにより、届出書の提出ができない状態になったと認められる場合

(ハ)　その課税期間の末日前おおむね1月以内に相続があったことにより、当該相続に係る相続人が新たに課税事業者選択届出書等を提出できる個人事業者となった場合

(ニ)　(イ)から(ハ)に準ずる事情がある場合で、税務署長がやむを得ないと認めた場合

ロ　「事情がやんだ後相当の期間内」の意義

この特例に規定する「当該事情がやんだ後相当の期間内」とは、やむを得ない事情がやんだ日から2月以内とされています。したがって、災害時のやむを得ない事情がやんだ日から2月以内に所轄税務署長に、こ

の特例の適用を受けるための承認申請書を提出する必要があります（通1－4－17）。

（7）課税事業者選択の不適用

　課税事業者を選択した事業者が課税事業者の選択をやめようとする場合には、課税事業者の選択を取りやめる旨の届出書（課税事業者選択不適用届出書）を提出することにより、基準期間の課税売上高が1,000万円以下の課税期間においては免税事業者になることになります（法9⑤）。

　なお、いったん課税事業者選択届出書を提出した場合には、事業を廃止した場合を除き2年間はその選択をやめることはできません（法9⑥）。

（8）調整対象固定資産の仕入れ等を行った場合

　課税事業者選択届出書を提出した事業者が、届出書提出の効力が生じる課税期間の初日から2年間（簡易課税制度が適用される課税期間を除きます。）において、調整対象固定資産の課税仕入れ又は調整対象固定資産に該当する課税貨物の保税地域からの引取り（以下「調整対象固定資産の仕入れ等」といいます。）を行った場合には、(7)にかかわらず、事業を廃止した場合を除き、調整対象固定資産の仕入れ等を行った課税期間から3年間は、課税事業者の選択をやめることはできません（法9⑦）。

　この規定により、課税事業者を選択した上で2年以内に調整対象固定資産の課税仕入れ等を行った場合においては、法第33条《課税売上割合が著しく変動した場合の調整対象固定資産に関する仕入れに係る消費税額の調整》から第35条《非課税業務用調整対象固定資産を課税業務用に転用した場合の仕入れに係る消費税額の調整》までの規定に該当する場合には、必然的に仕入れに係る消費税額の調整が必要となります。

なお、この場合において、調整対象固定資産の仕入れ等の日の属する課税期間の初日からその調整対象固定資産の仕入れ等の日までの間に課税事業者選択不適用届出書を提出しているときは、その提出はなかったものとみなされます（法9⑦）。

　この適用関係を図で示すと次のとおりとなります。

【改正前の課税関係】

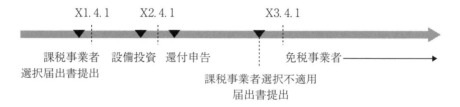

【改正後の課税関係】

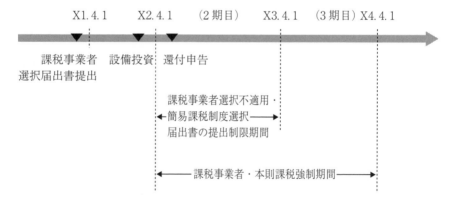

2　特定期間における課税売上高による納税義務の免除の特例

　その課税期間の基準期間における課税売上高が1,000万円以下である事業者（課税事業者選択届出書を提出していることにより課税事業者となっているものを除きます。）であっても、その事業者の課税期間に係る特定期間

における課税売上高が1,000万円を超えるときは、その課税期間の納税義務は免除されません（法9の2①）。

　したがって、基準期間及び特定期間における課税売上高の両方が1,000万円以下である事業者は、その課税期間における課税売上高が1,000万円を超えても、その課税期間の納税義務が免除されることになります（課税事業者を選択している事業者は除きます）。

　反対に、基準期間又は特定期間における課税売上高のいずれかが1,000万円を超える事業者は、その課税期間における課税売上高が1,000万円以下となっても、その課税期間の納税義務は免除されませんから、確定申告を行う必要があることになります。

　なお、特定期間における課税売上高により納税義務の有無を判定する場合には、国外事業者を除き特定期間中に支払った所得税法第231条第1項《給与等、退職手当等又は公的年金等の支払明細書》に規定する支払明細書に記載すべき給与等の金額を特定期間における課税売上高とすることができます（法9の2③）。

　この場合の給与等の金額には退職金、年金等は含まず、未払い分の給与等の金額も含まれません。

　この適用関係を図で示すと次のとおりとなります。

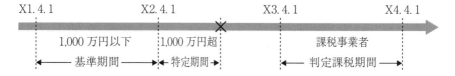

（1）特定期間の意義

　特定期間とは、次に掲げる事業者の区分に応じ次の期間となります（法9の2④）。

イ　個人事業者　　その年の前年1月1日から6月30日までの期間

ロ　その事業年度の前事業年度（7か月以下であるもの等（短期事業年度）を除きます。）がある法人　　前事業年度開始の日以後6か月の期間

ハ　その事業年度の前事業年度が短期事業年度である法人　　その事業年度の前々事業年度（その事業年度の基準期間に含まれるもの等を除く。）開始の日以後6か月の期間（前々事業年度が6か月以下の場合には、前々事業年度開始の日から終了の日までの期間）

（2）特定期間における課税売上高

　特定期間における課税売上高は、基準期間における課税売上高の計算に準じて特定期間中の課税売上高として計算した金額となります。

3　相続、合併、分割等があった場合の特例

（1）相続があった場合

　個人事業者については、前々年の課税売上高により免税事業者になるかどうかを判定することになりますが、免税事業者である個人事業者が相続（包括遺贈を含みます。）により課税事業者である被相続人（包括遺贈者を含みます。）の事業を承継した場合には、納税義務は免除されないことになります（法10）。

　前々年の課税売上高が1,000万円以下である相続人（包括受遺者を含みます。）が、課税事業者である被相続人の事業を承継したときの納税義務は、次のとおりです。

　なお、被相続人が2以上の事業場を有していた場合で、2人以上の相続人が各事業場ごとに分割して承継したときは、「被相続人の基準期間における課税売上高」は、各相続人が承継した事業場に係る部分の課税

売上高になります（法10③、令21）。

　[注]　1　「前々年の課税売上高が1,000万円以下である相続人」には、
相続のあった日において現に事業を行っている相続人で、相続
のあった日の属する年の基準期間の課税売上高が1,000万円以
下である者又は相続があった日の属する年の基準期間において、
事業を行っていない相続人が含まれます（通1－5－1）。
　　　　2　「包括遺贈」とは、遺贈する財産を特定しないで、財産の全
部又は財産の一定の割合として他人に遺贈することをいいます
（通1－5－2）。
　　　　3　「被相続人の事業を承継したとき」とは、相続により被相続
人の行っていた事業の全部又は一部を継続して行うため、財産
の全部又は一部を承継した場合をいいます（通1－5－3）。
　　　　4　特定遺贈又は死因贈与により受遺者又は受贈者が、遺贈者又
は贈与者の事業を承継したときは、法第10条第1項又は第2項
の規定は適用されませんから、受遺者又は受贈者のその課税期
間について、法第9条第1項本文《小規模事業者に係る納税義
務の免除》の規定の適用があるかどうかは、受遺者又は受贈者
のその課税期間に係る基準期間における課税売上高のみによっ
て判定することになります（通1－5－3（注））。

①　相続のあった年

　被相続人のその年の前々年の課税売上高が1,000万円を超える場
合には、相続のあった日の翌日からその年の12月31日までの間は、
納税義務があります（法10①）。

②　相続のあった年の翌年と翌々年

　相続人のその年の前々年の課税売上高と被相続人のその年の前々
年の課税売上高の合計額が1,000万円を超える場合には、その年（相
続のあった年の翌年又は翌々年）は納税義務があります（法10②）。

（2）合併があった場合

　免税事業者である法人が合併により課税事業者の事業を承継した場合
（吸収合併）や合併により新たに法人を設立した場合（新設合併）には、被

合併法人（合併により消滅した法人をいいます。）の課税売上高を含めたところで、免税事業者になるかどうかの判定を行うことになります（法11）。

免税事業者である法人が吸収合併又は新設合併を行った場合、その合併があった日の属する事業年度、その翌事業年度及び翌々事業年度における納税義務は、次のとおりです。

イ　吸収合併の場合

① 　合併があった事業年度

合併法人の合併があった日の属する事業年度の基準期間に対応する期間における被合併法人の課税売上高として一定の方法により計算した金額（被合併法人が2以上ある場合には、いずれかの被合併法人の金額）が1,000万円を超える場合には、合併があった日から合併があった事業年度の終了の日までの間は、合併法人（合併後存続する法人をいいます。）について納税義務があります（法11①、令22①）。

> 注　法第11条第1項《吸収合併があった場合の納税義務の免除の特例》に規定する「合併があった日」とは、合併の効力を生ずる日をいいます（通1−5−7）。

② 　合併があった事業年度の翌事業年度と翌々事業年度

「合併法人のその事業年度の基準期間における課税売上高」と「合併法人のその基準期間に対応する期間における被合併法人の課税売上高として一定の方法により計算した金額」との合計額が1,000万円を超える場合には、合併法人のその事業年度については納税義務があります（法11②、令22②）。

ロ　新設合併の場合

① 　合併があった事業年度

合併法人の合併があった日の属する事業年度の基準期間に対応する

期間における被合併法人の課税売上高として一定の方法により計算した金額のいずれかが1,000万円を超える場合には、新設法人の設立の日の属する事業年度については納税義務があります（法11③、令22③）。

　　注　法第11条第3項に規定する「合併があった日」とは、法人の設立の登記をした日をいいます（通1－5－7）。

②　合併があった事業年度の翌事業年度と翌々事業年度

　「新設法人のその事業年度の基準期間における課税売上高」と「新設法人のその基準期間に対応する期間における各被合併法人の課税売上高として一定の方法により計算した金額を合計した金額」との合計額が1,000万円を超える場合には、新設法人のその事業年度については納税義務があります（法11④、令22④、⑤、⑥）。

（3）分割等又は吸収分割があった場合

　法人が分割等（新設分割、現物出資、事後設立）により新たに法人を設立した場合には、新設分割子法人（分割等により設立された、又は資産の譲渡を受けた法人をいいます。）の納税義務の判定に当たっては、新設分割親法人（分割等を行った法人をいいます。）の課税売上高を含めたところで判定し、新設分割親法人の納税義務の判定に当たっては、新設分割子法人の課税売上高を含めたところで判定することになります。

　また、吸収分割により課税事業者の事業の全部又は一部を承継した法人（分割承継法人）の基準期間における課税売上高が1,000万円以下である場合の納税義務の判定に当たっては、分割法人（吸収分割をした法人をいいます。）の課税売上高によって判定することになります（法12）。

　　注　1　「新設分割」とは、会社法第2条第30号に規定する新設分割をいいます。

2 「現物出資」とは、新設分割親法人が新設分割子法人を設立するため、その有する金銭以外の資産の出資（新設分割子法人の設立の時において、金銭以外の資産の出資等により発行済株式の総数又は出資金額の全部を新設分割親法人が有することとなるものに限ります。）をし、その出資により新設分割子法人に事業の全部又は一部を引き継ぐ場合における新たな法人の設立をいいます。

3 「事後設立」とは、新設分割親法人が新設分割子法人を設立するために金銭の出資をし、その新設分割子法人と会社法第467条第1項第5号《事業譲渡等の承認等》に掲げる行為に係る契約を締結した場合において、その契約に基づく金銭以外の資産の譲渡のうち、次のいずれの要件にも該当するものをいいます。

イ 新設分割子法人の設立の時において発行済株式の全部を新設分割親法人が有していること。

ロ 金銭以外の資産の譲渡が、新設分割子法人の設立の時において予定されており、かつ、その設立の時から6か月以内に行われたこと。

4 「吸収分割」とは、会社法第2条第29号に規定する吸収分割をいいます。

イ 分割等に係る新設分割子法人の納税義務

① 分割等があった事業年度

新設分割子法人の分割等があった日の属する事業年度の基準期間に対応する期間における各新設分割親法人の課税売上高として、一定の方法により計算した金額のいずれかが1,000万円を超える場合には、分割等があった日から分割等があった事業年度の終了の日までの間は納税義務があります（法12①、令23①）。

> 注 法第12条第1項に規定する「分割等があった日」とは、次に掲げる場合の区分に応じ、それぞれ次の日となります（通1-5-9）。
> i 新設分割の場合又は現物出資の場合
>   …新設分割子法人の設立の登記の日
> ii 事後設立の場合
>   …契約に基づく金銭以外の資産の譲渡が行われた日

② 分割等があった事業年度の翌事業年度

　新設分割子法人のその事業年度の基準期間に対応する期間における各新設分割親法人の課税売上高として、一定の方法により計算した金額のいずれかが1,000万円を超える場合には、その事業年度は納税義務があります（法12②、令23②）。

③ 分割等（新設分割親法人が一つの場合に限ります。）があった事業年度の翌々事業年度以後

　その事業年度の基準期間の末日において、新設分割子法人が特定要件に該当し、かつ、「新設分割子法人のその事業年度の基準期間における課税売上高」と「新設分割子法人のその事業年度の基準期間に対応する期間における新設分割親法人の課税売上高」との合計額（一定の方法により計算した金額）が1,000万円を超える場合には、その事業年度は納税義務があります（法12③、令23③、④）。

> 注　「特定要件」とは、新設分割子法人の発行済株式又は出資（自己の株式又は出資の株式を除く。）の総数又は総額の100分の50超を新設分割親法人及びその新設分割親法人と特殊な関係にある者が有していることをいいます（法12③、令24）。

ロ　分割等に係る新設分割親法人の納税義務

① 分割等があった事業年度とその事業年度の翌事業年度

　分割等があった事業年度とその翌事業年度の新設分割親法人については、新設分割親法人の基準期間における課税売上高のみによって納税義務の有無を判定します。

② 分割等（新設分割親法人が一つの場合に限ります。）があった事業年度の翌々事業年度以後

　「新設分割親法人のその事業年度の基準期間における課税売上高」と「新設分割親法人のその事業年度の基準期間に対応する期間におけ

る新設分割子法人の課税売上高として一定の方法により計算した金額」との合計額が1,000万円を超え、かつ、その事業年度の基準期間の末日において、新設分割子法人が特定要件に該当する場合には、その事業年度は納税義務があります（法12④、令23⑤）。

ハ　吸収分割に係る分割承継法人の納税義務

① 吸収分割があった事業年度

分割承継法人の吸収分割があった日の属する事業年度の基準期間に対応する期間における分割法人の課税売上高として一定の方法により計算した金額（分割法人が2以上ある場合には、いずれかの分割法人の金額）が1,000万円を超える場合には、吸収分割があった日から吸収分割があった事業年度の終了の日までの間は納税義務があります（法12⑤、令23⑥）。

> 注　法第12条第5項に規定する「吸収分割があった日」とは、分割の効力を生ずる日をいいます（通1-5-10）。

② 吸収分割があった事業年度の翌事業年度

分割承継法人のその事業年度の基準期間に対応する期間における分割法人の課税売上高として一定の方法により計算した金額（分割法人が2以上ある場合には、いずれかの分割法人の金額）が1,000万円を超える場合には、その事業年度は納税義務があります（法12⑥、令23⑦）。

③ 吸収分割があった事業年度の翌々事業年度以後

吸収分割があった事業年度の翌々事業年度以後の分割承継法人については、分割承継法人の基準期間における課税売上高のみによって納税義務の有無を判定します。

ニ　吸収分割に係る分割法人の納税義務

分割法人については、分割法人の基準期間における課税売上高のみ

によって納税義務の有無を判定します。

4 新設法人の納税義務の免除の特例

　その事業年度の基準期間がない法人（社会福祉法第22条に規定する社会福祉法人を除きます。）のうち、その事業年度開始の日における資本金の額又は出資の金額が1,000万円以上である法人（以下「新設法人」といいます。）については、基準期間がない課税期間（一般的には、設立1期目及び2期目）であっても納税義務は免除されません（法12の2①）。

　この特例規定の外国法人に対する適用は、対象となる外国法人に基準期間がある場合であっても、国内において事業を開始した課税期間については、基準期間がないものとして、事業を開始した課税期間の資本金等が1,000万円以上か否かにより新設法人に係る特例の判定を行うことになります（法12の2③、通1-5-15。この改正は、令和6年10月1日以後に開始する課税期間から適用されます。）。

（1）新設法人の意義

　この特例の対象となる「新設法人」とは、基準期間がない事業年度の開始の日における資本金の額又は出資の金額が1,000万円以上である法人が該当しますから、法人を新規に設立した事業年度に限らず、設立した事業年度の翌事業年度以後の事業年度であっても、基準期間がない事業年度の開始の日における資本金の額又は出資の金額が1,000万円以上である場合には、新設法人に該当します（通1-5-15）。

（2）出資の金額の範囲

　「出資の金額」には、営利法人である合名会社、合資会社又は合同会

社に係る出資の金額に限らず、農業協同組合及び漁業協同組合等の協同組合に係る出資の金額、特別の法律により設立された法人で出資を受け入れることとしているその法人に係る出資の金額、地方公営企業法第18条《設立》に規定する地方公共団体が経営する企業に係る出資の金額及びその他の法人で出資を受け入れることとしている場合のその法人に係る出資の金額が該当します（通1－5－16）。

（3）新設法人の3年目以後の取扱い

事業年度が1年である法人の第三事業年度以降のように、基準期間ができた以後の課税期間における納税義務の有無の判定については、原則どおり、基準期間における課税売上高で判定することとなります（通1－5－18）。

（4）届出書の提出

新設法人に該当することとなった事業者は、「消費税の新設法人に該当する旨の届出書」を速やかにその納税地を所轄する税務署長に提出することとされています（法57②、規26⑤）。

なお、法人税法第148条の規定による「法人設立届出書」の提出があった場合において、当該届出書に一定事項が記載されているときは、「消費税の新設法人に該当する旨の届出書」の提出があったものとして取り扱うこととされています（通1－5－20）。

（5）課税事業者の選択制度、簡易課税制度等との関係

課税事業者を選択した事業者（法9④）、特定期間における課税売上高が1,000万円を超える事業者（法9の2①）及び新設合併に係る合併法人

であることにより納税義務を免除されないこととなる事業年度（法11③、④）並びに新設分割子法人であることにより納税義務が免除されないこととなる事業年度（法12①、②）については、これらの規定が優先して適用されることとなります（法12の2①、通1-5-17）。

　なお、この特例は事業者免税点制度に係る特例ですから、新設法人に該当する場合であっても、簡易課税制度を選択することができます（通1-5-19）。

（6）調整対象固定資産の仕入れ等を行った場合

　新設法人が、基準期間がない課税期間（簡易課税制度の適用を受ける課税期間を除きます。）中に調整対象固定資産の仕入れ等を行った場合には、調整対象固定資産の仕入れ等を行った課税期間から3年間は、基準期間における課税売上高が1,000万円以下となっても免税事業者とはなりません（法12の2②）。

5　特定新規設立法人の納税義務の免除の特例

　その事業年度の基準期間がない法人で、その事業年度開始の日における資本金の額又は出資の金額が1,000万円未満の法人（新規設立法人）のうち、次の①及び②又は③の要件のいずれかに該当するもの（特定新規設立法人。令和6年9月30日までに開始する課税期間において①及び②に該当する場合）については、当該特定新規設立法人の基準期間のない事業年度に含まれる各課税期間における課税資産の譲渡等について、納税義務が免除されません（法12の3①）。

①　その基準期間がない事業年度開始の日において、他の者により当該新規設立法人の株式等の50%超を直接又は間接に保有される場合など、

他の者により当該新規設立法人が支配される一定の場合（特定要件）に該当すること。

② 上記①の特定要件に該当するかどうかの判定の基礎となった他の者及び当該他の者と一定の特殊な関係にある法人のうちいずれかの者（判定対象者）の当該新規設立法人の当該事業年度の基準期間に相当する期間（基準期間相当期間）における課税売上高が5億円を超えていること。

③ 判定対象者の基準期間相当期間における総収入金額が50億円を超えていること（国外におけるものを含む。通1－5－21の3）。

本特例が適用される特定新規設立法人に該当することとなった場合には、その旨を記載した届出書を速やかに納税地の所轄税務署長に提出する必要があります（法57②）。

なお、特定新規設立法人が、基準期間がない課税期間中に調整対象固定資産の課税仕入れ等を行った場合の納税義務の判定等については4(6)と同じになります。

6　高額特定資産を取得した場合の納税義務の免除の特例

(1) 課税事業者が、簡易課税制度の適用がない課税期間中に高額特定資産の課税仕入れ等を行った場合（自己建設高額特定資産の場合には、自己建設高額特定資産の建設等に要した費用の額に係る課税仕入れ等の金額が1,000万円以上となった場合をいいます。以下、「高額特定資産の仕入れ等」といいます。）には、高額特定資産の仕入れ等の日の属する課税期間の翌課税期間から高額特定資産の仕入れ等の日の属する課税期間（自己建設高額特定資産の場合には建設等が完了した日の属する課税期間）の初日以後3年を経過する日の属する課税期間までは納税義務が免除されず、新たに

簡易課税制度の適用もできません（法12の4①、37③）。

　この場合の高額特定資産及び自己建設高額特定資産は次のとおりです。

イ　高額特定資産　棚卸資産及び調整対象固定資産のうち、税抜きの課税仕入れ等の金額が1,000万円以上のもの（法12の4①、令25の5①一）

ロ　自己建設高額特定資産　他の者との契約に基づき、又は自己において建設等する棚卸資産及び調整対象固定資産で、これらの資産の建設等のための税抜きの課税仕入れ等の金額が1,000万円以上のもの（法12の4①、令25の5①二）

　これらの適用関係を図で示すと次のとおりとなります。

【自己建設資産以外の高額特定資産の課税仕入れ等を行った場合】

X1.4.1	X2.4.1	X3.4.1	X4.4.1	X5.4.1

課税事業者、課税売上高1,000万円以下

高額特定資産の取得　課税事業者、課税売上高1,000万円以下

事業者免税点不適用（課税事業者強制）期間

簡易課税制度選択届出書の提出制限期間

簡易課税制度不適用期間

【自己建設高額特定資産の仕入れ等を行った場合】

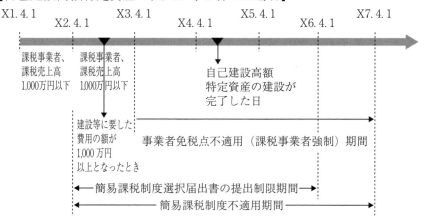

(2) 高額特定資産である棚卸資産等について、免税事業者が課税事業者となった場合等に係る消費税額の調整を受けた場合（法36①、③）には、これらの規定の適用を受けた課税期間の翌課税期間からこれらの規定の適用を受けた課税期間の初日以後３年を経過する日の属する課税期間までの各課税期間については、納税義務が免除されず、新たに簡易課税制度の適用もできません（法12の４②、37③）。

　　これらの適用関係を図で示すと次のとおりとなります。

【高額特定資産である棚卸資産等について、棚卸資産の調整措置の適用を受けた場合】

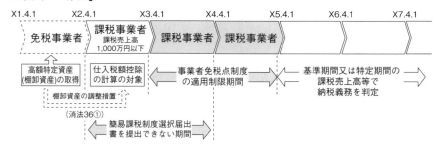

【調整対象自己建設高額特定資産について、棚卸資産の調整措置の適用を受けた場合】

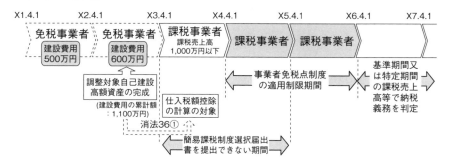

(3) 課税事業者が、簡易課税制度の適用を受けない課税期間中に金若しくは白金の地金その他これに類する資産（金貨又は白金貨、金製品又は白金製品が該当し、「金地金等」という。）の課税仕入れ又は保税地域からの課税貨物の引取りを行った金額の合計額が200万円以上となる場合には、その課税期間の翌課税期間から3年間は事業者免税点は適用されず、課税事業者となります。

7 課税期間及び納税地

〔ポイント〕

1 課税期間

　　課税期間は、個人事業者と法人に区分して、個人事業者は暦年、法人は事業年度とされています。

　　ただし、事業者の選択により課税期間を短縮することができます。

2 納税地

(1) 国内取引に係る納税地

　イ　個人事業者の納税地は、㋑国内に住所を有する場合は、住所地、㋺国内に住所を有せず、居所を有する場合は、居所地、㋩国内に住所及び居所を有せず事務所等を有する場合は、事務所等の所在地となります。

　ロ　法人の納税地は、㋑内国法人の場合は、本店又は主たる事務所の所在地、㋺外国法人（内国法人以外の法人）で国内に事務所等を有する法人の場合は、事務所等の所在地となります。

(2) 輸入取引に係る納税地

　　保税地域から引き取られる外国貨物に係る納税地は、その保税地域の所在地となります。

1 課税期間

（1）原 則

　課税期間は、消費税の納付税額を計算する単位となる期間で、個人事業者については暦年（1月1日から12月31日）、法人については事業年度とされています（法19①）。

　「事業年度」とは、法人税法の規定により定められる事業年度をいいますが、法人税法の規定の適用を受けない法人（国、地方公共団体、公共法人等）については、法令、定款、寄附行為等において定められる会計年度その他これに準ずる期間によることとされています（法2①十三、令3）。

（2）個人事業者の開業に係る課税期間開始の日

　個人が新たに事業を開始した場合であっても、個人事業者の課税期間開始の日は、その事業を開始した日がいつであるかにかかわらず、その年の1月1日となります（通3-1-1）。

（3）個人事業者が事業を廃止した場合の課税期間

　個人事業者が年の中途で事業を廃止した場合であっても、課税期間は、その事業を廃止した日の属する年の1月1日から12月31日までの期間（その個人事業者が法第19条第1項第3号又は第3号の2《課税期間の特例》の規定の適用を受けている場合には、その事業を廃止した日を含む同号に規定する課税期間の開始の日からその末日までの期間）となります（通3-1-2）。

（4）新たに設立された法人の最初の課税期間開始の日

　新たに設立された法人の最初の課税期間開始の日は、法人の設立の日となります。この場合の設立の日は、設立の登記により成立する法人にあっては設立の登記をした日、行政官庁の認可又は許可によって成立する法人にあってはその認可又は許可の日となります（通3－2－1）。

（5）組織変更の場合の課税期間

　法人が会社法その他の法令の規定によりその組織を変更して他の種類の法人となった場合には、組織変更前の法人の解散の登記、組織変更後の法人の設立の登記にかかわらず、その法人の課税期間は、組織変更によって区分されず継続することになります（通3－2－2）。

> 注　基準期間ができた以後の課税期間において組織変更した法人については、法第12条の2第1項《基準期間がない法人の納税義務の免除の特例》及び第12条の3第1項《特定新規設立法人の納税義務の免除の特例》の規定の適用はありません。

（6）課税期間の短縮

　消費税の課税期間は、原則として、個人事業者の場合1月1日からその年の12月31日までであり、法人の場合はその法人の事業年度ですが、事業者が課税期間の短縮を選択した場合には、その課税期間を次のように3月ごと又は1月ごとの期間に短縮することができます（法19①三から四の2）。

　　イ　課税期間を3月ごとに短縮又は変更する場合

　　　①　個人事業者の場合には、1～3月、4～6月、7～9月、10～12月までの各期間

　　　②　その事業年度が3月を超える法人の場合には、その事業年度を

その開始の日以後3月ごとに区分した各期間（最後に3月未満の期間が生じたときは、その期間）

ロ　課税期間を1月ごとに短縮又は変更する場合

①　個人事業者の場合には、1月1日以後1月ごとに区分した各期間

②　その事業年度が1月を超える法人の場合には、その事業年度をその開始の日以後1月ごとに区分した各期間（最後に1月未満の期間が生じたときは、その期間）

（7）課税期間特例選択・変更届出書の効力

　事業者が、課税期間の短縮を選択する場合には、その旨を記載した届出書をその所轄税務署長に提出する必要があります。この届出書が提出された場合には、その届出書が提出された日の属する短縮に係る期間の翌期間（例えば、個人事業者が6月に課税期間特例選択・変更届出書を提出して3月ごとの課税期間特例を選択した場合は7月1日から9月30日までの期間）の初日から届出書の提出の効力が生じます。ただし、届出書の提出をした日の属する期間が国内において課税資産の譲渡等に係る事業を開始した日の属する期間等である場合には、その提出をした日の属する期間から届出の効力が生ずることになります（法19②、令41、規13①、②）。

　なお、この届出書を提出した日の属する年又は事業年度については、その年又は事業年度の初日から届出の効力の生じた日の前日までの期間が一の課税期間とみなされます（法19②）。

　この課税期間の短縮を選択した場合は、2年間は適用することが必要ですが、その後、適用を受けることをやめようとするときは、その旨を記載した届出書を所轄税務署長に提出します（法19③、④、規13③、④）。

この届出書が提出された場合には、その提出の日の属する期間の末日の翌日以後は、当初の届出の効力は失われます。また、この場合、その翌日からその年の末日又はその事業年度の末日までの期間が一の課税期間とみなされます（法19④）。

　イ　相続があった場合

　　被相続人が提出した課税期間特例選択届出書の効力は、相続により被相続人の事業を承継した相続人には及びませんから、相続人が法第19条第１項第３号又は第３号の２の規定の適用を受けようとするときは、新たに課税期間特例選択・変更届出書を提出する必要があります。

　　相続があった場合の法第19条第１項第３号又は第３号の２《課税期間の特例》の規定の適用は、次のようになります（通３－３－２）。

　(イ)　個人事業者以外の相続人（事業を行っていなかった相続人）が相続により被相続人の事業を承継した場合において、相続人が相続があった日の属する期間中に課税期間特例選択・変更届出書を提出したときは、その期間は、令第41条第１号《事業を開始した日の属する期間》に規定する期間に該当することになります。

　(ロ)　個人事業者が、相続により法第19条第１項第３号又は第３号の２の規定の適用を受けていた被相続人の事業を承継した場合において、その相続があった日を含む期間中に課税期間特例選択・変更届出書を提出したときは、その期間は、令第41条第２号《相続があった日の属する期間》に規定する期間に該当することになります。

　ロ　合併法人又は分割承継法人が提出した場合

　　法第19条第１項第４号若しくは第４号の２《課税期間の特例》の

規定の適用において、令第41条第3号《合併があった日の属する期間》又は第4号《吸収分割があった日の属する期間》の規定が適用される合併法人又は分割承継法人については、イ（相続があった場合）の(ロ)に準じた取扱いとなります（通3－3－3、3－3－4）。

2 国内取引に係る納税地

納税義務者が申告、申請、届出、納付、再調査の請求等をどこの税務署長にしたらよいのか、又は納税義務者に対してどこの税務署長が、更正、賦課、滞納処分等をすることができるかを判定する基準となる場所が納税地です。

（1）個人事業者の納税地

個人事業者の納税地は、次のとおりです。

① 国内に住所を有する場合には、その住所地（法20一）

② 国内に住所を有せず、居所を有する場合には、その居所地（法20二）

③ 国内に住所及び居所を有せず、事務所等を有する場合には、その事務所等の所在地（法20三）

ただし、所得税の納税地について、住所及び居所を有する個人事業者が居所地を納税地として選択したり、住所又は居所のほかに事務所等を有する個人事業者が事務所等の所在地を納税地として選択した場合には、消費税の納税地もその選択した居所地又は事務所等の所在地となります（法20、21）。

（2）法人の納税地

法人の納税地は、次のとおりです（法22）。

① 内国法人の場合は、その本店又は主たる事務所の所在地（法22一）

② 外国法人で国内に事務所等を有する法人の場合には、その事務所等の所在地（法22二）

なお、人格のない社団等の本店又は主たる事務所の所在地は、次に掲げる場合の区分に応じ、次によることとされています（通2－2－1）。

(1) 定款、寄附行為、規則又は規約に本店又は主たる事務所の所在地の定めがある場合　その定款等に定められている所在地

(2) (1)以外の場合　その事業の本拠として代表者又は管理人が駐在し、人格のない社団等の行う業務が企画されている場所（その場所が転々と移転する場合には、代表者又は管理人の住所）

> 注　法人が合併した場合において、合併に係る被合併法人のその合併の日後における消費税の納税地は、合併に係る合併法人の納税地によることになります（通2－2－2）。

また、非居住者、外国法人で国内に事務所等を有しないものの納税地は、所得税、法人税に準じて定められています（令42、43）。

（3）納税地の指定

上記により定められる納税地が、その事業者の行う資産の譲渡等の状況からみて納税地として不適当であると認められる場合には、その納税地の所轄国税局長又は国税庁長官は納税地を指定することができます（法23、令44）。

（4）納税地の異動があった場合の届出

　法人の納税地に異動があった場合には、遅滞なく異動前の所轄税務署長に対し、納税地の異動があった旨その他所定の事項を記載した届出書を提出しなければなりません（法25、規14）。

3　輸入取引に係る納税地

　保税地域から引き取られる外国貨物に係る納税地は、その保税地域の所在地です（法26）。

8 納税義務はいつ成立するのか

〔ポイント〕

1　国内取引に係る消費税の納税義務は、原則として課税資産の譲渡等をした時又は特定課税仕入れをした時に成立しますが、その成立の時期は、所得税や法人税の課税所得金額の計算における収益又は費用の計上の時期とほぼ同じになります。

2　保税地域から引き取られる課税貨物に係る消費税の納税義務は、課税貨物を保税地域から引き取る時に成立します。

3　国内取引についての具体的な納税義務の成立の時期を、取引の態様に応じて例示すると、次のとおりです。

取 引 の 態 様	成立時期（原則）
①　棚卸資産の譲渡（試用販売及び委託販売を除きます。）	その引渡しのあった日
②　固定資産（工業所有権等を除きます。）の譲渡	その引渡しのあった日
③　工業所有権等の譲渡又は実施権の設定	その譲渡又は実施権の設定に関する契約の効力発生の日
④　請負 　・物の引渡しを要するもの 　・物の引渡しを要しないもの	その目的物の全部を完成し相手方に引き渡した日 その約した役務の全部の提供を完了した日
⑤　人的役務の提供（請負を除きます。）	その約した役務の全部の提供を完了した日
⑥　資産の貸付け 　・契約又は慣習により使用料等の支払日が定められているもの	その支払を受けるべき日

・支払日が定められていない もの	その支払を受けた日（請求があ ったときに支払うべきものとさ れているものにあっては、その 請求日）
⑦　特定課税仕入れ ・事業者向け電気通信利用役 　務の提供 ・特定役務の提供	その約した役務の全部の提供を 受けた日

4　資産の譲渡等の時期に関し、次の特例が設けられています。
　これらの特例の適用を受ける事業者は、その旨を確定申告書
　に付記する必要があります。

　①　リース譲渡に係る資産の譲渡等の時期の特例

　②　工事の請負に係る資産の譲渡等の時期の特例

　③　小規模事業者に係る資産の譲渡等の時期の特例

1　資産の譲渡等の時期

　消費税の資産の譲渡等に係る納税義務の成立時期は、課税資産の譲渡
等をした時であり、輸入取引については保税地域からの課税貨物の引取
りの時とされています（通則法15②七）。

　この課税資産の譲渡等をした時がいつであるかは、次のとおりとされ
ていますが、所得税又は法人税の課税所得金額の計算における総収入金
額又は益金の額に算入すべき時期に関し、別に定めがある場合には、そ
れによることができることとされています（通9－6－2）。

　なお、法人税等においては、益金への参入時期等について収益認識に
関する会計基準に沿って行うことになりますが、消費税においては、資
産の譲渡等を行った事業者の課税売上げの時期は、課税仕入れを行った

事業者の課税仕入れの時期と原則として一致することになり、課税仕入れの時期には収益認識基準の適用はされないと認められることから、消費税の資産の譲渡等の時期については収益認識基準は適用されず、引渡し基準等によることとなります。

(1) 棚卸資産の譲渡の時期

イ　原　則

　棚卸資産の譲渡を行った日は、その引渡しのあった日とされています（通9－1－1）。

　棚卸資産の引渡しの日がいつであるかについては、例えば、出荷した日、相手方が検収した日、相手方において使用収益ができることとなった日、検針等により販売数量を確認した日等、その棚卸資産の種類及び性質、その販売に係る契約の内容等に応じてその引渡しの日として合理的であると認められる日のうち、事業者が継続して棚卸資産の譲渡を行ったこととしている日によるものとされています（通9－1－2）。

　この場合において、当該棚卸資産が土地又は土地の上に存する権利であり、その引渡しの日がいつであるかが明らかでないときは、次に掲げる日のうちいずれか早い日にその引渡しがあったものとすることができることとされています（通9－1－2）。

　①　代金の相当部分（おおむね50％以上）を収受するに至った日
　②　所有権移転登記の申請（その登記の申請に必要な書類の相手方への交付を含みます。）をした日

ロ　委託販売

　棚卸資産の委託販売に係る委託者における資産の譲渡をした日は、そ

の委託品について受託者が譲渡した日とされます。ただし、その委託品についての売上計算書が売上げの都度作成されている場合において、事業者が継続してその売上計算書の到着した日を棚卸資産の譲渡をした日としているときは、その日とされます（通9－1－3）。

> 注 受託者が週、旬、月を単位として一括して売上計算書を作成しているときは、「売上げの都度作成されている場合」に該当します。

ハ 船荷証券等に係る資産

荷受人が船荷証券又は複合運送証券を他に譲渡した場合及び寄託者が倉荷証券を他に譲渡した場合には、船荷証券、複合運送証券又は倉荷証券の引渡しの日に船荷証券等に係る資産の譲渡が行われたことになります（通9－1－4）。

（2）請負による譲渡等の時期

イ 原 則

請負による資産の譲渡等の時期は、原則として、物の引渡しを要する請負契約にあっては、その目的物の全部を完成して相手方に引き渡した日、物の引渡しを要しない請負契約にあっては、その約した役務の全部を完了した日とされます（通9－1－5）。

ロ 建設工事等

建設工事等（請負契約の内容が建設、造船その他これらに類する工事をいいます。）を行うことを目的とするものであるときは、その建設工事等の目的物の引渡しの日がいつであるかについては、例えば、作業を完了した日、相手方の受入場所へ搬入した日、相手方が検収を完了した日、相手方において使用収益ができることとなった日等、その建設工事等の種類

及び性質、契約の内容等に応じてその引渡しの日として合理的であると認められる日のうち、事業者が継続して資産の譲渡等を行ったこととしている日によるものとされています（通9－1－6）。

ハ　運　送

　運送業における運送収入に係る資産の譲渡等の時期は、原則としてその運送に係る役務の提供を完了した日とされます。ただし、事業者が運送契約の種類、性質、内容等に応じ、例えば、乗車券、乗船券、搭乗券等を発売した日（自動販売機によるものについては、その集金をした時）に、その発売に係る運送収入を対価とする資産の譲渡等を行ったものとする方法等のうち、その運送収入に係る資産の譲渡等の時期として合理的であると認められるものにより、継続してその資産の譲渡等を行っている場合には、その方法等によることができます（通9－1－12）。

（3）固定資産の譲渡の時期
イ　原　則

　固定資産の譲渡の時期は、原則として、その引渡しがあった日とされます。ただし、その固定資産が土地、建物その他これらに類する資産である場合において、事業者がその固定資産の譲渡に関する契約の効力発生の日を資産の譲渡の時期としているときは、その日によることができます（通9－1－13）。

　なお、固定資産の引渡しの日がいつであるかについては、1の(1)と同様の方法によることとされています。

ロ　工業所有権等

　工業所有権等（特許権、実用新案権、意匠権、商標権又は回路配置利用権並びにこれらの権利に係る出願権及び実施権をいいます。）の譲渡又は実施権の設定については、その譲渡又は設定に関する契約の効力発生日に行われたものとされます。ただし、その譲渡又は設定に関する契約の効力が登録により生ずることとなっている場合で、事業者がその登録日によっているときは、その日によることができます（通 9 − 1 −15）。

> 注　実施権の設定による資産の譲渡等に関し受ける対価の額は、それが使用料等に充当されることとされている場合であっても、前受金等として繰り延べることはできないこととなります。

ハ　ノウハウの頭金等に係る資産

　ノウハウの設定契約に際して支払を受ける一時金又は頭金を対価とする資産の譲渡等の時期は、そのノウハウの開示を完了した日とされます。ただし、ノウハウの開示が 2 回以上にわたって分割して行われ、かつ、その一時金又は頭金の支払がほぼこれに見合って分割して行われることとなっている場合には、その開示をした日に資産の譲渡等があったものとされます（通 9 − 1 −16）。

> 注　1　その一時金又は頭金の額がノウハウの開示のために現地に派遣する技術者等の数及び滞在期間の日数等により算定され、かつ、一定の期間ごとにその金額を確定させて支払を受けることとなっている場合には、その支払を受けるべき金額が確定する都度資産の譲渡等が行われたものとなります。
> 　　2　上記ロ（工業所有権等）の注は、ノウハウの設定契約に際して支払を受ける一時金又は頭金について準用します。

（4）物品切手等と引換給付する場合の譲渡等の時期

　物品切手等と引換えに物品の給付又は役務の提供を行う場合には、そ

の物品切手等が自ら発行したものであるか他の者が発行したものであるかにかかわらず、その引換え又は役務の提供を行う時に、その引換え又は役務の提供に係る資産の譲渡等を行ったことになります（通9－1－22)。

（5）貸付金利子等を対価とする資産の譲渡等の時期

貸付金、預金、貯金又は有価証券（以下「貸付金等」といいます。）から生ずる利子の額は、その利子の計算期間の経過に応じ、その課税期間に係る金額がその課税期間の資産の譲渡等の対価の額となります。ただし、主として金融及び保険業を営む事業者以外の事業者については、その有する貸付金等から生ずる利子で、その支払期日が1年以内の一定の期間ごとに到来するものの額につき、継続適用を条件に、その支払期日の属する課税期間の資産の譲渡等の対価の額とすることもできます（通9－1－19)。

（6）使用料等を対価とする資産の譲渡等の時期

資産の賃貸借契約に基づいて支払を受ける使用料等の額（前受けに係る額を除きます。）を対価とする資産の譲渡等の時期は、その契約又は慣習によりその支払を受けるべき日によります（通9－1－20)。

2 特定課税仕入れの時期

消費税の特定仕入れに係る納税義務の成立時期は、特定課税仕入れをした時とされており、特定課税仕入れをした時は仕入税額控除に係る課税仕入れをした時と同じであり、特定課税仕入れに該当することとされる事業者向け電気通信利用役務の提供又は特定役務の提供を受けた日を

いい、原則として資産の譲渡等の時期の取扱いと同じになります（通11
－3－1）。

3 リース譲渡に係る資産の譲渡等の時期の特例

（1）リース譲渡をした課税期間

　事業者がリース譲渡に該当する資産の譲渡等を行った場合において、
リース譲渡に係る対価の額につき延払基準の方法により経理することと
しているときは、そのリース譲渡のうちリース譲渡に係る賦払金の額で
リース譲渡をした日の属する課税期間において、その支払の期日が到来
しないもの（その課税期間において支払を受けたものを除きます。）に係る部分
については、その課税期間において資産の譲渡等を行わなかったものと
みなして、リース譲渡に係る対価の額から控除することができます（法
16①）。

　なお、延払基準の方法で経理し、所得税又は法人税の計算でリース譲
渡の規定の適用を受けている場合であっても、消費税の計算において、
資産の譲渡等の時期をその引渡し等のあった日とすることもできます。

> 注　リース譲渡とは、資産の賃貸借（所有権が移転しない土地の賃
> 貸借等を除きます。）で、次に掲げる要件に該当するリース取引に
> よる資産の引渡しをいいます。
> 一　当該賃貸借に係る契約が、賃貸借期間の中途においてその解
> 　除をすることができないものであること又はこれに準ずるもの
> 　であること。
> 二　当該賃貸借に係る賃借人が当該賃貸借に係る資産からもたら
> 　される経済的な利益を実質的に享受することができ、かつ、当
> 　該資産の使用に伴って生ずる費用を実質的に負担すべきことと
> 　されているものであること。

（2）リース譲渡をした課税期間後の課税期間

　リース譲渡をした課税期間の翌課税期間以後の各課税期間においては、その課税期間中にその支払の期日が到来する賦払金に係る部分（その賦払金につきその課税期間の初日の前日以前に既に支払を受けている金額を除くものとし、その課税期間の末日の翌日以後に支払の期日が到来する賦払金につきその課税期間中に支払を受けた金額を含みます。）の資産の譲渡等が行われたものとみなされます。

　ただし、所得税又は法人税の課税所得の計算上、延払基準の方法により経理しなかった場合又はこの特例の適用を受けることをやめることとした場合には、その経理しなかった課税期間又はそのやめることとした課税期間において、未収となっている賦払金に係る部分につき、資産の譲渡等が行われたものとみなされます（法16②、令31、32）。

4　長期大規模工事の請負に係る資産の譲渡等の時期の特例

（1）工事を行っている課税期間

　長期大規模工事の請負に係る契約に基づき資産の譲渡等を行う場合において、その長期大規模工事の目的物のうち工事進行基準の方法により計算した収入金額又は収益の額に係る部分については、その課税期間において資産の譲渡等を行ったものとすることができます。（法17①）。

　なお、所得税又は法人税の計算においては長期大規模工事についての工事進行基準による収益計上は強制されていますが、消費税におけるこの特例の適用はあくまでも任意であり、原則どおり目的物の引渡しの日に資産の譲渡等を行ったものとすることもできます。

　　注　長期大規模工事とは、次のいずれの要件にも該当するものをい

います。

① 工事（製造及びソフトウェアの開発を含みます。）のうち、その着手の日から、その工事に係る契約において定められている目的物の引渡しの日までの期間が1年以上であること。

② その請負の対価の額が10億円以上であること。

③ その工事に係る契約において、その請負の対価の額の2分の1以上が目的物の引渡しの期日から1年を経過する日後に支払われることが定められていないものであること。

（2）工事の目的物の引渡しを行った課税期間

　長期大規模工事の目的物の引渡しを行った場合には、その対価の額から、その引渡しの日の属する課税期間前の各課税期間において資産の譲渡等を行ったものとみなされた部分に係る対価の額（工事進行基準の方法により経理した対価の額）を控除します（法17③）。

5　長期大規模工事以外の工事の請負に係る資産の譲渡等の時期の特例

　工事（その着手の日の属する年又は事業年度中にその目的物の引渡しが行われないものに限り、長期大規模工事に該当するものは除きます。）の請負に係る契約に基づき資産の譲渡等を行う場合において、その工事に係る対価の額につき工事進行基準の方法により経理したときは、その経理した対価の額に係る部分は、その課税期間において資産の譲渡等を行ったものとすることができます。ただし、工事進行基準の方法により経理しなかった課税期間については、この特例は適用されません（法17②）。

6　小規模事業者に係る資産の譲渡等の時期の特例

　個人事業者で、いわゆる現金主義により所得税の計算を行うこととし

ている事業者（前々年分の所得金額が300万円以下の青色申告者に限られます。）については、資産の譲渡等及び課税仕入れの時期はその対価の額を収入した日及び課税仕入れに係る費用の額を支出した日とすることができます（法18①）。

課税標準及び税率は

1　国内取引に係る課税標準は、課税資産の譲渡等と特定課税仕入れに区分して次のとおりです。

　イ　課税資産の譲渡等に係る課税標準は、課税資産の譲渡等の対価の額（税抜き）です。

　ロ　特定課税仕入れに係る課税標準は、特定課税仕入れに係る支払対価の額です。

2　輸入取引に係る課税標準は、関税課税価格（通常はCIF価格）に消費税以外の個別消費税額及び関税額を加算した金額です。

3　消費税の税率は標準税率は7.8％、飲食料品の譲渡及び定期購読契約に基づく新聞の譲渡に適用される軽減税率は6.24％です。

　また、地方消費税の税率は、消費税額の22/78とされていますから、消費税と地方消費税を合わせた税率は、標準税率は10％、軽減税率は8％となります。

1　国内取引に係る課税標準

　国内取引に係る消費税の課税標準は、課税資産の譲渡等と特定課税仕入れに区分して次のとおりとなります。

第9章　課税標準及び税率は

—141—

（1）課税資産の譲渡等に係る課税標準

　課税資産の譲渡等に係る課税標準は、課税資産の譲渡等の対価の額（税抜き）です（法28①）。

　課税資産の譲渡等の対価の額は、課税資産の譲渡等の対価として収受し、又は収受すべき一切の金銭又は金銭以外の物若しくは権利その他経済的な利益の額とし、消費税及び地方消費税に相当する額を含まないものとされています（法28①）。

　ここで、「収受すべき」とは、原則として、その課税資産の譲渡等を行った場合のその課税資産等の価額（時価）をいうのではなく、その譲渡等に係る当事者間で授受することとした対価の額をいいます（通10－1－1）。

　また、「金銭以外の物若しくは権利その他経済的な利益」とは、例えば、課税資産の譲渡等の対価として金銭以外の物又は権利の給付を受け、又は金銭を無償若しくは通常の利率よりも低い利率で借受けをした場合のように、実質的に資産の譲渡等の対価と同様の経済的効果をもたらすものをいいます（通10－1－3）。

　更に、「金銭以外の物若しくは権利その他経済的な利益の額」とは、その物若しくは権利を取得し、又はその利益を享受する時における価額をいいます（令45①）。

（2）特定課税仕入れに係る課税標準

　特定課税仕入れに係る課税標準は、特定課税仕入れに係る支払対価の額です（法28②）。

　特定課税仕入れに係る支払対価の額は、特定課税仕入れの対価として支払い、又は支払うべき一切の金銭又は金銭以外の物若しくは権利その

他経済的な利益の額です（法28②）。

　特定課税仕入れに係る課税標準は支払対価の額となりますから、税抜きの計算は必要なく、また、「支払うべき」の考え方は課税資産の譲渡等に係る課税標準の「収受すべき」と同様となります。

（3）課税標準の特例

　次に掲げる資産の譲渡等に係る課税標準は、それぞれ次のとおりとなります。

イ　法人の役員に対する低額譲渡

　法人が資産をその役員に譲渡した場合において、その対価の額が譲渡の時における資産の価額に比し著しく低いときは、その価額に相当する金額がその対価の額とみなされます（法28①ただし書）。

　この「資産の価額に比し著しく低いとき」とは、法人のその役員に対する資産の譲渡に係る対価の額が、その譲渡の時における通常他に販売する価額のおおむね50％に相当する金額に満たない場合をいいます。

　なお、その譲渡に係る資産が棚卸資産である場合において、その資産の譲渡金額が次の要件のいずれも満たすときは「資産の価額に比し著しく低いとき」には該当しないものとして取り扱うこととされています。

⑷　その資産の課税仕入れの金額以上であること。

⑸　通常他に販売する価額のおおむね50％に相当する金額以上であること。

　ただし、法人が資産を役員に対し著しく低い価額により譲渡した場合においても、その資産の譲渡が、役員及び使用人の全部につき、一

律又は勤続年数等に応ずる合理的な基準により、普遍的に定められた値引率に基づいて行われた場合は、この限りではないこととされています（通10－1－2）。

ロ　事業用資産の家事消費等

個人事業者が棚卸資産又は棚卸資産以外の資産で事業の用に供していたものを家事のために消費し、又は使用した場合の棚卸資産等に係る課税標準は、その消費又は使用の時におけるその消費、又は使用した資産の価額に相当する金額とみなされます（法28③一）。

ハ　法人の役員に対する資産の贈与

法人が資産をその役員に対して贈与した場合の資産の課税標準は、その贈与をした資産の価額に相当する金額とみなされます（法28③二）。

ニ　代物弁済

代物弁済による資産の譲渡に係る課税標準は、その代物弁済により消滅する債務の額（その代物弁済により譲渡される資産の価額がその債務の額を超える額に相当する金額につき支払を受ける場合は、その支払を受ける金額を加算した金額）に相当する金額とされます（令45②一）。

ホ　負担付贈与

負担付き贈与による資産の譲渡に係る課税標準は、その負担付き贈与に係る負担の価額に相当する金額とされます（令45②二）。

ヘ　金銭以外の資産の出資

金銭以外の資産の出資に係る課税標準は、その出資により取得する株式（出資を含みます。）の取得の時における価額に相当する金額とされます（令45②三）。

ト　資産の交換

資産の交換に係る課税標準は、その交換により取得する資産の取得

の時における価額（その交換により譲渡する資産の価額とその交換により取得する資産の価額との差額を補うための金銭を取得する場合はその取得する金銭の額を加算した金額とし、その差額を補うための金銭を支払う場合はその支払う金銭の額を控除した金額とします。）に相当する金額とされます（令45②四）。

　なお、交換の当事者が交換に係る資産の価額を定め、相互に等価であるとして交換した場合において、その定めた価額が通常の取引価額と異なるときであっても、その交換がその交換をするに至った事情に照らし、正常な取引条件に従って行われたものであると認められるときは、これらの資産の価額は、その当事者間において合意されたところによるものとされています（通10－1－8）。

（4）課税資産と非課税資産とを一括譲渡した場合

　事業者が課税資産と非課税資産とを同一の者に対して同時に譲渡した場合において、これらの資産の対価の額が課税資産の譲渡の対価の額と非課税資産の譲渡の対価の額とに合理的に区分されていないときは、その課税資産の譲渡等に係る課税標準は、これらの資産の譲渡の対価の額に、これらの資産の譲渡の時におけるその課税資産の価額とその非課税資産の価額との合計額のうちに、その課税資産の価額の占める割合を乗じて計算した金額とされます（令45③）。

　なお、建物（課税資産）と土地等（非課税資産）とを一括譲渡した場合において、それぞれの対価の額につき、所得税又は法人税の土地の譲渡等に係る課税の特例の計算における取扱いにより区分しているときは、合理的に区分されているものとして取り扱われます（通10－1－5）。

（5）課税標準計算上の留意点

　課税標準の計算に当たって注意すべき事項の主なものは、次のとおりです。

イ　個別消費税の取扱い

　酒税、たばこ税、揮発油税、石油石炭税及び石油ガス税等は、製造場からの移出時等に課税され、課税された税相当額を加算した金額を資産の譲渡等の対価の額として取引されることから、これらの個別消費税額は課税資産の譲渡等に係る課税標準に含まれますが、軽油引取税、ゴルフ場利用税及び入湯税は、利用者等が納税義務者となっていますから、課税標準に含まれないこととされています。ただし、その税額に相当する金額について明確に区分されていない場合は、含まれます（通10－1－11）。

ロ　印紙税等に充てるために受け取る金銭等

　事業者が課税資産の譲渡等に関連して受け取る金銭等のうち、事業者が国又は地方公共団体に対して本来納付するものとされている印紙税、手数料等に相当する金額が含まれている場合でも、その印紙税、手数料等に相当する金額は、その課税資産の譲渡等に係る対価の額から控除することはできません。

　なお、課税資産の譲受け等をする者が本来納付するものとされている登録免許税、自動車重量税、自動車取得税及び手数料等についてそれらの税として受け取ったことが明らかなものは、課税資産の譲渡等の対価の額に含まれません（通10－1－4）。

ハ　返品、値引等の処理

　課税資産の譲渡等につき返品を受け、又は値引き若しくは割戻し等をした場合に、売上額から返品額又は値引額若しくは割戻額等を控除

し、その控除後の金額を課税資産の譲渡等の対価の額とする経理処理をすることは、継続適用を条件に認められます（通10－1－15）。

ニ　未経過固定資産税等

　固定資産税、自動車税等の課税の対象となる資産の譲渡に伴い、当該資産に対して課された固定資産税等について譲渡の時において未経過分がある場合で、その未経過分に相当する金額を当該資産の譲渡について収受する金額とは別に収受している場合であっても、当該未経過分に相当する金額は当該資産の譲渡の金額に含まれます。

　ただし、資産の譲渡を受けた者に対して課されるべき固定資産税等が、当該資産の名義変更をしなかったこと等により当該資産の譲渡をした事業者に対して課された場合において、当該事業者が当該譲渡を受けた者から当該固定資産税等に相当する金額を収受するときには、当該金額は資産の譲渡等の対価に該当しません（通10－1－6）。

ホ　外貨建取引に係る対価

　外貨建ての取引に係る資産の譲渡等の対価の額は、所得税又は法人税の課税所得金額の計算において外貨建ての取引に係る売上金額その他の収入金額につき円換算して計上すべきこととされている金額によるものとされています（通10－1－7）。

ヘ　委託販売等に係る手数料

　委託販売その他業務代行等に係る資産の譲渡等を行った場合の取扱いは、次によることとされています（通10－1－12）。

(1)　委託販売等に係る委託者については、受託者が委託商品を譲渡等したことに伴い収受した又は収受すべき金額が委託者における資産の譲渡等の金額となりますが、その課税期間中に行った委託販売等の全てについて、当該資産の譲渡等の金額から当該受託者に支払う

委託販売手数料を控除した残額を委託者における資産の譲渡等の金額としているときは、これを認めることとされています。

(2) 委託販売等に係る受託者については、委託者から受ける委託販売手数料が役務の提供の対価となります。

なお、委託者から課税資産の譲渡等のみを行うことを委託されている場合の委託販売等に係る受託者については、委託された商品の譲渡等に伴い収受した又は収受すべき金額を課税資産の譲渡等の金額とし、委託者に支払う金額を課税仕入れに係る金額としても差し支えありません。

ト **源泉所得税がある場合の課税標準**

事業者が課税資産の譲渡等に際して収受する金額が、源泉所得税に相当する金額を控除した残額である場合であっても、源泉徴収前の金額によって消費税の課税関係を判定することになります（通10－1－13）。

チ **資産の貸付けに伴う共益費**

建物等の資産の貸付けに際し賃貸人がその賃借人から収受する電気、ガス、水道料等の実費に相当するいわゆる共益費は、建物等の資産の貸付けに係る対価に含まれます（通10－1－14）。

リ **下取りがある場合の課税標準**

課税資産の譲渡等に際して資産の下取りを行った場合であっても当該課税資産の譲渡等の金額について、その下取りに係る資産の価額を控除した後の金額とすることはできません（通10－1－17）。

[注] 課税資産の下取りをした場合には、その下取りは課税仕入れに該当し、法第30条《仕入れに係る消費税額の控除》の規定を適用することとなります。

（6）対価が確定していない場合

　事業者が資産の譲渡等を行った場合において、その資産の譲渡等をした日の属する課税期間の末日までにその対価の額が確定していないときは、同日の現況によりその金額を適正に見積もることとされています。この場合において、その後確定した対価の額が見積額と異なるときは、その差額は、その確定した日の属する課税期間における資産の譲渡等に係る対価の額に加算し、又はその対価の額から控除するものとされています（通10-1-20）。

2　輸入取引に係る課税標準

　保税地域から引き取られる課税貨物の課税標準は、関税課税価格（通常は、ＣＩＦ価格）、消費税以外の個別消費税額（附帯税の額に相当する額を除きます。）及び関税額（附帯税の額に相当する額を除きます。）の合計額です（法28④）。

　なお、課税標準に含まれる個別消費税とは、その課税貨物の保税地域からの引取りに係る酒税、たばこ税、揮発油税、地方揮発油税、石油ガス税及び石油石炭税です（法28④、通則法2三）。

3　税　率

　消費税の税率は、標準税率は7.8％、飲食料品の譲渡、飲食料品の保税地域からの引取り及び定期購読契約に基づく新聞の譲渡に適用される軽減税率は6.24％です（法29、平28改正法附則34①）。

　消費税が課される取引には、消費税に加えて地方消費税が消費税額の22／78の税率で課されますから（地方税法72の83）、消費税と地方消費税を合わせた税率は標準税率は10％に、軽減税率は8％になります。

なお、消費税の税率を表に示すと、次のとおりとなります。

区分	内容	消費税の税率	地方消費税の税率	消費税と地方消費税を合わせた税率
軽減税率 （令和元(2019)年10月1日以後適用）	1　飲食料品の譲渡及び保税地域からの引取り 2　定期購読契約に基づく新聞の譲渡	6.24%	1.76% （消費税額の78分の22）	8％
標準税率 （令和元(2019)年10月1日以後適用）	軽減税率対象以外のもの	7.8%	2.2% （消費税額の78分の22）	10％
改正前の税率	課税対象となる全てのもの （単一税率）	6.3%	1.7% （消費税額の63分の17）	8％

4　課税標準額及び税額の計算

　適格請求書等保存方式の適用における課税標準額及び課税標準額に対する消費税額の計算は、次のとおりとなります。

（1）原則

　適格請求書等保存方式における課税標準額の計算方式は、課税期間中の税率の異なるごとに区分した課税資産の譲渡等の税込対価の額の合計額に110分の100（軽減税率の対象となる場合は108分の100）を掛けて計算した金額となります。

　また、課税標準額に対する消費税額の計算方式は、その課税標準額に7.8％（軽減税率の対象となる場合は6.24％）を掛けて算出する方式となります（総額割戻し方式。法45①、通15−2−1の2）。

（2）　特例

　交付した適格請求書又は適格簡易請求書の写し（電磁的記録により提供したものも含みます。）を保存している場合には、そこに記載された税率ごとの消費税額等の合計額に100分の78を乗じて課税標準額に対する消費税額とすることができることとされています（適格請求書等積上げ方式。法45⑤、令62、通15－2－1の2）。

> 注　適格簡易請求書を交付する場合において、「適用税率」のみを記載し、「消費税額等」の記載がない場合には、この特例計算を適用することはできません（通15－2－1の2（注）1）。
>
> 　また、取引先ごと又は事業ごとにそれぞれ別の方式によるなど、総額割戻し方式と適格請求書等積上げ方式を併用することとしても差し支えありません（通15－2－1の2）。

10 軽減税率制度

─〔ポイント〕─────────────────

1　令和元（2019）年10月１日からは軽減税率制度が導入され
ています。

2　軽減税率の対象は、
・飲食料品の譲渡及び保税地域からの引取り
・定期購読契約に基づく新聞の譲渡です。

3　軽減税率が導入された後の税率は、標準税率が地方消費税
込みで10％（消費税率7.8％、地方消費税率2.2％相当）、**軽減税率**
が地方消費税込みで８％（消費税率6.24％、地方消費税率1.76％相
当）です。

1　軽減税率の導入

　軽減税率制度は、令和元年10月１日から適用された標準税率の８％から10％への引上げに併せて実施されたものであり、「飲食料品の譲渡及び保税地域からの引取り」並びに「定期購読契約に基づく新聞の譲渡」について、その税率を消費税と地方消費税を合わせて８％の軽減税率を適用することとしたものです（法２①９の２、11の２、29二、別表第１、第１の２）。

　軽減税率に係る消費税率は6.24％（法29二）、それに加えて地方消費税が消費税額の22／78（消費税率換算1.76％）の税率で課されることから（地方税法72の83）、消費税と地方消費税とを合わせた税率は８％となります。

2　軽減税率の対象

軽減税率の対象は、次のとおりとなります（法別表第一及び第一の二）。

(1)　飲食料品の譲渡及び保税地域からの引取り

(2)　定期購読契約に基づく新聞の譲渡

3　飲食料品の譲渡等

（1）飲食料品とは

飲食料品とは、「食品表示法第2条第1項《定義》に規定する食品（酒税法に規定する酒類を除く。）をいい、食品と食品以外の資産が一の資産を形成し、又は構成している一体資産のうち一定のものを含む。」とされています（法別表第一の一）。

イ　食品表示法に規定する食品

軽減税率の対象となる「飲食料品」とは、食品表示法第2条第1項に規定する食品（酒税法に規定する酒類を除く。）をいい、食品表示法上の「食品」とは、全ての飲食物（医薬品、医療機器等の品質、有効性及び安全性の確保等に関する法律（薬事法）第2条第1項に規定する医薬品、同条第2項に規定する医薬部外品及び同条第9項に規定する再生医療等製品を除き、食品衛生法第4条第2項に規定する添加物（第4条第1項第1号及び第11条において単に「添加物」という。）を含む。）をいいます。

ロ　一体資産に係る軽減税率の適用関係

軽減税率の対象となる食品と食品以外の資産が一の資産を形成し、又は構成しているものを一体資産といい（法別表第一の一、令2の3）、一体資産に係る税率の適用関係は次のとおりとなります。

・　一体資産とは

　　一体資産に該当するのは、食品と食品以外の資産が一の資産を形成
し、又は構成しているもののうち、あらかじめ一の資産を形成し、又
は構成しているものであって、その一の資産の価格のみが表示されて
いるものに限られます（令2の3一かっこ書）。

・　軽減税率の対象となる一体資産の範囲

　　軽減税率の対象となる一体資産は、一体資産の税抜き対価の額が1
万円以下であり、かつ、一体資産の価額のうちにその一体資産に含ま
れる食品に係る部分の価額の占める割合として合理的な方法により計
算した割合が3分の2以上のものとされています（令2の3一）。

　　この場合における合理的な方法による計算には、一体資産を構成す
る食品と食品以外の資産が、それぞれ個別の販売商品である場合には、
それらの販売価額又は仕入価額を基にして行う計算等が該当すること
になります。

　　なお、一体資産が事業者間で流通する商品である場合には、例えば、
小売業者が卸売業者から仕入れた一体資産に適用されている税率が軽
減税率であるときは、その小売業者はそれぞれの価額の割合を計算す
ることなく軽減税率を適用することで問題ないこととなります。

（2）軽減税率の対象となる飲食料品の譲渡とは

　　軽減税率の対象となるのは、飲食料品の譲渡であり、いわゆる外食及
び出張料理サービスに該当する次のものは除かれ、標準税率の対象とな
ります。

イ　外食

　　飲食料品を提供する事業であってもいわゆる外食は軽減税率の対象か

ら除くこととされており、外食の定義は、「食品衛生法上の飲食店業その他のその場で飲食させるサービスを行う事業を営む者が行う食事の提供（テーブル、椅子、カウンターその他の飲食に用いられる設備のある場所において飲食料品を飲食させる役務の提供をいい、提供する飲食料品を持帰りのための容器に入れ、又は包装を施して行う譲渡は、含まない）」こととされ、対象となる飲食店業等には食堂、レストラン、喫茶店、そば・うどん屋等のいわゆる飲食店のほか、ハンバーガーショップの店内飲食、フードコート等の飲食料品をその場で飲食させる事業を営む者が行う食事の提供の全てが該当することとなります（法別表第一の一のイ、令2の4①、通5-9-6）。

ロ　出張料理サービス

　飲食料品を提供する事業であってもいわゆる出張料理サービスは軽減税率の対象から除くこととされており、出張料理サービスの定義は「課税資産の譲渡等の相手方が指定した場所において行う加熱、調理又は給仕等の役務を伴う飲食料品の提供（有料老人ホーム等の人が生活を営む場所としての一定の施設において行う飲食料品の提供を除く。）」とされ、いわゆる出張握り寿司、ケータリングサービス等が該当して標準税率の適用対象となります（法別表第一の一のロ）。

　なお、次の出張料理サービス等については軽減税率の対象となります（令2の4②）。

・　老人福祉法の規定による届出が行われている有料老人ホームの設置者等が、一定の入居者に対して行う飲食料品の提供

・　サービス付き高齢者向け住宅の設置者等が、入居者に対して行う飲食料品の提供

・　義務教育諸学校の設置者が、その児童等の全てに対して学校給食として行う飲食料品の提供

- 夜間課程を置く高等学校の設置者が、当該夜間課程の生徒の全てに対して夜間学校給食として行う飲食料品の提供
- 特別支援学校の設置者が、その幼児部の幼児又は高等部の生徒の全てに対して行う学校給食としての飲食料品の提供
- 幼稚園の設置者が、その施設で教育を受ける幼児の全てに対して学校給食に準じて行う飲食料品の提供
- 特別支援学校の寄宿舎の設置者が、その寄宿舎に寄宿する幼児等に対して行う飲食料品の提供

4 定期購読契約に基づく新聞の譲渡

　定期購読契約に基づく新聞（一定の題号を用い、政治、経済、社会、文化等に関する一般社会的事実を掲載する週2回以上発行される新聞に限る。）の譲渡には軽減税率が適用されます。

　宅配契約した日刊新聞等が軽減税率の対象となり、いわゆるスポーツ新聞等であっても、政治、経済、社会、文化等に関する一般社会的事実を掲載し週2回以上発行されるもので、宅配契約により譲渡されるものであれば軽減税率の対象となります。

　したがって、駅売り等に限定して販売する日刊○○、夕刊○○等と称される新聞は、一定の題号を用いており、その記事の内容が政治、経済、社会、文化等に関する一般社会的事実を掲載するものであっても、定期購読契約に基づき宅配等されるものに該当しないことから、軽減税率の対象とはなりません。

　また、○○日曜版と称するもののように日曜日等に限定して週1回発行するものについては、週2回以上発行するものの要件を満たさないことから、定期購読契約に基づき宅配等されるものであっても、軽減税率

の対象とはなりません。

　なお、新聞の発行事業者が販売店に譲渡する新聞は、宅配契約に該当するものではないことから、当然のことながら標準税率の適用対象となります。

11 仕入れに係る消費税額の控除

〔ポイント〕

1　事業者が、国内において課税仕入れ（特定課税仕入れに該当するものを除く。）を行った場合若しくは特定課税仕入れを行い又は保税地域から課税貨物を引き取った場合には、その課税期間の課税標準額に対する消費税額から、課税仕入れに係る消費税額として課税仕入れの相手方から交付を受けた適格請求書等に記載された地方消費税額を含む消費税額等に100分の78を乗じて算出した金額、特定課税仕入れに係る消費税額及び保税地域からの課税貨物の引取りに係る消費税額の合計額を控除します。

2　控除を受ける時期は、国内において課税仕入れを行った日の属する課税期間、国内において特定課税仕入れを行った日の属する課税期間又は保税地域から課税貨物を引き取った日の属する課税期間（保税地域から引き取る課税貨物につき特例申告書を提出した場合には、その特例申告書を提出した日の属する課税期間）です。

3　この控除の適用を受ける事業者は、納税義務のある事業者に限られ、納税義務を免除された事業者は、この控除の適用を受けることはできません。

4　課税仕入れとは、事業者が事業として他の者から資産を譲り受け、若しくは借り受け又は役務の提供を受けることをいいます。ただし、給与等を対価とする役務の提供や非課税と

される資産の譲渡等及び免税とされる資産の譲渡等を受けることは、課税仕入れから除かれます。

5　特定課税仕入れとは、課税仕入れのうち事業として他の者から受けた事業者向け電気通信利用役務の提供及び特定役務の提供（特定仕入れ）に該当するものをいいます。

6　事業者が、国外事業者から消費者向け電気通信利用役務の提供に係る課税仕入れを受けた場合には、当分の間、消費税法第30条から第36条までの規定は適用されないこととされていますから、この規定に該当する場合には、当分の間、仕入税額控除の対象にならないことになります。

　　ただし、その国外事業者が国税庁長官の登録を受けた登録国外事業者に該当する場合には、仕入税額控除の対象になることとされています。

7　国内において特定課税仕入れを行う事業者のその課税期間における課税売上割合が95％以上である場合には、当分の間その課税期間中において国内において行った特定課税仕入れはなかったものとされますから、課税売上割合が95％以上の事業者が特定課税仕入れを行った場合には、その特定課税仕入れについては仕入税額控除の対象にならないこととなります。

8　控除する仕入税額は、原則としてその課税期間中の課税仕入れ等の税額の全額ですが、課税期間における課税売上高が5億円を超えるとき、又は課税売上割合が95％に満たないときは、事業者の選択により、次のいずれかの方法により計算した消費税額となります。

① 　個別対応方式

② 　一括比例配分方式

9 　基準期間における課税売上高が5,000万円以下の事業者（免税事業者を除きます。）については、簡易課税制度により控除する仕入税額を計算することができます（第13章参照）。

10 　国内において行った課税仕入れ又は特定課税仕入れにつき、仕入対価の返還等を受けた場合には、仕入税額の控除の計算の基礎となる課税仕入れ等の税額は、仕入対価の返還等の金額に係る消費税額を控除した後の金額によります。

11 　保税地域から引き取った課税貨物に係る消費税額につき他の法律（輸徴法）の規定により還付を受ける場合には、仕入税額の控除の計算の基礎となる課税仕入れ等の税額は、還付を受ける消費税額を控除した後の金額によります。

12 　調整対象固定資産（100万円以上の一定の固定資産）について、次に掲げる事実があった場合には、控除する仕入税額を調整します。

⑴ 　仕入税額を比例配分法により計算した場合において、通算課税売上割合が著しく変動したとき

⑵ 　調整対象固定資産を課税業務専用から非課税業務専用に用途変更したとき

⑶ 　調整対象固定資産を非課税業務専用から課税業務専用に用途変更したとき

⑷ 　居住用賃貸建物を課税賃貸用に供したとき又は他に譲渡したとき

13 　棚卸資産に係る課税仕入れ等の税額については、次に掲げ

る場合に調整します。

(1)　免税事業者が課税事業者となった場合

(2)　課税事業者が免税事業者となった場合

14　事業者（免税事業者を除きます。）が、国内において行った課税資産の譲渡等（輸出取引等消費税が免除されるものを除きます。）につき、売上対価の返還等をした場合には、売上対価の返還等をした日の属する課税期間の課税標準額に対する消費税額から売上対価の返還等の金額に係る消費税額を控除します。

15　事業者（免税事業者を除きます。）が、国内において行った特定課税仕入れにつき、仕入対価の返還等を受けた場合には、仕入対価の返還を受けた日の属する課税期間の課税標準額に対する消費税額から特定課税仕入れに係る対価の返還等を受けた金額に係る消費税額を控除します。

16　国内において行った課税資産の譲渡等（輸出取引等消費税が免除されるものを除きます。）の相手方に対する売掛金その他の債権につき、貸倒れが生じたときは、その領収をすることができなくなった日の属する課税期間の課税標準額に対する消費税額から、貸倒れに係る消費税額を控除します。

1 税額控除の対象等

（1）税額控除をすることができる者

消費税の仕入税額等の控除ができるのは、消費税の課税事業者であり、免税事業者は仕入税額等の控除はできません（法30①）。

なお、免税事業者であっても、課税事業者を選択することにより、仕入税額等の控除をし、還付申告をすることは可能です。

（2）税額控除の対象

税額控除の対象となるのは、国内において行う課税仕入れ（特定課税仕入れに該当するものを除く。以下この章において同じです。）若しくは特定課税仕入れ又は保税地域からの課税貨物の引取りであり、課税仕入れに係る消費税額、特定課税仕入れに係る消費税額及び保税地域からの引取りに係る課税貨物につき課された又は課されるべき消費税額の合計額（課税仕入れ等に係る消費税額）を控除します（法30①）。

課税仕入れとは、事業者が、事業として他の者から資産を譲り受け、若しくは借り受け、又は役務の提供を受けることをいいます（法2①十二）。

したがって、事業者が免税事業者又は消費者から課税資産の譲渡等を受けた場合であっても、課税仕入れに該当することになります（通11-1-3）。

ただし、課税仕入れに係る相手方である免税事業者又は消費者が適格請求書発行事業者としての登録番号を有していない場合には、必要事項を記載した適格請求書の交付が受けられないことになりますから、免税事業者又は消費者からの課税仕入れを行った事業者は仕入税額控除の適用を受けられないことになります（平28改正法附則52又は53の規定が適用さ

れる場合を除きます。）。

　なお、次のものは国内において行う課税仕入れ若しくは特定課税仕入れ又は保税地域からの課税貨物の引取りとはなりませんから、税額控除の対象になりません。

　イ　個人事業者が家事消費等のために行うもの

　ロ　役員報酬、人件費、労務費、退職金等。ただし、使用人等の国内の出張、赴任等のために支給される出張旅費、宿泊費、日当のうちその旅行について通常必要であると認められる部分の金額や使用人等に支給される通勤手当のうち、その通勤に必要な交通機関の利用又は交通用具の使用のために支出する費用に充てるものとした場合に、その通勤に通常必要と認められる部分の金額は、課税仕入れに係る支払対価の額に該当するものとして取り扱われます（通11－1－1、11－1－2、11－2－2）。

　ハ　非課税取引や免税取引に該当するものの仕入れ（例えば、支払利息、支払地代、使用人等の海外出張旅費、国際電話料等）

　ニ　「資産の譲渡等」に該当しないもの（例えば、損害賠償金、配当金、保険金の支払）

　ホ　国外において行った課税仕入れ

　ヘ　保税地域から引き取られる課税貨物のうち他の法律又は条約の規定によりその引取りが免税とされる貨物の引取り

（3）次に掲げる取引等については仕入税額控除の適用をしないこととされていることから、仕入税額控除の対象となりません。

　イ　住宅の貸付けの用に供しないことが明らかな建物以外の建物であって高額特定資産又は調整対象自己建設高額特定資産に該当するも

の（居住用賃貸建物）の課税仕入れ（法30⑩）。

　ただし、居住用賃貸建物のうち、住宅の用に供しないことが明らかな部分については、仕入税額控除の対象となります。

ロ　金又は白金の地金の課税仕入れを行う事業者が、課税仕入れの相手方の本人確認書類の写しを保存しない場合の金又は白金の地金の課税仕入れ（法30⑪）

ハ　課税仕入れに係る資産が密輸入品であること又は輸出物品販売場免税の適用を受けた資産であることを知りながら行った密輸入品又は輸出物品販売場免税物品の課税仕入れ（法30⑫）

（4）税額控除をする課税期間

　課税仕入れ等の税額を控除する課税期間は、次に掲げる日の属する課税期間となります（法30①）。

イ　国内において課税仕入れを行った場合　　課税仕入れを行った日

ロ　国内において特定課税仕入れを行った場合　　特定課税仕入れを行った日

ハ　通常の輸入取引の場合　　課税貨物を引き取った日

ニ　関税法第7条の2第2項《特例申告》に規定する特例申告の対象となる輸入取引の場合　　特例申告書を提出した日又は特例申告に係る決定の通知を受けた日

（5）課税仕入れ等の時期

　消費税において課税仕入れ等に係る消費税額の控除は、課税仕入れ等を行った日の属する課税期間において行うこととされていますが、「課税仕入れを行った日」とは、課税仕入れに該当することとされる資産の

譲受け若しくは借受けをした日又は役務の提供を受けた日をいうが、これらの日がいつであるかについては、別に定めがある場合にはそれにより、定めがない場合には資産の譲渡等の時期に準ずることとされており（通11－3－1）、特定課税仕入れについても同様です。

また、「課税貨物を引き取った日」とは、原則として関税法第67条《輸出又は輸入の許可》に規定する輸入の許可を受けた日となります（通11－3－9）。

なお、課税仕入れを行った日の判定につき注意すべき事項として、次のものがあります。

　イ　リース取引による課税仕入れを行った日

　　　リース取引による課税資産の譲り受けが課税仕入れに該当する場合には、その課税仕入れを行った日は、当該資産の引渡し等を受けた日となるから、その課税仕入れについては、資産の引渡し等を受けた日の属する課税期間において仕入税額控除の対象とすることとなります（通11－3－2）。

　　　注　リース取引は資産の譲渡とされるから、賃借人が支払うべきリース料の額をその支払うべき日の属する課税期間の賃借料として経理している場合であっても、リース資産の引渡しを受けた日の属する課税期間において、仕入税額控除の対象とすることが原則となるが、譲渡があったものとされるリース取引について、リース料を支払うべき日の属する課税期間において、そのリース料を基準として仕入税額控除の計算をすることは認められます。

　ロ　減価償却資産又は繰延資産に係る仕入税額控除

　　　課税仕入れ等に係る資産が減価償却資産又は繰延資産に該当する場合であっても、当該課税仕入れ等については、当該資産の課税仕入れ等を行った日の属する課税期間において仕入税額控除の対象とすることとなります（通11－3－3、11－3－4）。

ハ　未成工事支出金

　　事業者が、建設工事等に係る目的物の完成前に行った当該建設工事等のための課税仕入れ等の金額について未成工事支出金として経理した場合においても、その課税仕入れ等については、その課税仕入れ等をした日の属する課税期間において法第30条《仕入れに係る消費税額の控除》の規定が適用されるが、当該未成工事支出金として経理した課税仕入れ等につき、当該目的物の引渡しをした日の属する課税期間における課税仕入れ等としているときは、継続適用を条件として、この処理は認められます（通11-3-5）。

ニ　建設仮勘定

　　事業者が、建設工事等に係る目的物の完成前に行った当該建設工事等のための課税仕入れ等の金額について建設仮勘定として経理した場合においても、その課税仕入れ等については、その課税仕入れ等をした日の属する課税期間において法第30条《仕入れに係る消費税額の控除》の規定が適用されるが、建設仮勘定として経理した課税仕入れ等につき、目的物の完成した日の属する課税期間における課税仕入れ等としているときは、この処理は認められます（通11-3-6）。

ホ　郵便切手類又は物品切手等の引換給付に係る課税仕入れの時期

　　法別表第一第4号イ又はハ《郵便切手類等の非課税》に規定する郵便切手類又は物品切手等は、本来、購入時においては課税仕入れには該当せず、役務又は物品の引換給付を受けた時に当該引換給付を受けた事業者の課税仕入れとなるが、郵便切手類又は物品切手等を購入した事業者が、購入した郵便切手類又は物品切手等のうち、自ら引換給付を受けるものにつき、継続して当該郵便切手類又は物

品切手等の対価を支払った日の属する課税期間の課税仕入れとして
いる場合には、この処理は認められます（通11－3－7）。

2 控除税額の計算方法

（1）計算方法の区分

　課税事業者は、その課税期間における課税標準額に対する消費税額
（売上げに係る消費税額をいいます。）から課税仕入れ等（課税仕入れ、特定課税
仕入れと課税貨物の引取りをいいます。）に係る消費税額の合計額を控除した
金額（消費税）を納付することになりますが、課税標準額に対する消費
税額から控除する課税仕入れ等に係る消費税額の計算方法は、簡易課税
制度を選択している事業者とその他の事業者とで、その方法が異なりま
す。

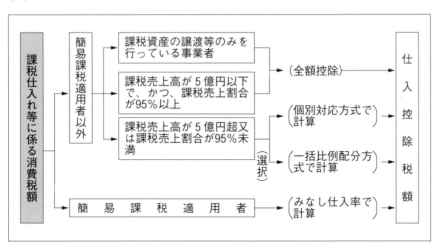

　ここでは、簡易課税制度を選択していない事業者が控除する課税仕入
れ等に係る消費税額を計算する場合の方法について説明します（簡易課
税制度を選択している事業者は、**「第13章　中小事業者のための税額控除の特例は」**
（205ページ）を参照してください。）。

課税標準額に対する消費税額から控除する課税仕入れ等に係る消費税額の計算方法は、その課税期間の課税売上高が5億円超であるか5億円以下であるか、又はその課税期間の課税売上割合が95％以上であるか95％未満であるかによって異なり、課税売上高が5億円以下で課税売上割合が95％以上の場合には**3**（171ページ）の方法により、課税売上高が5億円超の場合、又は課税売上割合が95％未満の場合には**4**（172ページ）の方法により、計算することになります。

（2）課税売上割合の計算方法

　課税売上割合とは、その課税期間中の国内における資産の譲渡等（特定資産の譲渡等に該当するものを除きます。）の対価の額の合計額のうちにその課税期間中の国内における課税資産の譲渡等（特定資産の譲渡等に該当するものを除きます。）の対価の額の合計額の占める割合をいいます（法30⑥）。

$$課税売上割合 = \frac{課税資産の譲渡等（課税＋免税）の対価の額の合計額}{資産の譲渡等（課税＋免税＋非課税）の対価の額の合計額}$$

　この場合、資産の譲渡等の対価の額の合計額及び課税資産の譲渡等の対価の額の合計額は、いずれも消費税及び地方消費税の額を含まず、また、売上対価の返還等の金額（売上げにつき返品を受け、値引き、割戻しや割引をした金額）を控除した後の金額によることとされています（令48①）。

　また、輸出取引による対価の額は含まれますが、国外取引に係る対価の額は、この課税売上割合の計算に含まれません。

　なお、課税売上割合は、事業者単位で計算することとされており、事業所又は事業部を単位として計算することはできません（通11－5－1）。

（3）課税売上割合計算上の留意点

イ　分母と分子に含めるもの

　　課税売上割合を計算する場合の資産の譲渡等の対価の額（分母）及び課税資産の譲渡等の対価の額（分子）には、次のものを含めることとされています（法31、令51②～④）。

　　㋑　国内において行った非課税資産の譲渡等で輸出取引等に該当するものの対価の額（非居住者に対する貸付金の利子、外債の利子等）

　　㋺　海外における販売や自己が海外で使用するために輸出した資産の価額（ＦＯＢ価格）

　　注　この規定はあくまでも課税売上割合の計算上の取扱いですから、基準期間の課税売上高又はその課税期間における課税売上高には、㋑、㋺の金額は含まれません。

ロ　分母に含めないもの

　　次に掲げる資産の譲渡は、課税売上割合の計算上は、資産の譲渡等に含めないこととされています（令48②）。

　　㋑　通貨、小切手等の支払手段、特別引出権又は資金決済に関する法律に規定する暗号資産の譲渡

　　㋺　資産の譲渡等の対価として取得した金銭債権の譲渡

　　㋩　現先取引債券等（国債等、譲渡性預金証書、コマーシャル・ペーパー）を予め約定した期日（約定の日以後その期日を定めることができることとされているものにあってはその定められる期日）に予め約定した価格又はあらかじめ約定した計算方法により算出される価格で買い戻すことを約して譲渡し、かつ、その約定に基づき買い戻す場合（売現先）の現先取引債券等の譲渡

ハ　分母に調整の上加算するもの等

(イ)　現先取引債券等を予め約定した期日（約定の日以後その期日を定めることができることとされているものにあってはその定められる期日）に予め約定した価格又はあらかじめ約定した計算方法により算出される価格で売り戻すことを約して購入し、かつ、その約定に基づいて売り戻した場合（買現先）には、課税売上割合の計算上、資産の譲渡等の対価の額は、売戻しに係る対価の額から購入に係る対価の額を控除した金額（利子相当額）とされています（令48③）。

(ロ)　令第2条第1項第4号の金銭債権の譲受け等をした場合の課税売上割合の分母に参入する金額は、弁済を受けた金額とその取得価額との差額等の利子相当額となります（令48④）。

(ハ)　法別表第1第2号に規定する有価証券（ゴルフ場利用株式等を除きます。）、令第9条第1項第1号《有価証券に類するものの範囲等》に規定する有価証券に表示されるべき権利及び同項第3号に規定する権利を譲渡した場合（現先取引債券等の譲渡又は売戻しに該当する場合を除きます。）又は同条第1項第4号に掲げる金銭債権（ロ(ロ)の金銭債権を除きます。）の譲渡をした場合には、課税売上割合の計算上、資産の譲渡等の対価の額は、その有価証券等の譲渡の対価の額の5％相当額とされています（令48⑤）。

(ニ)　国債等について償還差損が生ずる場合には、課税売上割合の計算上、その償還差損（償還有価証券の調整差損を含みます。）は、資産の譲渡等の対価の額から控除されます（令48⑥）。

（4）相続等により課税事業者となった場合

基準期間の課税売上高が1,000万円以下であるため、消費税を納める

義務が免除される事業者が、相続、合併又は分割等があったことにより
その課税期間の中途において納税義務が免除されないこととなった場合
には、その適用を受けないこととなった日から同日の属する課税期間の
末日までについて、法第30条《仕入れに係る消費税額の控除》及び第32
条《仕入れに係る対価の返還等を受けた場合の仕入れに係る消費税額の
控除》の規定を適用することになります（通11－1－8）。

3 課税売上高が5億円以下で、かつ、課税売上割合が95％以上の場合

　その課税期間における課税売上高が5億円以下で、かつ、課税売上割
合が95％以上の事業者の場合には、課税仕入れ等に係る消費税額は全額
控除することができますから、その課税期間の課税標準額に対する消費
税額から、その課税期間中の課税仕入れ等に係る消費税額の全額を控除
します（法30①）。

（1）原則

　交付された適格請求書などの請求書等に記載された消費税額等のうち
課税仕入れに係る部分の金額の合計額に100分の78を掛けて算出する方
式（請求書等積上げ方式。法30①、令46①、通11－1－9）。

（2）特例その1

　課税仕入れの都度、課税仕入れに係る支払対価の額に110分の10（軽
減税率の対象となる場合は108分の8）を乗じて算出した金額（1円未満の端数
が生じたときは、端数を切り捨て又は四捨五入した金額。）を仮払消費税額等な
どとして帳簿に記載（計上）している場合には、その金額の合計額に100

分の78を掛けて算出する方式（<u>帳簿積上げ方式</u>。法30①、令46②、通11－1－9）。

> 注　なお、**請求書等積上げ方式と帳簿積上げ方式との併用は可能です**（通11－1－9（注））。

（3）特例その2

　課税期間中の課税仕入れに係る支払対価の額（税込みの支払い金額）を税率ごとに合計した金額に110分の7.8（軽減税率の対象となる部分については108分の6.24）を掛けて算出する方式（<u>総額割戻し方式</u>。法30①、令46③、通11－1－9）。

　この特例は、課税売上げに係る消費税額の計算についてその特例である適格請求書等積上げ方式を適用せず、原則計算（総額割戻し方式）を行っている場合に限って適用できることとされています（令46③）。

4　課税売上高が5億円超又は課税売上割合が95％未満の場合

　その課税期間における課税売上高が5億円超の事業者、又は課税売上割合が95％未満の事業者の場合には、課税仕入れ等に係る消費税額の全額を控除することはできず、課税売上げに対応する部分のみが控除されます。したがって、次の（1）個別対応方式又は（2）一括比例配分方式のいずれかの方式によって計算した消費税額を、その課税期間の課税標準額に対する消費税額から控除します。

　なお、いずれの方式によるかは、事業者の選択に委ねられていますが、一括比例配分方式を選択した場合には、2年間は継続適用しなければなりません（法30⑤）。

（1）個別対応方式

　個別対応方式を適用する場合には、その課税期間の課税仕入れ等に係る消費税額を、

① 　課税売上げにのみ要するもの

② 　非課税売上げにのみ要するもの

③ 　課税売上げと非課税売上げに共通して要するもの

に区分し、次の算式により計算した消費税額をその課税期間の課税標準額に対する消費税額から控除します。

　　控除する消費税額＝①の消費税額＋（③の消費税額×課税売上割合）

　注　課税売上割合に代えて、課税売上割合に準ずる割合によることができます。一括比例配分方式の場合には、この準ずる割合を用いることはできません。

　　　この課税売上割合に準ずる割合とは、使用人の数又は従事割合、消費又は使用する資産の価額又は使用割合その他課税非課税共通用のものの性質に応じ合理的な基準であることが必要であり、その割合を用いて控除税額を計算することにつき、所轄税務署長の承認を受けることとされています（法30③、通11－5－7）。

課　税　期　間　中　の　課　税　仕　入　れ　等　に　係　る　消　費　税　額			
①　課税売上げにのみ要するもの	③　①と②のるもの（課税売上割	両方に共通す合であん分）	②　非課税売上げにのみ要するもの
控　除　で　き　る　消　費　税　額		控　除　で　き　な　い　消　費　税　額	

イ　個別対応方式の適用方法

　　個別対応方式により仕入れに係る消費税額を計算する場合には、その課税期間中において行った個々の課税仕入れ等について、必ず、

課税売上げにのみ要するもの、非課税売上げにのみ要するもの及び課税売上げと非課税売上げに共通して要するものとに区分しなければなりません。したがって、例えば、課税仕入れ等の中から課税売上げにのみ要するものを抽出し、それ以外のものを全て課税売上げと非課税売上げに共通して要するものに該当するものとして区分することは認められません（通11-2-18）。

ロ　個別対応方式における用途区分の方法等

　　個別対応方式を適用する場合には、課税仕入れ等を課税売上げにのみ要するもの、非課税売上げにのみ要するもの及び課税売上げと非課税売上げに共通して要するものに区分する必要があることとされていますが（法30②一）、用途区分を明らかにする方法として記帳義務等は課されていませんから、その区分を明らかにする方法としては帳簿の記載により明らかにする方法、勘定科目別等により明らかにする方法、申告のためのプログラム等で明らかにする方法等事後において区分が明らかにできるものであれば、いずれの方法によってもよいことになります。

　　なお、課税仕入れ等の区分は個々の課税仕入れ等ごとに行うことが原則となりますが、例えば、事業者の部門等ごとにその事業内容等により区分することも可能です。

ハ　課税仕入れ等の用途区分の判定時期

　　個別対応方式により仕入れに係る消費税額を計算する場合において、課税仕入れ等の用途を区分する場合には、課税仕入れ等を行った日の状況により行うことが原則となりますが、課税仕入れ等を行った日において、区分が明らかにされていない場合で、その日の属する課税期間の末日までに、区分が明らかにされたときは、その明

らかにされた区分によって個別対応方式を適用することも可能です
（通11－2－20）。

ニ　課税売上げにのみ要するものの意義

　　課税売上げにのみ要するものとは、課税資産の譲渡等を行うため
にのみ必要な課税仕入れ等をいい、例えば、次に掲げるものの課税
仕入れ等がこれに該当します（通11－2－12）。

①　そのまま他に譲渡される課税資産

②　課税資産の製造用にのみ消費し、又は使用される原材料、容器、
　　包紙、機械及び装置、工具、器具、備品等

③　課税資産に係る倉庫料、運送費、広告宣伝費、支払手数料又は
　　支払加工賃等

ホ　国外取引のために要する課税仕入れ等

　　国外において行う資産の譲渡等のための課税仕入れ等は、課税売
上げにのみ要するものに該当します（通11－2－13）。

ヘ　非課税売上げにのみ要するものの意義

　　非課税売上げにのみ要するものとは法第6条第1項《非課税》の
規定により非課税となる資産の譲渡等を行うためにのみ必要な課税
仕入れ等をいい、例えば、販売用の土地の造成に係る課税仕入れ、賃
貸用住宅の建築に係る課税仕入れがこれに該当します（通11－2－15）。

ト　不課税取引のために要する課税仕入れの取扱い

　　資産の譲渡等に該当しない、いわゆる不課税取引に要する課税仕
入れ等は、課税売上げと非課税売上げに共通して要するものに該当
するものとして取り扱われます（通11－2－16）。

チ　共通用の課税仕入れ等を合理的な基準により区分した場合

　　課税売上げと非課税売上げに共通して要するものに該当する課税

仕入れ等であっても、例えば、原材料、包装材料、倉庫料、電力料等のように生産実績その他の合理的な基準により課税資産の譲渡等にのみ要するものとその他の資産の譲渡等にのみ要するものとに区分することが可能なものについてその合理的な基準により区分している場合には、その区分したところにより個別対応方式を適用することができます（通11－2－19）。

（2）一括比例配分方式

この方式は、その課税期間中の課税仕入れ等に係る消費税額が個別対応方式の①、②及び③のように区分されていない場合又はこの方式を選択する場合に適用します。

なお、一括比例配分方式を適用して控除税額を計算した事業者は、2年間継続適用した後でなければ、個別対応方式を適用することはできません（法30⑤）。

その課税期間の課税標準額に対する消費税額から控除する消費税額は、次の算式により計算した金額になります。

控除する消費税額＝課税仕入れ等に係る消費税額×課税売上割合

課 税 期 間 中 の 課 税 仕 入 れ 等 に 係 る 消 費 税 額	
（課税売上割合であん分）	
控 除 で き る 消 費 税 額	控 除 で き な い 消 費 税 額

5　控除税額の調整

（1）仕入対価の返還等を受けた場合

課税事業者が課税仕入れ又は特定課税仕入れにつき、返品をし、又は

値引き、割戻しや割引を受けたことにより、課税仕入れに係る支払対価の額若しくは特定課税仕入れに係る支払対価の額の全部若しくは一部の返還又は買掛金その他の債務の額の全部又は一部の減額（以下「仕入対価の返還等」といいます。）を受けた場合には、仕入対価の返還等を受けた課税期間中の課税仕入れ等に係る消費税額から次の「控除方法」のイ又はロのいずれかの方法により計算した仕入対価の返還等に係る消費税額を控除します。この場合において、控除しきれない金額があるときは、その課税期間の課税標準額に対する消費税額に加算することになります。

なお、仕入対価の返還等に係る消費税額は、次の算式により計算します。

1　課税仕入れに係る仕入対価の返還等の場合

$$\text{仕入対価の返還等に係る消費税額} = \text{仕入対価の返還等の金額（税込み）} \times \frac{7.8}{110} \left(\text{軽減税率については} \frac{6.24}{108}\right)$$

2　特定課税仕入れに係る仕入対価の返還等の場合

$$\text{仕入対価の返還等に係る消費税額} = \text{仕入対価の返還等の金額} \times \frac{7.8}{100}$$

（控除方法）

イ　課税仕入れ等の税額の全額が控除対象となる事業者の場合

その課税期間の課税標準額に対する消費税額から控除する消費税額は、次の算式により計算します。

$$\text{控除する消費税額} = \text{課税仕入れ等に係る消費税額} - \text{仕入対価の返還等に係る消費税額}$$

ロ　個別対応方式又は一括比例配分方式による事業者の場合

その課税期間の課税標準額に対する消費税額から控除する消費税額は、

その課税期間中の課税仕入れ等に係る消費税額を、①課税売上げにのみ要するもの、②非課税売上げにのみ要するもの及び③課税売上げと非課税売上げに共通して要するものに区分している場合で個別対応方式により計算するときは、「(イ)」の方法により計算し、一括比例配分方式により計算する場合には、「(ロ)」の方法により計算します。

(イ)　個別対応方式

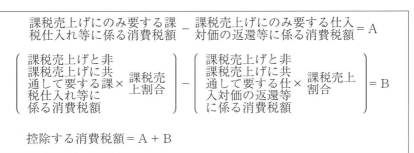

(ロ)　一括比例配分方式

$$控除する消費税額 = \left(課税仕入れ等に係る消費税額 \times 課税売上割合 \right) - \left(仕入対価の返還等に係る消費税額 \times 課税売上割合 \right)$$

（2）調整対象固定資産に係る仕入控除税額の調整

　調整対象固定資産について、①一定期間における課税売上割合が著しく変動した場合、②一定期間にその調整対象固定資産の用途を課税業務専用から非課税業務専用に変更した場合あるいは、③一定期間にその用途を非課税業務専用から課税業務専用に変更した場合には、控除する仕入税額につき所要の調整を行うこととされています（法33～35）。

　この調整対象固定資産とは、建物、構築物、機械及び装置、船舶、航空機、車両及び運搬具、工具、器具及び備品、鉱業権その他の資産で購

入価額（消費税及び地方消費税抜き）が100万円以上のものをいいます（令5）。

イ　課税売上割合が著しく変動した場合

　課税事業者が調整対象固定資産の課税仕入れ等に係る消費税額について、比例配分法により計算した場合（課税仕入れ等に係る消費税額を全額控除した場合を含みます。）で、その計算に用いた課税売上割合が、その後3年間の通算課税売上割合と比較して著しく増加したときや著しく減少したときには、次の調整方法により控除する仕入税額を増額又は減額します。

　この調整規定は、調整対象固定資産を第三年度の課税期間の末日に保有している場合に限って適用されますから、除却、廃棄、滅失又は譲渡等があったことにより保有していない場合には、適用されません（通12－3－3）。

> 注 1　「比例配分法」とは、控除する仕入税額について、個別対応方式による課税売上割合を乗じて計算する方法又は一括比例配分方式により計算する方法をいいます。
> 　　 2　「第三年度の課税期間」とは、仕入年度（調整対象固定資産の課税仕入れ等を行った日の属する課税期間をいいます。）の開始の日から三年を経過する日の属する課税期間をいいます。

（調整方法）

①　通算課税売上割合が仕入年度の課税売上割合に対して著しく増加した場合には、次の金額（加算金額）を第三年度の課税期間の控除する仕入税額に加算します。

　　「著しく増加した場合」とは、次のいずれにも該当する場合をいいます（令53）。

(イ)　$\dfrac{通算課税売上割合 - 仕入年度の課税売上割合}{仕入年度の課税売上割合} \geqq \dfrac{50}{100}$

(ロ)　通算課税売上割合 - 仕入年度の課税売上割合 $\geqq \dfrac{5}{100}$

$$\text{加算}_{\text{金額}}=\left(\begin{array}{l}\text{調整対象}\\\text{基準税額}\end{array}\times\begin{array}{l}\text{通算課税}\\\text{売上割合}\end{array}\right)-\left(\begin{array}{l}\text{調整対象}\\\text{基準税額}\end{array}\times\begin{array}{l}\text{その仕入年度の}\\\text{課税売上割合}\end{array}\right)$$

$$\frac{\text{仕入年度の課税売上高＋第2年度の課税売上高＋第3年度の課税売上高}}{\text{仕入年度の総売上高＋第2年度の総売上高＋第3年度の総売上高}}$$

②　通算課税売上割合が仕入年度の課税売上割合に対して、著しく減少した場合には、次の金額（減算金額）を第三年度の課税期間の控除する仕入税額から控除します。

　「著しく減少した場合」とは、次のいずれにも該当する場合をいいます。

(イ)　$\dfrac{\text{仕入年度の課税売上割合－通算課税売上割合}}{\text{仕入年度の課税売上割合}}\geqq\dfrac{50}{100}$

(ロ)　仕入年度の課税売上割合－通算課税売上割合$\geqq\dfrac{5}{100}$

$$\text{減算}_{\text{金額}}=\left(\begin{array}{l}\text{調整対象}\\\text{基準税額}\end{array}\times\begin{array}{l}\text{その仕入年度の}\\\text{課税売上割合}\end{array}\right)-\left(\begin{array}{l}\text{調整対象}\\\text{基準税額}\end{array}\times\begin{array}{l}\text{通算課税}\\\text{売上割合}\end{array}\right)$$

ロ　課税業務専用から非課税業務専用に転用した場合

　課税事業者が調整対象固定資産を課税業務用にのみ使用するものとして、控除する仕入税額を個別対応方式により計算した場合で、これを3年以内に非課税業務用にのみ使用するものとして用途を変更したときは、その転用した時期に応じ、次の消費税額を用途変更した課税期間の控除

する仕入税額から控除します。

---

① 仕入れ等の日から1年を経過する日 → 控除済消費税額の全額
まで の期間（1年以内）

② ①の期間の翌日から1年を経過する → 控除済消費税額の$\frac{2}{3}$相当額
日までの期間（2年以内）

③ ②の期間の翌日から1年を経過する → 控除済消費税額の$\frac{1}{3}$相当額
日までの期間（3年以内）

注 課税業務専用の調整対象固定資産を課税非課税共通用に転用した場合には、適用されません。

ハ 非課税業務専用から課税業務専用に転用した場合

課税事業者が調整対象固定資産を非課税業務用にのみ使用するものとして、個別対応方式により控除する仕入税額はないものとしていた場合で、これを3年以内に課税業務用にのみ使用するものとして用途を変更したときは、その転用した時期に応じ、次の消費税額を用途変更した課税期間の控除する仕入税額に加算します。

---

① 仕入れ等の日から1年を経過する日 → 控除対象税額の全額
まで の期間（1年以内）

② ①の期間の翌日から1年を経過する → 控除対象税額の$\frac{2}{3}$相当額
日までの期間（2年以内）

③ ②の期間の翌日から1年を経過する → 控除対象税額の$\frac{1}{3}$相当額
日までの期間（3年以内）

注 1 控除対象税額とは、次の算式により算出された税額をいいます。

控除対象税額＝調整対象固定資産の仕入価額（税込み）× $\frac{7.8}{110}$

2 非課税業務専用の調整対象固定資産を課税非課税共通用に転用した場合には適用されません。

— 181 —

二　居住用賃貸建物を課税賃貸用に供した場合又は他に譲渡した場合の仕入れに係る消費税額の調整

仕入税額控除の適用対象とならない居住用賃貸建物について、調整期間に課税賃貸用に供した場合又は他の者に譲渡した場合には、控除税額の調整がされます。

イ　調整期間に課税賃貸用に供した場合

仕入税額控除の適用対象とならない居住用賃貸建物について、第三年度の課税期間の末日において有しており、かつ、その仕入れ等の日から同日の属する課税期間の初日以後3年を経過する日の属する課税期間の末日までの間（調整期間）に住宅の貸付け以外の貸付けの用（課税賃貸用）に供した場合には、居住用賃貸建物に係る課税仕入れ等の税額に課税賃貸割合を乗じて計算した金額を住宅の貸付けの用以外の貸付けの用に供した課税期間の仕入控除税額に加算して控除税額の調整をします（法35の2①）。

この場合の調整に係る計算式は、次のとおりとなります。

$$\text{加算する消費税額} = \text{居住用賃貸建物の課税仕入れ等に係る消費税額} \times \frac{\text{Aのうち課税賃貸用に供したものに係る金額}}{\text{調整期間に行った居住用賃貸建物の貸付けの対価の額の合計額（A）}}$$

ロ　調整期間に他の者に譲渡した場合

仕入税額控除の適用対象とならない居住用賃貸建物について、その居住用賃貸建物の全部又は一部を調整期間に他の者に譲渡した場合には、居住用賃貸建物に係る課税仕入れ等の税額に課税譲渡等割合を乗じて計算した金額を譲渡をした課税期間の仕入控除税額に加算して控除税額の調整をします（法35の2②）。

$$加算する消費税額 = 居住用賃貸建物の課税仕入れ等に係る消費税額 \times \frac{Bのうち課税賃貸用に供したものに係る金額 + Cの金額}{課税譲渡等調整期間に行った居住用賃貸建物の貸付けの対価の額の合計額（B）+ 居住用賃貸建物の譲渡の対価の額（C）}$$

（3）棚卸資産に係る税額の調整

免税事業者が課税事業者となった場合又は課税事業者が免税事業者となった場合には、その棚卸資産に係る課税仕入れ等の税額につき調整を行うこととされています。

イ 免税事業者が課税事業者となった場合

免税事業者が課税事業者となる日の前日において有する棚卸資産のうち、納税義務が免除されていた期間中の課税仕入れ等に係るものがあるときは、その棚卸資産に係る課税仕入れ等の税額は、課税事業者となった課税期間の課税仕入れ等の税額とみなして仕入税額控除の対象となります（法36①）。

なお、課税事業者である相続人、合併法人又は分割承継法人が、免税事業者である被相続人、被合併法人又は分割法人の棚卸資産を承継した場合にも、同様の調整を行うことができます（法36③）。

また、この調整を行う場合には、棚卸資産の明細を記載した書類を保存することが適用要件とされています（法36②、④、令54③〜⑤）。

ロ 課税事業者が免税事業者となった場合

課税事業者が免税事業者となった課税期間の直前の課税期間において行った課税仕入れ又は保税地域からの引取りに係る棚卸資産をその直前の課税期間の末日において有しているときは、その有する棚卸資産に係る課税仕入れ等の税額は、その直前の課税期間の仕入税額控除の対象に

はなりません（法36⑤）。

（4）売上対価の返還等を行った場合

　課税事業者が、課税資産の譲渡等につき、返品を受け、又は値引き、割戻しや割引を行ったことにより、その課税資産の譲渡等（輸出取引等消費税が免除されるものは除きます。）の金額（税込価額）の全部若しくは一部の返還又はその課税資産の譲渡等の税込価額に係る売掛金その他の債権の額の全部若しくは一部の減額（以下「売上対価の返還等」といいます。）をした場合には、売上対価の返還等をした課税期間の課税標準額に対する消費税額から、売上対価の返還等の金額に係る消費税額の合計額を控除することになります（法38①）。

　なお、割戻しとは、販売数量又は売上高、売掛金の回収高等の金額に応じ取引先に支払われる金銭をいいますが、これには、事業者がその直接の取引先に支払うもののほか、その間接の取引先に支出するいわゆる飛越しリベート等も含まれます（通14－1－2）。

（5）特定課税仕入れに係る対価の返還等を受けた場合

　課税事業者が、特定課税仕入れにつき、値引き又は割戻しを受けたことにより、その特定課税仕入れに係る支払対価の額の全部又は一部の返還又はその特定課税仕入れに係る支払対価の額に係る買掛金その他の債務の額の全部又は一部の減額（以下「特定課税仕入れに係る対価の返還等」といいます。）を受けた場合には、特定課税仕入れに係る対価の返還等を受けた課税期間の課税標準額に対する消費税額から、特定課税仕入れに係る対価の返還等を受けた金額に係る消費税額を控除することになります（法38の2①）。

（6）貸倒れに係る消費税額の控除

イ　制度の概要

　課税事業者が国内において課税資産の譲渡等（輸出取引等消費税が免除されるものを除きます。）を行った場合において、その課税資産の譲渡等の相手方に対する売掛金その他の債権につき債権の切捨て等一定の事実が生じたため、課税資産の譲渡等の税込価額の全部又は一部を領収することができなくなったときは、その領収することができなかった日の属する課税期間の課税標準額に対する消費税額から、その領収することができなくなった課税資産の譲渡等の税込価額に係る消費税額の合計額を控除することになります（法39①）。

　この控除の適用を受ける場合には、その貸倒れとなる事実が生じたことを証する書類を確定申告期限後7年間、納税地又は事務所等に保存することが適用要件とされています（法39②、規19）。

$$貸倒れに係る消費税額 = 貸倒れに係る金額 \times \frac{7.8}{110}\left(\begin{array}{l}軽減税率の\\場合には\end{array}\ \frac{6.24}{108}\right)$$

ロ　貸倒れの範囲

　税額控除の対象となる貸倒れ（一定の事実）の範囲は、次のとおりです（法39①、令59、規18）。

　㈠　更生計画認可の決定により債権の切捨てがあったこと

　㈡　再生計画認可の決定により債権の切捨てがあったこと

　㈢　特別清算に係る協定の認可により債権の切捨てがあったこと

　㈣　債権に係る債務者の財産の状況、支払能力等からみてその債務者が債務の全額を弁済できないことが明らかであること

　㈤　法令の規定による整理手続によらない関係者の協議決定で、次に

掲げるものにより債権の切捨てがあったこと

a　債権者集会の協議決定で合理的な基準により債務者の負債整理を定めているもの

b　行政機関又は金融機関その他の第三者のあっせんによる当事者間の協議により締結された契約でその内容がaに準ずるもの

(ヘ)　債務者の債務超過の状態が相当期間継続し、その債務を弁済できないと認められる場合において、その債務者に対し書面により債務の免除を行ったこと

(ト)　債務者について次に掲げる事実が生じた場合において、その債務者に対して有する債権につき、その債権の額から備忘価額を控除した残額を貸倒れとして経理したこと

a　継続的な取引を行っていた債務者につきその資産の状況、支払能力等が悪化したことにより、その債務者との取引を停止した時（最後の弁済期又は最後の弁済の時がその取引を停止した時以後である場合には、これらのうち最も遅い時）以後1年以上経過した場合（その債権について担保物がある場合を除きます。）

b　事業者が同一地域の債務者について有する債権の総額がその取立てのために要する旅費その他の費用に満たない場合において、その債務者に対し支払を督促したにもかかわらず弁済がないとき

（7）貸倒債権を回収した場合の調整

　「（6）貸倒れに係る消費税額の控除」の適用を受けた事業者がその適用を受けた課税資産の譲渡等の税込価額の全部又は一部の領収をしたときは、当該領収した税込価額に係る消費税額を課税標準額に対する消費税額に加算します（法39③）。

6　課税仕入れに係る消費税額の計算

　適格請求書等保存方式における課税仕入れに係る消費税額の計算方式
は、次のとおりとなります。

（1）原則

　交付された適格請求書などの請求書等に記載された消費税額等のうち
課税仕入れに係る部分の金額の合計額に100分の78を掛けて算出する方
式（請求書等積上げ方式。法30①、令46①、通11－1－9）。

（2）特例その1

　課税仕入れの都度、課税仕入れに係る支払対価の額に110分の10（軽
減税率の対象となる場合は108分の8）を乗じて算出した金額（1円未満の端数
が生じたときは、端数を切り捨て又は四捨五入した金額。）を仮払消費税額等な
どとして帳簿に記載（計上）している場合には、その金額の合計額に100
分の78を掛けて算出する方式（帳簿積上げ方式。法30①、令46②、通11－1－
9）。

　なお、請求書等積上げ方式と帳簿積上げ方式との併用は可能となりま
す（通11－1－9（注））。

（3）特例その2

　課税期間中の課税仕入れに係る支払対価の額（税込みの支払い金額）を
税率ごとに合計した金額に110分の7.8（軽減税率の対象となる部分について
は108分の6.24）を掛けて算出する方式（総額割戻し方式。法30①、令46③、通
11－1－9）。

この特例は、課税売上げに係る消費税額の計算についてその特例である請求書等積上げ方式を適用せず、原則計算（総額割戻し方式）を行っている場合に限って適用できることとされています（令46③）。

12 税額控除の要件は

〔ポイント〕

1　消費税法の規定において課税仕入れ等の税額を控除するためには、課税仕入れ等の内容、取引価額等を記載した帳簿及び請求書等を保存する必要があります（（区分記載）請求書等保存方式）。

2　適格請求書等保存方式においては、税率の区分を明らかにした課税仕入れ等の内容、取引価額等を記載した帳簿に加えて登録番号、税率の区分及びその区分別の消費税額等が記載された適格請求書（インボイス）を保存する必要があります。

　なお、適格請求書等保存方式においては、仕入税額控除ができるのは、原則として適格請求書発行事業者からの課税仕入れに限られますが、適格請求書等保存方式の導入後の3年間及び更にその後の3年間については、適格請求書発行事業者以外の者から行った課税仕入れに係る仕入税額控除の経過措置が設けられています。

1 適格請求書等保存方式（インボイス方式）における仕入税額控除の要件等

　インボイス方式（適格請求書等保存方式）においては、事業者が課税仕入れに係る消費税額の控除をするためには、原則として、課税仕入れに係る帳簿に加えて仕入先等の取引の相手方から交付を受けた請求書等

（インボイス）の保存が必要です（法30⑦）。

　この場合の請求書等には、次の書類が該当します（法30⑨）。

① 　適格請求書

② 　適格簡易請求書

③ 　適格請求書又は適格簡易請求書の記載事項に係る電磁的記録

④ 　事業者が課税仕入れについて作成する仕入明細書、仕入計算書等の
　書類で、適格請求書の記載事項が記載されているもの（適格請求書発行
　事業者の確認を受けたものに限ります。）

⑤ 　媒介又は取次ぎに係る業務を行う者（卸売市場、農業協同組合又は漁業
　協同組合等）が、委託を受けて行う農水産品の譲渡等について作成す
　る一定の書類

　消費税法上の適格請求書は、適格請求書発行事業者として登録を受け
た事業者に限って交付ができることとされており、適格請求書発行事業
者の登録等の内容は、次のとおりとなります。

（1）適格請求書発行事業者の登録等

　適格請求書発行事業者制度に係る主な内容等は、次のとおりです。

イ　適格請求書発行事業者とは

　適格請求書発行事業者とは、適格請求書（適格簡易請求書を含む。）を
交付しようとする事業者で、納税地を所轄する税務署長の登録を受け
た事業者をいいます（法2①7の2、57の2①）。

　適格請求書を交付できるのは適格請求書発行事業者に限られ、適格
請求書発行事業者には事業者免税点が適用されないことから、適格請
求書発行事業者はすべて課税事業者となり、免税事業者は適格請求書
を発行できないこととなります。

ロ　適格請求書発行事業者の登録

　適格請求書発行事業者としての登録を受けようとする事業者は、納税地を所轄する税務署長に登録申請書を提出し、税務署長の登録を受けなければなりません（法57の2②等）。

　この場合において、登録申請の時期と登録の時期等の主なものについて簡記すれば、次のとおりとなります。

①　免税事業者が令和5年10月1日から令和11年9月30日の属する課税期間中に登録を受ける場合には、登録を受けた日から課税事業者となります（平28改正法附則44④）。

②　国内において新たに課税資産の譲渡等に係る事業を開始した事業者等が事業を開始した日の属する課税期間の初日から登録を受けようとする旨を記載した登録申請書を、事業を開始した日の属する課税期間の末日までに提出した場合において、その申請に基づき登録がされた場合には、その課税期間の初日から登録を受けたものとみなされます（令70の4、規26の4）。

③　令和5年10月1日から令和11年9月30日の属する課税期間において適格請求書発行事業者の登録申請書を提出する場合には、登録希望日を記載することとなります（平30改正令附則15②）。

④　令和5年10月1日から令和11年9月30日の属する課税期間において適格請求書発行事業者となる者が、登録開始日を含む課税期間中に簡易課税制度選択届出書の提出をした場合には、その課税期間から簡易課税制度の適用ができます（平30改正令附則18）。

⑤　免税事業者が適格請求書発行事業者の登録申請書を提出し、課税期間の初日から登録を受けようとする場合には、当該課税期間の初日から起算して15日前の日までに登録申請書を提出しなければなら

ないこととされました（法57の2②、令70の2①）。

　この場合において、当該課税期間の初日後に登録がされたときは、同日に登録を受けたものとみなされることとされました（令70の2②）。

⑥　適格請求書発行事業者が登録の取消しを求める旨の届出書を提出し、その提出があった課税期間の翌課税期間の初日から登録を取り消そうとする場合には、当該翌課税期間の初日から起算して15日前の日までに届出書を提出しなければならないこととされました（法57の2⑩一、令70の5③）。

ハ　適格請求書発行事業者の公表

　適格請求書発行事業者の氏名又は名称及び登録番号等については、インターネットを通じて登録後速やかに公表されます（法57の2④、令70の5②）。

　なお、公表に当たっては、適格請求書発行事業者登録簿に記載された事項を、インターネットを通じて各税務署単位で公表することになります。

ニ　事業者免税点制度との適用関係

　適格請求書発行事業者として納税地所轄税務署長の登録を受けた日の属する課税期間以後の課税期間については、適格請求書発行事業者の登録の取消しが行われない限り、事業者免税点制度は、適用されません（法9①、57の2②等）

　なお、免税事業者が令和5年10月1日から令和11年9月30日までの日の属する課税期間中に適格請求書発行事業者の登録を受ける場合には、その登録開始日からその課税期間の末日までの間については事業者免税点は適用されず、課税事業者となります（平28改正法附則44④）。

（2）適格請求書の記載事項等

　適格請求書等保存方式における適格請求書の記載事項は、次のとおりとなります（法57の4①）。

一　適格請求書発行事業者の氏名又は名称及び登録番号

　　なお、登録番号はＴ＋13桁の数字とすることが明らかにされています（通1－7－2）。

　　具体的には次のようになります。

　①　法人番号を有する課税事業者

　　「Ｔ」（ローマ字）＋法人番号（数字13桁）

　②　①以外の課税事業者（個人事業者、人格のない社団等）

　　「Ｔ」（ローマ字）＋数字13桁（注）

　　注　13桁の数字には、マイナンバー（個人番号）は用いず、法人番号とも重複しない事業者ごとの番号となることとされています。

二　課税資産の譲渡等を行った年月日

三　課税資産の譲渡等に係る資産又は役務の内容（課税資産の譲渡等が軽減対象課税資産の譲渡等である場合には、資産の内容及び軽減対象課税資産の譲渡等である旨）

四　課税資産の譲渡等に係る税抜価額又は税込価額を税率の異なるごとに区分して合計した金額及び適用税率

五　課税資産の譲渡等に係る税抜価額又は税込価額の合計額に基づき計算した消費税額等

六　書類の交付を受ける事業者の氏名又は名称

（3）適格請求書発行事業者の義務等

イ　適格請求書の交付義務

　適格請求書発行事業者は、国内において課税資産の譲渡等を行った場合において、他の事業者（免税事業者を除きます。）から求められたときは、適格請求書を交付しなければなりません（法57の４①）。

ロ　適格請求書の交付義務が免除されるもの

　次に掲げる課税資産の譲渡等については、適格請求書の交付義務を免除することとされています（法57の４①、令70の９、規26の６）。

(イ)　本来の資産の譲渡等ではなく、資産の譲渡等を行ったものとみなされるもの等（法57の４①、令70の９①）

①　法第４条第５項《課税の対象》の規定により資産の譲渡とみなされる場合

②　法第17条第１項又は第２項《工事の請負に係る資産の譲渡等の時期の特例》本文の規定により資産の譲渡等を行ったものとみなされる場合

③　法第18条第１項《小規模事業者に係る資産の譲渡等の時期等の特例》の規定により、資産の譲渡等（前受金に係るものに限る。）に係る対価の額を収入した日に当該資産の譲渡等を行ったものとされる場合

④　法第60条第２項《国、地方公共団体等に対する特例》の規定により、資産の譲渡等の対価を収納すべき会計年度の末日に当該資産の譲渡等を行ったものとされる場合（当該資産の譲渡等を同日の翌日以後に行う場合に限る。）

⑤　令第74条第２項《国又は地方公共団体に準ずる法人の資産の譲渡等の時期の特例》の規定により、資産の譲渡等の対価を収納す

べき課税期間の末日に当該資産の譲渡等を行ったものとされる場合（当該資産の譲渡等を同日の翌日以後に行う場合に限る。）

(ロ) 適格請求書発行事業者が行う事業の性質上、適格請求書を交付することが困難なもの（法57の4①ただし書、令70の9②、規26の6）

① 公共交通機関である船舶、バス又は鉄道による旅客の運送として行われるもの（3万円未満のものに限ります。）

② 媒介又は取次ぎに係る業務を行う者（卸売市場、農業協同組合又は漁業協同組合等）が委託を受けて行う農水産品の譲渡等

③ 自動販売機により行われるもの（3万円未満のものに限ります。）

④ 郵便切手類を貼り付けて投函する郵便物及び貨物に係る郵便役務の提供

注 ②の取引は、市場等が作成した書類の作成はされるが、課税資産の譲渡等を行う事業者は委託者（農家等）となり、委託者が課税資産の譲渡等を行う事業者としての適格請求書を交付することはできないことを前提とする規定と考えられます。

（4）適格簡易請求書を交付することができる事業

適格請求書発行事業者が、小売業、飲食店業、写真業、旅行業、タクシー業又は駐車場業等の不特定かつ多数の者に課税資産の譲渡等を行う一定の事業を行う場合には、適格請求書に代えて適格簡易請求書を交付することができます（法57の4②、令70の11）。

適格簡易請求書を交付することができる事業は、不特定多数の者に課税資産の譲渡等を行う事業とされていますから、取引の相手方の氏名又は名称等の記載が必要ないなど、適格請求書に比して記載事項の簡素化が図られることになります。

（5）帳簿のみの保存により仕入税額控除が認められる取引

　次に掲げる課税仕入れについては、当該課税仕入れを行った事業者において適格請求書等の保存を要せず、課税仕入れの相手方の住所又は所在地（国税庁長官が指定する者に係るものを除きます。（令和5年国税庁告示第26号、令和6年国税庁告示第10号））等の一定の事項が記載された帳簿のみの保存により仕入税額控除が認められます（法30⑦かっこ書、令49①、規15の4）。

① 適格請求書の交付義務が免除される公共交通機関からのもの（3万円未満のものに限ります。）

② 適格簡易請求書の要件を満たす入場券等が使用の際に回収されるもの

③ 古物営業を営む者が適格請求書発行事業者でない者からの古物等の買受けに係るもの

④ 質屋を営む者が適格請求書発行事業者でない者から流質物の取得として行うもの

⑤ 宅地建物取引業を営む者が適格請求書発行事業者でない者から建物の取得として行うもの

⑥ 適格請求書発行事業者でない者から再生資源又は再生部品を買い受けるもの

⑦ 自動販売機からのもの（3万円未満のものに限ります。）

⑧ 郵便切手類を貼り付けて投函する郵便物及び貨物に係るもの

⑨ 従業員等に支給する通常必要と認められる出張旅費等（出張旅費、宿泊費、日当及び通勤手当）

（6）交付義務の特例

　次の取引等については、適格請求書の交付義務の特例規定等が設けられている。

イ　媒介者等による適格請求書等の交付の特例

　委託販売等において、媒介者等を介して資産の譲渡等を行った場合には、その資産の譲渡等を行った者は委託者となることから、本来委託者が適格請求書等の交付をすべきこととなりますが、委託者及び受託者の双方が適格請求書発行事業者としての登録事業者であること及び委託者が受託者に自己が登録事業者であることを通知していること等の要件を満たす場合には、受託者が委託者に代わってその課税資産の譲渡等に係る適格請求書等を交付することができることとされています（令70の12①）。

　この特例の適用を受ける場合には、受託者及び委託者とも受託者が交付した適格請求書等の写しの保存が必要となります（令70の12①、③、④）。

ロ　任意組合等が行う事業に係る特例

　任意組合等が行う事業については、その組合員である適格請求書発行事業者は、その組合等の事業として行った課税資産の譲渡等につき適格請求書等の交付はできないこととされていますが（法57の6①本文）、その組合員の全てが適格請求書発行事業者であり、民法第670条第3項《業務執行の方法》に規定する業務執行者などの業務執行組合員が、組合員の全てが適格請求書発行事業者である旨を記載した届出書（任意組合等の組合員の全てが適格請求書発行事業者である旨の届出書・第5号様式）を業務執行組合員の納税地を所轄する税務署長に提出した場合には、

適格請求書等の交付をすることができることとされています（法57の6①ただし書、令70の14①、②）。

ハ　立替払に係る適格請求書

　例えば、複数の事業者がそれぞれの課税仕入れにつき適格請求書の交付を受けるべき取引について、課税仕入れを行った事業者の代表者が一括して課税仕入れに係る支払対価の合計額を支払ったような場合において、その取引に係る適格請求書の交付が代表者のみに交付されている場合においては、代表者が交付を受けた適格請求書の写しの交付を受けるとともに、仕入税額控除に必要な事項が記載された明細書等の交付を受け、これらの書類を併せて保存することにより適格請求書の保存があるものとして取り扱われます。なお、立替払いの内容が大量である場合等においては適格請求書の写しの交付が省略等できることとされています（通11-6-2）。

（7）免税事業者等からの課税仕入れに係る経過措置

　適格請求書等保存方式は、いわゆるインボイス方式であるから、原則として免税事業者からの課税仕入れは仕入税額控除の対象となりませんが、改正前の請求書等保存方式（区分記載請求書等保存方式を含みます。）においては免税事業者からの課税仕入れについても仕入税額控除の対象となっていることから、適格請求書等保存方式に移行後すぐに免税事業者からの課税仕入れについて仕入税額控除の対象としないこととすると、免税事業者に対する影響が大きすぎること等を踏まえて、次の経過措置が設けられています。

イ　適格請求書等保存方式導入後3年間の経過措置

　事業者が令和5（2023）年10月1日から令和8（2026）年9月30日までの間に国内において適格請求書発行事業者以外の者（免税事業者等）から行った課税仕入れについて一定の事項が記載された帳簿及び請求書等を保存している場合には、当該課税仕入れに係る支払対価の額に係る消費税相当額に80％を乗じた額を課税仕入れに係る消費税額とみなして控除します（平28改正法附則52①）。

　改正前の請求書等保存方式においては、国内において事業者が課税仕入れを行った場合には仕入税額控除をすることとされており、免税事業者又は消費者からの仕入れも課税仕入れに該当することから、仕入税額控除の対象となります。

　一方、適格請求書等保存方式に移行後においては、仕入税額控除をするためには、原則として適格請求書の保存が要件とされ、適格請求書は適格請求書発行事業者として登録を受けた事業者（課税事業者）に限って交付することができることから、免税事業者は適格請求書の交付ができず、その結果、免税事業者から仕入れ等を行った課税事業者は仕入税額控除ができないことになります。

　この経過措置は、請求書等保存方式から適格請求書等保存方式への変更に伴い、免税事業者が課税事業者の選択等の判断に要する期間等を踏まえ、また、免税事業者との取引についての不利益を緩和することを目的として一定割合（80％）の仕入税額控除を認める規定が設けられたものと考えられます。

　　注　1　上記の「一定の事項が記載された帳簿及び請求書等」とは、「適格請求書等保存方式が導入されるまでの間の措置」において仕入税額控除の要件を満たす帳簿及び請求書等をいい、帳簿には、この特例、具体的には「改正法附則第52条第1項の規定

の適用を受ける課税仕入れである旨」を、併せて記載する必要
があります（平28改正法附則52①）。

2　令和6年10月1日以後に開始する課税期間においては、一の
免税事業者等から行う経過措置の対象となる課税仕入れの合計
額がその年又は事業年度で10億円を超える場合には、その超え
た部分の課税仕入れについて、経過措置の適用を受けることが
できないこととされました。

ロ　イの措置後3年間の経過措置

　事業者が令和8（2026）年10月1日から令和11（2029）年9月30日ま
での間に国内において適格請求書発行事業者以外の者（免税事業者等）
から行った課税仕入れについて一定の事項が記載された帳簿及び請求
書等を保存している場合には、当該課税仕入れに係る支払対価の額に
係る消費税相当額に50％を乗じた額を課税仕入れに係る消費税額とみ
なして控除します（平28改正法附則53①）。

　制度改正の影響の緩和のためには、3年間だけでなく、更にその後
の3年間についても経過措置による手当が必要と判断し、一定割合
（50％）分の仕入税額控除を認めることとしたものと考えられます。

　　注　上記の「一定の事項が記載された帳簿及び請求書等」及び「10
億円を超える課税仕入れ」については、上記イの（注）と同様です。

（8）　適格請求書発行事業者の登録等に関する経過措置等

　適格請求書発行事業者の登録申請をした事業者は、税務署長の登録を
受けた日から登録事業者になることとされているが、インボイス方式の
適用日である令和5年10月1日前後の登録日等の適用関係については
種々の経過措置が設けられており、その主な内容等は次のとおりです。

登録申請書の提出時期に係る経過措置等

```
        ①の期間              ②の期間           ③の期間    11.9.30
                                                          の属する
3.10.1        5.3.31(5.4.1)         5.10.1(5.9.30)        課税期間
├──────────────┼──────────────────┼────────────→
```

1　①の期間に登録申請書を提出した場合の規定等

　　令和 5 年 3 月31日までに提出した場合　原則として令和 5 年10月 1 日が登録日となる（平28改正法附則44①）

2　②の期間に登録申請書を提出する場合　登録開始日から課税事業者となる（平28改正法附則44④）。

　　①の期間中に提出することにつき困難な事情がある場合　令和 5 年 9 月30日までに提出すれば、令和 5 年10月 1 日に登録される（平28改正法附則44①ただし書、平30改正令附則15）。

　　この場合において、登録申請書に困難な事情の記載は必要ないこととされる。

3　③の期間に登録事業者となる場合

　　登録日から登録日の属する課税期間の末日までは事業者免税点の適用はない（平28改正法附則44④）。

　　この場合、登録希望日の記載をすることとなる（平30改正令附則15②）。

　　この場合には、簡易課税制度の適用に関する特例規定があり、登録開始日を含む課税期間中に簡易課税制度選択届出書を提出し、その課税期間において簡易課税制度の適用を受ける旨の記載をしたときは、その課税期間から簡易課税制度の適用を受けることができる

（平30改正令附則18）。

【恒久措置に該当するもの】

　イ　免税事業者が課税期間の初日から登録事業者となる場合には、課
　　税期間の初日の15日前（改正前は1か月前）までに登録申請書を提出
　　する必要がある（法57の2②、令70の2）。

　ロ　新たに事業を開始した事業者等については、事業を開始した日の
　　属する課税期間等の初日から登録を受けようとする旨を記載した登
　　録申請書をその課税期間の末日までに提出した場合には、その課税
　　期間の初日から登録事業者となる（令70の4、規26の4）。

2　令和5年度の改正の内容等

　インボイス方式の導入に伴う小規模事業者の事務負担の軽減を図るこ
と等を目的として次の措置が講じられました。

（1）いわゆる2割特例の適用

　適格請求書発行事業者の令和5年10月1日から令和8年9月30日まで
の日の属する各課税期間において、免税事業者が適格請求書発行事業者
となったこと又は課税事業者選択届出書を提出したことにより事業者免
税点制度の適用を受けられないこととなる場合には、その課税期間にお
ける課税標準額に対する消費税額から控除する金額を、当該課税標準額
に対する消費税額に8割を乗じた額とすることにより、納付税額を当該
課税標準額に対する消費税額の2割（いわゆる2割特例）とすることがで
きることとされました（平28改正法附則51の2①、②）。

　事業者が簡易課税制度の適用がある者であっても2割特例の選択は可

能です。

　適格請求書発行事業者が２割特例の適用を受けようとする場合には、確定申告書にその旨を付記するものとされます（平28改正法附則51の２③）（申告書作成例は292ページ参照）。

　なお、この措置は、課税期間の特例の適用を受ける課税期間及び令和５年10月１日前から課税事業者選択届出書の提出により引き続き事業者免税点制度の適用を受けられないこととなる同日の属する課税期間等については、適用されません（平28改正法附則51の２①一〜四）。

（２）簡易課税制度選択届出書の提出に係る特例

　上記(1)の適用を受けた適格請求書発行事業者が、当該適用を受けた課税期間の翌課税期間中に、簡易課税制度の適用を受ける旨の届出書を納税地を所轄する税務署長に提出したときは、その提出した日の属する課税期間から簡易課税制度の適用ができることとされました（平28改正法附則51の２⑥）。

（３）基準期間における課税売上高が１億円以下である事業者等に係る仕入税額控除の特例

　基準期間における課税売上高が１億円以下又は特定期間における課税売上高が5,000万円以下である事業者が、令和５年10月１日から令和11年９月30日までの間に国内において行う課税仕入れについて、当該課税仕入れに係る支払対価の額が１万円未満である場合には、一定の事項が記載された帳簿のみの保存による仕入税額控除を認める経過措置が設けられました（平28改正法附則53の２①、平30改正令附則24の２①）。

（4）適格返還請求書の交付義務の免除

　売上げに係る対価の返還等に係る税込価額が1万円未満である場合には、その適格返還請求書の交付義務が免除されることとされました（法57の4③、令70の9③）。

（5）適格請求書発行事業者登録制度の見直し

①　免税事業者が適格請求書発行事業者の登録申請書を提出し、課税期間の初日から登録を受けようとする場合には、当該課税期間の初日から起算して15日前の日までに登録申請書を提出しなければならないこととされました（法57の2②、令70の2①）。

②　適格請求書発行事業者が登録の取消しを求める旨の届出書を提出し、その提出があった課税期間の翌課税期間の初日から登録を取り消そうとする場合には、当該翌課税期間の初日から起算して15日前の日までに届出書を提出しなければならないこととされました（法57の2⑩一、令70の5③）。

③　適格請求書発行事業者の登録等に関する経過措置の適用により、令和5年10月1日後に適格請求書発行事業者の登録を受けようとする免税事業者は、その登録申請書に、提出する日から15日を経過する日以後の日を登録希望日として記載するものとされました（平30改正令附則15②、③）。

13 中小事業者のための税額控除の特例（簡易課税制度）

┌─〔ポイント〕──────────────

　その課税期間の基準期間における課税売上高が5,000万円以下の中小事業者（免税事業者及びその課税期間の初日において所得税法又は法人税法に規定する「恒久的施設」を有しない国外事業者を除く。）が、簡易課税制度の適用を受ける旨の届出書を所轄税務署長に提出した場合には、届出書を提出した日の属する課税期間の翌課税期間以後の課税期間については、課税標準額に対する消費税額から控除することができる課税仕入れ等の税額の合計額は、課税資産の譲渡等に係る課税標準である金額の合計額に対する消費税額から売上対価の返還等の金額に係る消費税額を控除した残額にみなし仕入率を乗じた金額と特定課税仕入れに係る課税標準である金額の合計額に対する消費税額から特定課税仕入れに係る対価の返還等を受けた金額に係る消費税額を控除した残額の合計額となります。

　なお、控除税額は、課税売上高を次の6つの事業に区分した上で、それぞれのみなし仕入率を適用して算出することとなります（法37、令57①）。

事業区分	みなし仕入率	該　当　す　る　事　業
第一種事業	90%	卸売業［他の者から購入した商品をその性質及び形状を変更しないで他の事業者に対して販売する事業（商品の購入は、事業者からの購入に限りません）。］

第二種事業	80%	小売業［他の者から購入した商品をその性質及び形状を変更しないで消費者に対して販売する事業（製造小売業を除きます。)]、農業、林業、漁業のうち、飲食料品の譲渡を行う部分を含みます。
第三種事業	70%	農業、林業、漁業、鉱業、建設業、製造業（製造小売業を含みます。)、電気業、ガス業、熱供給業及び水道業［第一種事業又は第二種事業に該当するもの及び加工賃その他これに類する料金を対価とする役務の提供を除きます。また、第三種事業の判定はおおむね日本標準産業分類により判定します。]
第四種事業	60%	第一種事業から第三種事業、第五種事業及び第六種事業のいずれにも該当しない事業［例えば、飲食店等が該当することになります。]
第五種事業	50%	金融業及び保険業、運輸通信業、サービス業（飲食店業に該当する事業を除きます。)［第一種事業、第二種事業又は第三種事業に該当するものを除きます。また、第五種事業の判定はおおむね日本標準産業分類により判定します。]
第六種事業	40%	不動産業（第一種事業から第三種事業及び第五種事業に該当するものを除きます。）また、第六種事業の判定はおおむね日本標準産業分類により判定します。

1 制度の内容等

(1) 制度の内容

　簡易課税制度とは、その課税期間における課税標準額に対する消費税額を基にして、控除する課税仕入れ等に係る消費税額の合計額を計算する方法をいいます。

　具体的には、その課税期間における課税資産の譲渡等に係る課税標準である金額の合計額に対する消費税額から売上対価の返還等に係る消費税額を控除した残額に一定の率（みなし仕入率といいます。）を乗じた額と特定課税仕入れに係る課税標準である金額の合計額に対する消費税額か

ら特定課税仕入れに係る対価の返還等を受けた金額に係る消費税額を控除した残額との合計額が、その課税期間における控除する課税仕入れ等に係る消費税額の合計額とみなされます（法37①）。

したがって、実際の課税仕入れ等に係る消費税額を計算する必要はなく、課税売上高のみから納付する消費税額を算出することができます。

なお、簡易課税制度により計算する場合の「課税売上高」には、輸出免税等の免税売上高、売上対価の返還等の金額及び消費税及び地方消費税の額を含みません。

> 注　簡易課税制度適用事業者が行った特定課税仕入れについては、当分の間、なかったものとされます（平27改正法附則44②）。

（2）適用できる事業者

簡易課税制度の適用を受けるためには、次の要件を満たす必要があります。

なお、簡易課税制度を選択した場合には、2年間継続適用する必要があります。

> 要件
> ①　事業者（免税事業者及び国内に恒久的施設を有しない国外事業者を除く。）の基準期間における課税売上高が、5,000万円以下であること。
> ②　「消費税簡易課税制度選択届出書」を提出していること。

（3）適用時期等

イ　適用時期

簡易課税制度は、その選択の届出書の提出をした日の属する課税期間の翌課税期間以後の課税期間について適用されますが、次の課税期間については、提出をした日の属する課税期間から適用されます（法37①、令56）。

① 国内において課税資産の譲渡等に係る事業を開始した日の属する課税期間

② 個人事業者（課税事業者を除きます。）が相続により、この制度の適用を受けていた被相続人の事業を承継した場合における相続した日の属する課税期間

③ 法人（課税事業者を除きます。）が、この制度の適用を受けていた被合併法人の事業を承継した場合における吸収合併した日の属する課税期間

④ 法人（課税事業者を除きます。）が、吸収分割によりこの制度の適用を受けていた分割法人の事業を承継した場合における吸収分割があった日の属する課税期間

なお、その基準期間における課税売上高が、5,000万円を超える課税期間については、原則的な計算方法により計算しますが、再びその基準期間における課税売上高が、5,000万円以下となった場合には、その課税期間について、改めて「消費税簡易課税制度選択届出書」を提出する必要はありません。

ロ　不適用の届出

この適用を受けている事業者が、この適用をやめようとする場合又は事業を廃止した場合には、「消費税簡易課税制度選択不適用届出書」を所轄税務署長に提出することにより、提出した日の属する課税期間の翌課税期間から原則的な計算方法に戻ることになります（法37⑤、⑦）。

なお、簡易課税制度の適用を受けた事業者は、事業を廃止した場合を除き、2年間継続して適用した後でなければ、その適用を受けることをやめることができないこととされています（法37⑥）。

（4）調整対象固定資産又は高額特定資産の仕入れ等を行った場合の特例

　課税事業者を選択した事業者、新設法人若しくは特定新規設立法人が調整対象固定資産の仕入れ等を行った場合又は簡易課税制度の適用がない課税事業者が高額特定資産の仕入れ等を行った場合には、一定期間簡易課税制度の選択が制限されます（法37③）。

　イ　課税事業者を選択した事業者である場合

　　　調整対象固定資産の仕入れ等を行った課税期間から3年間は、新たに簡易課税制度を選択することはできません（法33条から35条の規定の適用対象となります。）。

　ロ　法第12条の2第2項の新設法人、法第12条の3第1項の特定新規設立法人である場合

　　　調整対象固定資産の仕入れ等を行った課税期間から3年間は、新たに簡易課税制度を選択することはできません（法33条から35条の規定の適用対象となります。）。

　ハ　高額特定資産の仕入れ等を行った場合

　　　高額特定資産の仕入れ等を行った課税期間から3年間は、新たに簡易課税制度を選択することはできません（法33条から35条の規定の適用対象となります。）。

　ニ　高額特定資産である棚卸資産等について、免税事業者が課税事業者となった場合等に係る消費税額の調整を受けた場合

　　　高額特定資産である棚卸資産等について、免税事業者が課税事業者となった場合等に係る消費税額の調整を受けた場合（法36①、③）には、これらの規定の適用を受けた課税期間の翌課税期間からこれらの規定の適用を受けた課税期間の初日以後3年を経過する日の属する課税期間までの各課税期間については、新たに簡易課税制度の

適用はできません（法12の4②、37③四）。

　ホ　簡易課税制度の適用を受けない課税期間中に200万円以上の金地
　　金等の課税仕入れ等を行った場合

　　　事業者が簡易課税制度の適用を受けない課税期間中に200万円以
　　上の金地金等の課税仕入れ等を行った場合には、金地金等の課税仕
　　入れ等を行った課税期間の翌課税期間から3年間は、新たに簡易課
　　税制度の適用はできません（法12の4③、37③五）。

（5）簡易課税制度選択届出書等の提出に係る特例

　簡易課税制度を選択しようとする事業者が、やむを得ない事情がある
ため、その適用を受けようとする課税期間の開始前に「簡易課税制度選
択届出書」を提出できなかった場合において、税務署長の承認を受けた
ときは、当該適用を受けようとする課税期間の開始の日の前日に提出し
たものとみなすこととされています（法37⑤、令57の2①）。

　この承認を受けようとする事業者は、その適用を受けようとする課税
期間の初日の年月日、課税期間開始前に提出できなかった事情等を記載
した申請書（様式通第34号様式）を、当該事情がやんだ後相当の期間内に
所轄税務署長に提出することとされています（令57の2③、規則17④一）。

　なお、簡易課税制度を選択している事業者が、その選択をやめようと
する場合に提出する「簡易課税制度選択不適用届出書」についても同様
です（法37⑤、令57の2②）。

> 注　やむを得ない事情の範囲、事情がやんだ後相当の期間内の意義
> については、第6章1（6）「課税事業者選択届出書等の提出に係
> る特例」（103ページ）の内容と同様です。

2　みなし仕入率

　簡易課税制度において仕入れに係る消費税額とみなされる金額は、その課税期間の課税標準額に対する消費税額（売上対価の返還等の金額がある場合には、当該金額に係る消費税額の合計額を控除した後の金額）に一定の率（みなし仕入率）を乗じた金額とされていますが、みなし仕入率は、次に掲げる6つの事業の区分に応じ、次のとおりとされており、課税売上高をそれぞれの事業に区分したうえで、それぞれのみなし仕入率を適用して仕入控除税額を算出することとなります（令57）。

・第一種事業（卸売業）……………………………………………90%
・第二種事業（小売業）……………………………………………80%
・第三種事業（製造業等）…………………………………………70%
・第四種事業（その他の事業）……………………………………60%
・第五種事業（サービス業等）……………………………………50%
・第六種事業（不動産業）…………………………………………40%

　各事業の意義及び取扱いは次のとおりとなります。

イ　第一種事業

　第一種事業とは、卸売業をいいます。

　卸売業とは、他の者から購入した商品をその性質及び形状を変更しないで他の事業者に対して販売する事業をいいます。

> 注　消費者から購入した商品を性質及び形状を変更しないで他の事業者に対して販売する事業は卸売業に該当することとなり、また、業務用に消費される商品の販売（業務用小売）であっても事業者に対する販売は卸売業に該当することとなります。

ロ　第二種事業

　⑷　第二種事業とは、小売業及び農業、林業、漁業のうち、飲食料

品の譲渡を行う部分をいいます。

　小売業とは、他の者から購入した商品をその性質及び形状を変更しないで販売する事業で、第一種事業以外のものをいいます。

　したがって、他の者から購入した商品をそのまま消費者に販売する事業が小売業に該当することとなります。

(ロ)　食料品小売業者が他から購入した食料品を、その小売店舗において、仕入商品に軽微な加工をして販売する場合で、当該加工前の食料品の販売店舗において一般的に行われると認められるもので、当該加工後の商品が当該加工前の商品と同一の店舗において販売されるものについては、当該加工後の商品の譲渡についても第二種事業に該当するものとして取り扱って差し支えありません（通13-2-3）。

(ハ)　自動販売機で飲食料品等を販売する事業は、コーヒー、ジュース、カップラーメン等のように自動販売機の中で製造行為が伴うものであっても第二種事業に該当するものとして取り扱われます。

ハ　第三種事業

(イ)　第三種事業とは、農業、林業、漁業、鉱業、建設業、製造業（製造小売業を含みます。）、電気業、ガス業、熱供給業及び水道業（以下「製造業等」といいます。）をいい、第一種事業、第二種事業に該当するもの及び加工賃その他これに類する料金を対価とする役務の提供を除きます。

(ロ)　第三種事業は、おおむね日本標準産業分類の大分類に掲げる分類を基礎として判定します（通13-2-4）。

　なお、日本標準産業分類の大分類の区分では製造業等に該当することとなる事業であっても、他の者から購入した商品をその性質及び形状を変更しないで販売する事業は、第一種事業又は第二

種事業に該当し、また、加工賃その他これに類する料金を対価とする役務の提供を行う事業は、第四種事業に該当します。

> 注 例えば、建売住宅を販売する建売業のうち、自ら建築施工しないものは、日本標準産業分類では不動産業に該当しますが、他の者が建築した住宅を購入してそのまま販売するものですから、第一種事業又は第二種事業に該当し、また、自ら建築した住宅を販売するものは、第三種事業の建設業に該当することになります。

(ハ) 「加工賃その他これに類する料金を対価とする役務の提供」とは、上記(ロ)により判定した結果、製造業等に該当することとなる事業に係るもののうち、対価たる料金の名称のいかんを問わず、他の者の原料若しくは材料又は製品等に加工等を加えて、当該加工等の対価を受領する役務の提供又はこれに類する役務の提供をいい、事業区分は第四種事業となります（通13－2－7）。

> 注 1 上記(ロ)により判定した結果がサービス業等に該当することとなる事業に係るものは、加工賃その他これに類する料金を対価とする役務の提供を行う事業であっても第五種事業に該当します。
> 2 加工資材（補助原材料等）を受託者自らが調達しても、他の主要な原材料の無償支給を受けている場合には、加工賃等を対価とする役務の提供に該当します。

(ニ) 製造小売業は日本標準産業分類上は小売業に分類されていますが、消費税法上は第三種事業に該当します（令57⑤三ヘ、通13－2－6）。

> 注 製造小売業に含まれる事業には、例えば、次のようなものがあります。
> ①洋服の仕立小売、②菓子の製造小売、③パンの製造小売、④豆腐・かまぼこ等加工食品製造小売、⑤家具製造小売、⑥建具製造小売、⑦畳製造小売等

(ホ) 次の事業は、第三種事業に該当するものとして取り扱われます（通13－2－5）。

① 自己の計算において原材料等を購入し、これをあらかじめ指

示した条件に従って、下請加工させて完成品として販売する、いわゆる製造問屋

②　自己が請け負った建設工事の全部を、下請に施行させる建設工事の元請

③　天然水を採取して瓶詰等して人の飲用に販売する事業

④　新聞、書籍等の発行、出版を行う事業

ニ　第四種事業

(イ)　第四種事業とは、第一種事業、第二種事業、第三種事業、第五種事業及び第六種事業以外の事業をいいます。

第四種事業には、第三種事業から除かれる加工賃その他これに類する料金を対価とする役務の提供を行う事業と第五種事業のサービス業から除かれる飲食店業に該当する事業が含まれます（通13－2－8の3）。

(ロ)　飲食店等における飲食サービスは、客の注文により出前を行う場合も含めて第四種事業に該当します。

なお、飲食店が土産用等として製造した商品を販売した場合は、第三種事業、購入した商品を土産用等として販売した場合は、第一種事業又は第二種事業にそれぞれ該当することになります。

(ハ)　事業者が自己において使用していた固定資産の譲渡は第四種事業に該当します（通13－2－9）。

ホ　第五種事業

(イ)　第五種事業とは運輸通信業、金融業及び保険業並びにサービス業（飲食店業に該当する事業を除きます。）をいい、第一種事業から第三種事業までの事業に該当する事業を除きます。

(ロ)　第五種事業は、おおむね日本標準産業分類の大分類に掲げる分類を基礎として判定します（通13－2－4）。

　　なお、日本標準産業分類の大分類の区分では金融業、保険業、情報通信業、運輸業、飲食店・宿泊業（飲食店に該当するものを除く）、医療・福祉、教育・学習支援業、複合サービス事業及びサービス業（他に分類されないもの）に該当することとなる事業であっても、他の者から購入した商品をその性質及び形状を変更しないで販売する事業は、第一種事業又は第二種事業に該当します。

(ハ)　サービス業から除くこととされている「飲食店業に該当するもの」とは、例えば次のようなものをいいます（通13－2－8の2）。

　① ホテル内にある宴会場、レストラン、バー等のように、そのホテルの宿泊者以外の者でも利用でき、その場で料金の精算をすることもできるようになっている施設での飲食物の提供（この場合、宿泊者が部屋掛けをしたときは、ホテルは宿泊料金の精算時に宿泊料金と区分して領収することとなります。）

　② 宿泊者に対する飲食物の提供で、宿泊サービスとセットの夕食等の提供時に当該宿泊者の注文に応じて行う特別料理、飲食等の提供や客室内に冷蔵庫を設置して行う飲料等の提供のように、料金体系上も宿泊に係る料金と区分されており、料金の精算時に宿泊料と区分して領収されるもの

　　なお、例えば、「一泊二食付で2万円」というように、食事代込みで宿泊料金が定められている場合は、その料金の全額が第五種事業に係る対価となります。

へ　第六種事業

　　第六種事業とは不動産業をいい、日本標準産業分類に掲げる「不動産業、物品賃貸業」のうち、不動産業に該当するものをいいます（通13－2－4）。

〔簡易課税の事業区分判定表〕

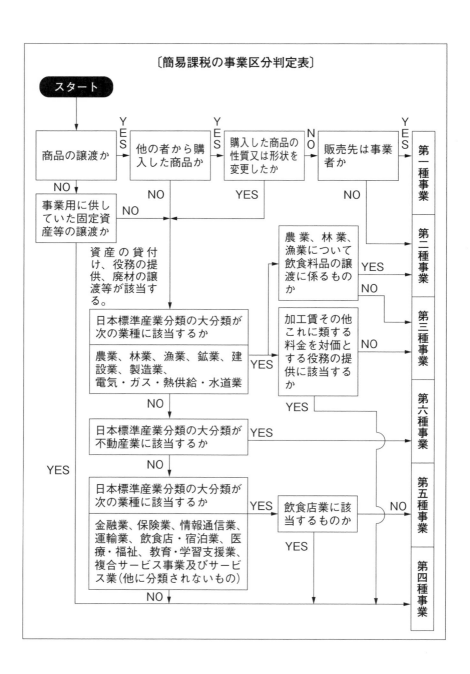

（フローチャートの使用に当たっての留意事項）

1　このフローチャートは、事業区分判定に当たっての目安です。

2　事業区分は原則として資産の譲渡等ごと、すなわち取引単位ごとに判定し、それぞれ第一種事業から第六種事業のいずれかに区分することとなります。

　　したがって、それぞれの取引ごとにこのフローチャートにあてはめて判定する必要があります。

> 注　個々の判定は社会通念上の取引単位を基に行いますが、資産の譲渡と役務の提供とが混合した取引で、それぞれの対価の額が区分されている場合には、区分されたところにより個々に事業の種類を判定することとなります。

3　「商品の性質又は形状を変更したか」どうかの判定上、例えば、次のような行為は性質及び形状を変更しないものとして取り扱われます。

(1)　商標、ネーム等を添付又は表示

(2)　それ自体販売している複数の商品の詰め合わせ

(3)　液状等の商品の販売用容器への収容

(4)　ガラス、その他の商品の販売のために行う裁断

3　控除税額の計算

控除税額の計算方法は次のとおりです。

なお、特定課税仕入れに係る課税標準に対する消費税額は全額控除対象とすることとされていますが（法37①二）、簡易課税制度適用事業者が行った特定課税仕入れについては、当分の間、なかったものとされますから（平27改正法附則44②）、税額計算には影響しないこととなります。

イ　第一種事業から第六種事業までの事業のうち一の事業を営む事業者の場合

その課税期間の課税標準額に対する消費税額に、該当するみなし仕入率を乗じた金額が仕入控除税額となります（法37①、令57①）。

$$仕入控除税額 = 課税標準額に対する消費税額 \times みなし仕入率 \quad \left\{ \begin{array}{ll} \cdot\ 第一種事業 & 90\% \\ \cdot\ 第二種事業 & 80\% \\ \cdot\ 第三種事業 & 70\% \\ \cdot\ 第四種事業 & 60\% \\ \cdot\ 第五種事業 & 50\% \\ \cdot\ 第六種事業 & 40\% \end{array} \right.$$

注　1　売上対価の返還等を行った場合には、「課税標準額に対する消費税額」から売上対価の返還等に係る消費税額の合計額を控除します。
　　2　貸倒回収額がある場合には、「課税標準額に対する消費税額」に貸倒回収額に係る消費税額（第11章5（7）・186ページ参照）を加算します。
　　3　「課税標準額に対する消費税額」は、課税標準たる金額の合計額について千円未満の端数を切り捨てて、その切捨てをした金額に税率を乗じて計算した金額です。

ロ　第一種事業から第六種事業までの事業のうち2種類以上の事業を営む事業者の場合

(イ)　原則的な計算方法による仕入控除税額

　　2種類以上の事業を営む事業者の仕入控除税額は、原則として次の算式により計算した金額となります。

―〔算式Ⅰ（原則法）〕――――――――――――――――――――――

仕入控除税額＝課税標準額に対する消費税額×

第一種事業に係る消費税額×90%	＋	第二種事業に係る消費税額×80%	＋	第三種事業に係る消費税額×70%	＋	第四種事業に係る消費税額×60%	＋	第五種事業に係る消費税額×50%	＋	第六種事業に係る消費税額×40%
第一種事業に係る消費税額	＋	第二種事業に係る消費税額	＋	第三種事業に係る消費税額	＋	第四種事業に係る消費税額	＋	第五種事業に係る消費税額	＋	第六種事業に係る消費税額

注　「第一種事業に係る消費税額」、「第二種事業に係る消費税額」、「第三種事業に係る消費税額」、「第四種事業に係る消費税額」、「第五種事業に係る消費税額」及び「第六種事業に係る消費税額」とは、それぞれの事業ごとの課税資産の譲渡等に係る消費税額の合計額から売上対価の返還等の金額に係る消費税額の合計額を控除した残額をいいます（以下、この章において同じ。）。

なお、次の(a)又は(b)のいずれかに該当する場合を除いて、〔算式Ⅱ〕により計算することができます。

(a)　貸倒回収に係る消費税額がある場合

(b)　売上対価の返還等の金額がある場合で、各種事業に係る消費税額からそれぞれの事業の売上対価の返還等の金額に係る消費税額を控除して控除しきれない場合

─〔算式Ⅱ　（簡便法）〕──────────────────────────

仕入控除税額＝

第一種事業に係る消費税額×90％＋第二種事業に係る消費税額×80％＋第三種事業に係る消費税額×70％＋第四種事業に係る消費税額×60％＋第五種事業に係る消費税額×50％＋第六種事業に係る消費税額×40％

──

例えば、総課税売上高が3,000万円（税抜き）で、事業ごとの課税売上高の内訳が、第一種事業　500万円、第二種事業　500万円、第三種事業　500万円、第四種事業　500万円、第五種事業　500万円、第六種事業　500万円の事業者について納付税額を計算すると次のとおりとなります（上記算式Ⅱの簡便法により計算し、全て標準税率の適用対象とします。）。

①　課税標準額に対する消費税額＝3,000万円×7.8％＝234万円

②　第一種事業に係る消費税額＝500万円×7.8％＝39万円

③　第二種事業に係る消費税額＝500万円×7.8％＝39万円

④　第三種事業に係る消費税額＝500万円×7.8％＝39万円

⑤　第四種事業に係る消費税額＝500万円×7.8％＝39万円

⑥　第五種事業に係る消費税額＝500万円×7.8％＝39万円

⑦　第六種事業に係る消費税額＝500万円×7.8％＝39万円

⑧　仕入控除税額＝（39万円×90％）＋（39万円×80％）＋（39万円×70％）＋（39万円×60％）＋（39万円×50％）＋（39万円×40％）＝35.1万円＋31.2万円＋27.3万円＋23.4万円＋19.5万円＋15.6万円＝152.1万円

⑨　納付税額＝234万円－152.1万円＝81.9万円

(ロ)　一の事業に係る課税売上高が全体の課税売上高の100分の75以上を占める場合の計算の特例

　　第一種事業から第六種事業のうち2種類以上の事業を営む事業者のその課税期間の課税売上高の合計額のうちに特定の1種類の事業に係る課税売上高の占める割合が全体の課税売上高の100分の75以上である場合には、当該100分の75以上を占める事業のみなし仕入率を全体の課税売上高に対して適用することができます（令57③一）。

　　この場合の算式は次のとおりです。

┌─〔算式〕──────────────────────────────
│
│　仕入控除税額＝課税標準額に対する消費税額 × 75％以上を占める事業のみなし仕入率
│
└──────────────────────────────────────

　　例えば、総課税売上高が5,000万円（税抜き）、第一種事業部分4,000万円、第二種事業部分500万円、第四種事業部分500万円の場合には、第一種事業部分の課税売上高が全体の100分の80（$\frac{4,000万円}{5,000万円}$）となり、100分の75以上となるので、課税売上高の全体について第一種事業に係るみなし仕入率（90％）を適用することができることとなり、その計算は次のとおりとなります（全

て標準税率の適用対象とします。)。

① 課税標準額に対する消費税額＝5,000万円×7.8％＝390万円

② 仕入控除税額＝390万円×90％＝351万円

③ 納付税額＝390万円－351万円＝39万円

(ハ) 二の事業に係る課税売上高が全体の課税売上高の100分の75以上を占める場合の計算の特例

　　第一種事業から第六種事業のうち、3種類以上の事業を営む事業者のその課税期間の課税売上高のうちに、特定の2種類の事業の課税売上高の合計額の占める割合が全体の課税売上高の100分の75以上である場合には、その特定の2種類の事業のうち低い方のみなし仕入率を当該2種類の事業以外の課税売上高に対しても適用することができます（令57③二）。

※　100分の75以上であるかどうかの判定は、売上対価の返還等の金額を差し引いた後の金額（税抜き）により行います。

　　例えば、第一種事業、第二種事業と第五種事業の3種類の事業を兼業している事業者の総課税売上高（税抜き）が5,000万円で、それぞれの事業に係る課税売上高の割合が、第一種事業部分2,500万円（100分の50）、第二種事業部分1,500万円（100分の30）、第五種事業部分1,000万円（100分の20）の場合には、第一種事業部分に90％のみなし仕入率を適用し、残りの第二種事業部分と第五種事業部分の双方に80％のみなし仕入率を適用することができます。

　　この場合の算式は次のとおりです。

〔算式Ⅰ （原則法）〕

仕入控除税額＝課税標準額に対する消費税額×

$$\dfrac{\begin{array}{l}\text{第一種事業に}\\\text{係る消費税額}\end{array}\times90\%+\left(\begin{array}{l}\text{課税売上げに}\\\text{係る消費税額}\end{array}-\begin{array}{l}\text{第一種事業に}\\\text{係る消費税額}\end{array}\right)\times80\%}{\text{課税売上げに係る消費税額}}$$

なお、次の(a)又は(b)のいずれかに該当する場合を除いて、〔算式Ⅱ〕により計算することができます。

(a)　貸倒回収に係る消費税額がある場合

(b)　売上対価の返還等の金額がある場合で、各種事業に係る消費税額からそれぞれの事業の売上対価の返還等の金額に係る消費税額を控除して控除しきれない場合

〔算式Ⅱ （簡便法）〕

仕入控除税額＝

$$\begin{array}{l}\text{第一種事業に}\\\text{係る消費税額}\end{array}\times90\%+\left(\begin{array}{l}\text{課税売上げに}\\\text{係る消費税額}\end{array}-\begin{array}{l}\text{第一種事業に}\\\text{係る消費税額}\end{array}\right)\times80\%$$

上記の事例に係る適用関係図及び具体的な計算は次のとおりとなります（上記算式Ⅱの簡便法により計算し、全て標準税率の適用対象とします。）。

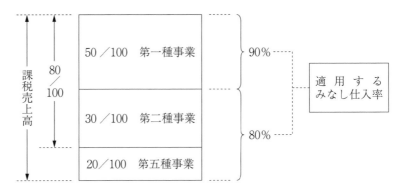

① 課税標準額に対する消費税額＝5,000万円×7.8％＝390万円

② 第一種事業に係る消費税額＝2,500万円×7.8％＝195万円

③ 第二種事業と第五種事業の合計額に係る消費税額＝2,500万円×7.8％＝195万円

④ 仕入控除税額＝（195万円×90％）＋（195万円×80％）

   ＝175.5万円＋156万円＝331.5万円

⑤ 納付税額＝390万円－331.5万円＝58.5万円＝585,000円

㈡ 原則的な計算方法（令57②）と特例による計算方法（令57③）との適用関係

　事業者が第一種事業から第六種事業のうち2種類以上の事業を行っている場合において、特定の1種類の事業に係る課税売上高の占める割合が全体の課税売上高の100分の75以上である場合又は特定の2種類の事業に係る課税売上高の占める割合が全体の課税売上高の100分の75以上である場合には、㈡の原則的な計算方法又は㈣若しくは㈥の特例による計算方法のいずれか有利な方法を選択して適用できます。

㈤ 特例による計算方法（令57③）の適用関係

　第一種事業から第六種事業のうち、3種類以上の事業を行っている場合において、当該事業者の特定の1種類の事業に係る課税売上高が全体の課税売上高の100分の75以上である場合には、上記㈣に該当するとともに㈥にも該当することとなりますが、この場合にも、事業者において該当する複数の計算方法のうちいずれか有利な方法を選択して適用できます。

4 事業の区分をしていない場合等

（1）事業の判定区分及び区分記載の方法

　簡易課税制度を適用して仕入控除税額を計算するためには、事業者が行った資産の譲渡等について、事業の種類ごとに区分する必要がありますが、区分の方法等は次のとおりとなります。

イ　事業の判定区分

(イ)　事業の区分は原則として資産の譲渡等ごとに判定し、いずれかに区分することとなります。

　例えば、大型機械の販売に伴い、据付けを同時に行った場合において、据付料を別途受領した場合には、当該据付料は、第五種事業に係る課税売上高となり、機械の販売代金はその取引形態により第一種事業から第三種事業のいずれかに区分されます。

(ロ)　第一種事業から第六種事業のうち２種類以上の事業を行っている事業者が、一の事業に係る課税売上高のみを区分していない場合には、課税売上高の合計額から課税売上高を区分している事業に係る課税売上高の合計額を控除した残額を、区分していない一の事業に係る課税売上高として取り扱って差し支えありません。

　例えば、第一種事業、第二種事業及び第三種事業の３種類の事業を行っている事業者が、帳簿上、第一種事業と第二種事業に係る売上げを区分している場合には、表示していない残りの売上げは第三種事業として区分しているものとして取り扱われます（通13－3－2）。

ロ　事業の区分記載の方法

　それぞれの課税資産の譲渡等ごとに事業の種類を区分する方法と

しては、例えば、次のようなものがあります（通13－3－1）。

㈚　帳簿に事業の種類を記帳する方法

㈹　取引の原始帳票等である納品書、請求書、売上伝票の控え等に事業の種類又は事業の種類が区分できる資産の譲渡等の内容を記載（記号等による表示であっても事業の種類が判明するものであれば差し支えありません。）する方法

㈸　レジペーパーに販売商品等の品番等が印字されるものについては、その印字により区分する方法

㈺　事業場ごとに１種類の事業のみを行っている事業者にあっては、当該事業場ごとの課税売上高を計算する方法

（２）事業者が課税売上高を事業の種類ごとに区分していない場合

　第一種事業から第六種事業のうち２種類以上の事業を営む事業者が、当該課税期間中に行った課税資産の譲渡等を事業の種類ごとに区分していない場合には、当該区分していない課税資産の譲渡等については、これらの２種類以上の事業のうち最も低いみなし仕入率の事業に係る課税資産の譲渡等として仕入控除税額の計算を行うこととなります（令57④）。

　課税資産の譲渡等を事業の種類ごとに区分していない場合の具体的な取扱いは次のとおりとなります。

イ　第一種事業と第二種事業を営む事業者が区分していない場合

　区分していない第一種事業に係る課税資産の譲渡等は第二種事業に係るものとされます（令57④一）。

ロ　第一種事業又は第二種事業と第三種事業を営む事業者が区分していない場合

　区分していない第一種事業及び第二種事業に係る課税資産の譲渡等

は第三種事業に係るものとされます（令57④二）。

ハ　第一種事業、第二種事業又は第三種事業と第四種事業とを営む事業者が区分していない場合

区分していない第四種事業以外の事業に係る課税資産の譲渡等は第四種事業に係るものとされます（令57④三）。

ニ　第一種事業、第二種事業、第三種事業又は第四種事業と第五種事業とを営む事業者が区分していない場合

区分していない第五種事業以外の事業に係る課税資産の譲渡等は第五種事業に係るものとされます（令57④四）。

ホ　第六種事業と第六種事業以外の事業とを営む事業者が区分していない場合

区分していない第六種事業以外の事業に係る課税資産の譲渡等は第六種事業に係るものとされます（令57④五）。

14 申告・納付はいつまでに行うのか

┌〔ポイント〕────────────────

1　国内取引

(1)　確定申告・納付は、課税期間の末日の翌日から2か月以内に確定申告書を提出するとともに、その申告に係る消費税額を納付します。ただし、個人事業者の確定申告期限及び納期限は翌年3月31日となります。

　　また、法人税の確定申告書の提出期限の延長の特例を受ける法人が、消費税の確定申告書の提出期限を延長する旨の届出書を提出した場合には、確定申告書の提出期限が1月延長されます。

(2)　中間申告・納付は、直前の課税期間の年税額に応じ次のとおりとなります。

①　直前の課税期間の年税額が4,800万円を超える事業者

　　直前の課税期間の1月相当分の税額（課税期間が1年の事業者については、直前の課税期間の年税額の12分の1の金額）を、その課税期間以後1月ごとに区分した各期間の末日の翌日から2月以内に中間申告をすることとなります。

②　直前の課税期間の年税額が400万円を超え4,800万円以下である事業者

　　直前の課税期間の3月相当分の税額（課税期間が1年の事業者については、直前の課税期間の年税額の12分の3の金額）を納付税額として次の期限までに中間申告をすること

なります。

　イ　その課税期間開始の日以後３月を経過した日から２
　　月以内

　ロ　その課税期間開始の日以後６月を経過した日から２
　　月以内

　ハ　その課税期間開始の日以後９月を経過した日から２
　　月以内

③　直前の課税期間の年税額が48万円を超え400万円以下
　である事業者

　　直前の課税期間の６月相当分の税額（課税期間が１年の
　事業者については、直前の課税期間の年税額の12分の６の金額）
　をその課税期間開始の日以後６月を経過した日から２月
　以内に中間申告を行うことになります。

④　直前の課税期間の年税額が48万円以下である事業者
　　中間申告の義務はありません。

⑤　直前の年税額が48万円以下であることにより中間申告
　義務がない事業者であっても、自主的に年１回の中間申
　告・納付をすることができます。

(3)　確定申告書等の添付書類

　　仮決算による中間申告書、確定申告書及び還付請求申告
　書には課税期間中の資産の譲渡等の対価の額及び課税仕入
　れ等の税額の明細その他の事項を記載した書類を添付する
　こととされています。

　　なお、消費税の還付申告書（中間申告による還付を除きま
　す。）を提出する場合には、「消費税還付申告に関する明細

書（個人事業者用・法人用）」を還付申告書に添付する必要が
あります。

(4)　特定法人である課税事業者については、その確定申告等
については電子申告が義務付けられます。

2　輸入取引

課税貨物を保税地域から引き取る際に申告し、納付します。

ただし、特例申告を行う場合には、課税貨物を保税地域か
ら引き取った日の属する月の翌月末日までに申告し、納付し
ます。

なお、担保の提供を条件に、3か月以内（特例申告者につい
ては2か月以内）の納期限の延長が認められます。

1　国内取引に係る申告・納付

（1）確定申告

課税事業者は、課税期間ごとに、その課税期間の末日の翌日から2か
月以内に所轄税務署長に確定申告書を提出し、その申告に係る消費税額
を納付することとされています（法45①、49）。ただし、課税資産の譲渡
等（輸出取引等の免税売上げを除きます。）がなく、かつ、納付する税額がない
課税期間については、確定申告をする必要はありません（法45①ただし書）。

確定申告書の提出期限及び納期限は、前述のとおり、課税期間の終了
後2か月以内とされていますが、個人事業者の確定申告については、そ
の提出期限及び納期限が翌年3月末日となっています（措法86の6①）。

なお、法人税の確定申告書の提出期限の延長の特例を受ける法人が、
消費税の確定申告書の提出期限を延長する旨の届出書（消費税申告期限延

長届出書）を提出した場合には、その届出書を提出した日の属する事業年度以後の各事業年度の末日の属する課税期間に係る消費税の確定申告書の提出期限は1月延長されます（法45の2①）。

確定申告書の提出期限が延長された期間の消費税の納付については、延長された期間に係る利子税を併せて納付する必要が生じることになります（法45の2②）。

イ　確定申告書の記載事項

確定申告書に記載すべき事項は、次に掲げる事項です（法45①）。

(イ)　その課税期間中に国内において行った課税資産の譲渡等（輸出取引等の消費税が免除される課税資産の譲渡等を除きます。）に係る課税標準である金額の合計額及びその課税期間中に国内において行った特定課税仕入れに係る課税標準である金額の合計額並びにそれらの合計額（以下「課税標準額」といいます。）

令和元（2019）年10月1日以後の課税資産の譲渡等に係る課税標準額については、税率の異なるごとに計算し、その合計額を記載することになります。

(ロ)　課税標準額に対する消費税額

課税期間中の課税売上高の合計額（消費税及び地方消費税抜き）に税率を乗じて計算した金額と課税期間中の特定課税仕入れに係る支払対価の額の合計額に税率を乗じて計算した金額の合計額が納付税額の計算の基礎となります。

令和元（2019）年10月1日以後の課税資産の譲渡等に係る課税標準額に対する消費税額については、税率の異なるごとに計算し、その合計額を記載することになります。

(ハ)　(ロ)に掲げる消費税額から控除される仕入れに係る消費税額、売上

対価の返還等の金額に係る消費税額、特定課税仕入れに係る対価の返還等を受けた金額に係る消費税額及び貸倒れに係る消費税額の合計額

(ニ) (ロ)に掲げる消費税額から(ハ)に掲げる消費税額を控除した残額又は控除不足額

(ホ) 中間申告を行っている場合には、この残額から中間納付額を控除した残額又は控除不足額

(ヘ) (イ)から(ホ)に掲げる金額の計算の基礎その他の事項

なお、各種の税額控除額又は中間納付額を控除した結果、控除不足額が生じたときは、その控除不足額は還付されます（法52、53）。

注 簡易課税制度によらずに消費税額を計算する者で、課税標準額に対する消費税額よりも仕入控除税額の方が過大であるために還付申告となる場合には、確定申告書に「消費税の還付申告に関する明細書（個人事業者用又は法人用）」を添付します（規22③）。

ロ 相続等があった場合の提出期限及び納期限

(イ) 確定申告書を提出すべき個人事業者が、その課税期間の末日の翌日から申告期限までの間に確定申告書を提出しないで死亡した場合には、その相続人は、相続の開始があったことを知った日の翌日から４か月以内に申告・納付することとされています（法45②、49、令63）。

(ロ) 個人事業者が課税期間の中途において死亡した場合において、確定申告義務があるときは、その相続人は、相続の開始があったことを知った日の翌日から４か月以内に申告・納付することとされています（法45③、49、令63）。

(ハ) 清算中の法人につき残余財産が確定した場合の残余財産の確定の日の属する課税期間については、１か月以内（その翌日から１か月以

内に残余財産の最後の分配又は引渡しが行われる場合には、その行われる日の前日まで）に申告・納付することとされています（法45④、49）。

（2）中間申告

課税事業者は、直前の課税期間の確定消費税額の年税額が4,800万円を超える場合、400万円を超え4,800万円以下である場合、又は48万円を超え400万円以下である場合には、それぞれ次により中間申告を行い、その申告に係る消費税額を納付することとされています（法42、43、48）。

なお、直前の課税期間の確定消費税額の年税額が48万円以下の事業者は、中間申告・納付の必要はありません。

イ　直前の課税期間の年税額が4,800万円を超える場合

直前の課税期間の1月相当分の税額が400万円（年税額4,800万円）を超える場合には、その1月相当分を納付税額として、その課税期間以後1月ごとに区分した各期間（以下「1月中間申告対象期間」という。）について、その1月中間申告対象期間の末日の翌日（その1月中間申告対象期間が課税期間の最初の期間である場合には、その課税期間開始の日から2月を経過した日）から2月以内に中間申告・納付をすることとなります。

ロ　直前の課税期間の年税額が400万円を超え4,800万円以下である場合

直前の課税期間の3月相当分の税額が100万円（年税額400万円）を超え1,200万円（年税額4,800万円）以下である場合には、その3月相当分を納付税額として、その課税期間以後3月ごとに区分した各期間（以下「3月中間申告対象期間」という。）について、その3月中間申告対象期間の末日の翌日から2月以内に中間申告・納付をすることとなります。

ハ　直前の課税期間の年税額が48万円を超え400万円以下である場合

直前の課税期間の6月相当分の税額が24万円（年税額48万円）を超え

200万円（年税額400万円）以下である場合には、その6月相当分を納付税額として、その課税期間以後6月ごとに区分した期間（以下「6月中間申告対象期間」という。）について、その6月中間申告対象期間の末日の翌日から2月以内に中間申告・納付をすることとなります。

ニ　直前の課税期間の年税額が48万円以下である場合

中間申告・納付の義務はありません（法42）。

なお、直前の年税額が48万円以下であることにより中間申告義務がない事業者が、任意に中間申告書を提出する旨を記載した届出書を所轄税務署長に提出した場合には、自主的に年1回の中間申告・納付をすることができます（法42⑧）。

ホ　仮決算をした場合の中間申告

中間申告書を提出すべき事業者が、その課税期間開始の日以後1か月、3か月又は6か月の期間を一課税期間とみなして仮決算を行い、課税標準額、課税標準額に対する消費税額及び控除されるべき消費税額等を計算した場合には、これらの金額により中間申告税額を計算することができます（法43）。

ヘ　中間申告書の提出がない場合の特例

中間申告書を提出すべき事業者が、その中間申告書をその提出期限までに提出しなかった場合には、その事業者については、直前の課税期間の確定消費税額を基礎とする中間申告書（法第42条に基づく中間申告書）の提出があったものとみなされます（法44）。

ただし、任意の中間申告をすることを選択している事業者が、提出期限までに中間申告書を提出しなかった場合には、その中間申告対象期間の末日に任意の中間申告制度の適用をやめようとする旨の届出書の提出があったものとみなされますから、中間申告義務がなくなり、

中間納付もできないこととなります（法42⑪）。

（3）還付申告

　課税事業者は、確定申告義務がない場合においても、各種の税額控除額又は中間納付額に係る控除不足額があるときは、申告書を提出して、控除不足額の還付を受けることができます（法46）。

（4）確定申告書等の添付書類

　仮決算による中間申告書、確定申告書及び還付請求申告書には、課税期間中の資産の譲渡等の対価の額及び課税仕入れ等の税額の明細その他の事項を記載した書類を添付しなければならないこととされています（法43④、45⑤、46③）。

　添付書類の具体的な記載内容は、以下のとおりとなります（規21②、③、22②、④）。

　なお、消費税の還付申告書（中間申告による還付を除きます。）を提出する場合には、「消費税還付申告に関する明細書（個人事業者用・法人用）」を還付申告書に添付する必要があります（規22③）。

イ　一般申告の場合の添付書類

　(イ)　資産の譲渡等の対価の額の合計額の計算に関する明細

　(ロ)　課税仕入れ等の税額の合計額の計算に関する明細

　(ハ)　仕入れに係る消費税額の計算に関する明細

　(ニ)　その他参考となるべき事項

ロ　簡易課税制度を適用する場合の添付書類

　(イ)　課税標準額に対する消費税額の計算に関する明細

　(ロ)　仕入れに係る消費税額の計算に関する明細

(ハ)　その他参考となるべき事項

　なお、添付書類の様式については、様式通達において定められています。

（5）特定法人が提出する確定申告等の特例

　特定法人である課税事業者は、原則として、電子情報処理組織（e-tax）により消費税の申告を行わなければなりません（法46の2①）。

　この場合の特定法人とは、次に掲げる事業者をいいます（法46の2②）。

①　その事業年度開始の時における資本金の額、出資の金額等が1億円を超える法人（法人税法上の外国法人を除きます。）

②　保険業法第2条第5項に規定する相互会社

③　投資信託及び投資法人に関する法律第2条第12項に規定する投資法人

④　資産の流動化に関する法律第2条第3項に規定する特定目的会社

⑤　国又は地方公共団体

2　輸入取引に係る申告・納付

　課税貨物を保税地域から引き取る者は、その引取りの時までに申告書を所轄税関長に提出し、引取りに係る消費税額を納付することとされています（法47①、50①）。

　ただし、あらかじめ特例申告をすることについて税関長の承認を受けた輸入者は、課税貨物の引取りの日の属する月の翌月末日までに申告・納付することとされています（法47③）。

　申告書には、申告納税方式が適用される課税貨物については、課税標準額及び消費税額等を、賦課課税方式が適用される課税貨物（携帯品、別送品、郵便物等）については課税標準額等を記載します。なお、実務的

には、この申告書は、関税法に基づく輸入申告書に付記する方法により行われます。

　なお、担保の提供を条件に、最長3か月間（特例申告者については2か月間）の納期限の延長が認められます（法51）。

　この納期限の延長は、課税貨物の引取りの都度行われるほか、1か月分をまとめて延長することもできます（法51）。

3　消費税と地方消費税との同時申告・納付

　消費税と地方消費税（譲渡割）は納税義務者及び申告（納付）期限とも同じであり、消費税と地方消費税（譲渡割）とを併せて税務署長に申告し、国に納付することとなります。

　また、課税貨物を保税地域から引き取る者は、一定の申告書を国の消費税の申告書と併せて税関長に提出し、申告した地方消費税額（貨物割）を消費税と併せて納付することとなります。

15 届出書等の提出と帳簿の記載はどうするか

〔ポイント〕

1　基準期間における課税売上高が1,000万円を超えることとなった場合及び基準期間における課税売上高が1,000万円以下となった場合等には、事業者等は、その旨を所轄税務署長に届け出ることとされています。

2　課税事業者は、帳簿を備え付けて、これに取引の事項を整然と、かつ、明瞭に記録し、これを7年間、納税地又はその事業に係る事務所等の所在地に保存することとされています。なお、最後の2年間は、所定の性能を有するマイクロフィルムにより保存することができます。

また、あらかじめ所轄税務署長の承認を受けてコンピュータで作成した帳簿を、一定の要件の下に電子データにより保存することができます。

1　届出書等の提出

届出等を要することとされている場合のうち主なものは、次のとおりです。

（1）届出を要する場合

届出が必要な場合	届出書名
基準期間における課税売上高が1,000万円超となったとき（法57①一）	消費税課税事業者届出書（基準期間用）・第3－(1)号様式
特定期間における課税売上高が1,000万円超となったとき（法57①一）	消費税課税事業者届出書（特定期間用）・第3－(2)号様式
基準期間における課税売上高が1,000万円以下となったとき（法57①二）	消費税の納税義務者でなくなった旨の届出書・第5号様式
高額特定資産を取得したこと等により事業者免税点の適用がない課税期間の基準期間における課税売上高が1,000万円以下となったとき（法57①二の二）	高額特定資産の取得に係る課税事業者である旨の届出書・第5－(2)号様式
免税事業者が課税事業者になることを選択しようとするとき（法9④）	消費税課税事業者選択届出書・第1号様式
課税事業者を選択していた事業者が免税事業者に戻ろうとするとき（法9⑤）	消費税課税事業者選択不適用届出書・第2号様式
新設法人に該当することとなったとき（法57②）	消費税の新設法人に該当する旨の届出書・第10－(2)号様式
特定新規設立法人に該当することとなったとき（法57②）	消費税の特定新規設立法人に該当する旨の届出書・第10－(3)号様式
簡易課税制度を選択しようとするとき（法37①）	消費税簡易課税制度選択届出書・第24号様式
簡易課税制度の選択をやめようとするとき（法37⑤）	消費税簡易課税制度選択不適用届出書・第25号様式
課税期間の特例の適用を選択又は変更しようとするとき（法19①三～四の2）	消費税課税期間特例選択・変更届出書・第13号様式
課税期間の特例の適用をやめようとするとき（法19③）	消費税課税期間特例選択不適用届出書・第14号様式
任意の中間申告制度を選択するとき（法42⑧）	任意の中間申告書を提出する旨の届出書・第26－(2)号様式
任意の中間申告制度の適用をやめようとするとき（法42⑨）	任意の中間申告書を提出することの取りやめ届出書・第26－(3)号様式
法人の確定申告書の提出期限を延長するとき（法45の2①、②）	消費税申告期限延長届出書・第28⒁号様式
法人の確定申告書の提出期限の延長を取りやめるとき（法45の2③）	消費税申告期限延長不適用届出書・第28⒂号様式

課税事業者が事業を廃止したとき（法57①三）	事業廃止届出書・第6号様式
個人の課税事業者が死亡したとき（相続人が届出）（法57①四）	個人事業者の死亡届出書・第7号様式
法人の課税事業者が合併により消滅したとき（合併に係る合併法人が届出）（法57①五）	合併による法人の消滅届出書・第8号様式
法人の納税地等に異動があったとき（納税地の異動の場合には、遅滞なく異動前と異動後の納税地の所轄税務署長にそれぞれ提出します。）（法25）	法人の消費税異動届出書・第11号様式
承認を受けた課税売上割合に準ずる割合の適用をやめようとするとき（法30③）	消費税課税売上割合に準ずる割合の不適用届出書・第23号様式

（2）承認を要する場合

承認が必要な場合	承認申請書名
課税売上割合に代えて課税売上割合に準ずる割合を用いて、控除する課税仕入れ等の税額を計算しようとするとき（法30③）	消費税課税売上割合に準ずる割合の適用承認申請書・第22号様式
課税事業者選択届出書又は選択不適用届出書を災害等により、適用を受けようとする課税期間の初日の前日までに提出できなかった場合（令20の2①又は②）	消費税課税事業者選択（不適用）届出に係る特例承認申請書・第33号様式
簡易課税制度選択届出書又は選択不適用届出書を災害等により、適用を受けようとする課税期間の初日の前日までに提出できなかった場合（令57の2①又は②）	消費税簡易課税制度選択（不適用）届出に係る特例承認申請書・第34号様式

（3）許可を要する場合

許可が必要な場合	許可申請書名
輸出物品販売場を開設しようとするとき（法8⑥）	輸出物品販売場許可申請書・第20号－(1)・(2)号様式

（４）適格請求書発行事業者の登録をする場合等

登録をする場合等	登録申請書名
適格請求書発行事業者としての登録を受けようとするとき（法57の２②）	適格請求書発行事業者の登録申請書（国内事業者用）・第１－(1)、(3)号様式
適格請求書発行事業者の登録の取消しを求めるとき（法57の２⑩一）	適格請求書発行事業者の登録の取消しを求める旨の届出書・第３号様式
適格請求書発行事業者登録簿に登載された事項に変更があったとき（法57の２③）	適格請求書発行事業者登録簿の登載事項変更届出書・第２－(1)、(2)号様式
適格請求書発行事業者が死亡したとき（相続人が届出）（法57の３①）	適格請求書発行事業者の死亡届出書・第４号様式
任意組合の組合員の全てが適格請求書発行事業者であるとき（法57の６①）	任意組合等の組合員の全てが適格請求書発行事業者である旨の届出書・第５号様式

2 帳簿の作成等

（１）帳簿の作成

　課税事業者は、帳簿を備え付けてこれに取引を行った年月日、取引の内容、取引金額、取引の相手方の氏名又は名称などを整然と、かつ、明りょうに記載し、これをその帳簿の閉鎖の日の属する課税期間の末日の翌日から２か月を経過した日から７年間、納税地等で保存する必要があります（法58、令71②③）。

　帳簿の保存方法としては、原則として現物（帳票類）での保存となりますが、７年間のうち最後の２年間は一定の要件を満たすマイクロフィルムによる保存が認められます（令71⑤、昭63.12大蔵省告示187）。

　帳簿は、これらの記載事項を充足するのであれば、商業帳簿でも所得税、法人税における帳簿書類でも差し支えありません（通17－３－１）。

　なお、小売業、飲食店業、写真業、旅行業、タクシー業及び駐車場業

等を営む事業者は、記載事項のうち「資産の譲渡等の相手方の氏名又は名称」及び「売上対価の返還等に係る相手方の氏名又は名称」の記載を省略することができます（令49④、規27②）。

また、あらかじめ税務署長の承認を受けて、コンピュータで作成した帳簿を、一定の要件の下に電子データにより保存することができます。

> 注　法30条第7項に規定する帳簿及び請求書等の保存は、仕入税額控除の適用要件であり、記帳義務とは異なるものです。

（2）記載事項

帳簿に記載すべき事項は、次のとおりとされています（規27）。

小売業その他これに準ずる事業で不特定かつ多数の者に資産の譲渡等を行う事業者の現金売上げに係る資産の譲渡等については、課税資産の譲渡等とその他の資産の譲渡等に区分した日々の現金売上げのそれぞれの総額によることができます（規27③）。

なお、令和元（2019）年10月1日以後の取引に係る帳簿の記載事項については標準税率と軽減税率の区分が分かるように記載する必要があることとされており、この内容を踏まえた記載事項は次のとおりとなります（平成28改正規則附則11、規27）。

① 　資産の譲渡等に関する事項

　　イ　資産の譲渡等の相手方の氏名又は名称

　　ロ　資産の譲渡等を行った年月日

　　ハ　資産の譲渡等に係る資産又は役務の内容（資産の譲渡等に係る資産又は役務の内容（資産の譲渡等が軽減対象資産の譲渡等に係るものである場合には、資産の内容及び軽減対象資産の譲渡等に係るものである旨）

　　ニ　税率の異なるごとに区分した資産の譲渡等の税込対価の額

② 　売上対価の返還等に係る事項

　　イ　売上対価の返還等を受けた者の氏名又は名称

(ロ)　売上対価の返還等をした年月日

　　　(ハ)　売上対価の返還等の内容

　　　(ニ)　売上対価の返還等をした金額

③　仕入対価の返還等に係る事項

　　　(イ)　仕入対価の返還等をした者の氏名又は名称

　　　(ロ)　仕入対価の返還等を受けた年月日

　　　(ハ)　仕入れに係る対価の返還等に係る内容（仕入れに係る対価の返還
　　　　　等が軽減対象資産の譲渡等に係るものである場合には、仕入れに係る対価
　　　　　の返還等の内容及び軽減対象資産の譲渡等に係るものである旨）

　　　(ニ)　仕入対価の返還等を受けた金額

　　　注　簡易課税制度の適用を受ける事業者は、記録を省略することが
　　　　　できます（規27④）。

④　消費税額につき還付を受ける課税貨物に係る事項

　　　(イ)　保税地域を所轄する税関

　　　(ロ)　還付を受けた年月日

　　　(ハ)　課税貨物の内容

　　　(ニ)　還付を受けた消費税額

　　　注　簡易課税制度の適用を受ける事業者は、記録を省略することが
　　　　　できます（規27④）。

⑤　貸倒れに係る事項

　　　(イ)　貸倒れの相手方の氏名又は名称

　　　(ロ)　貸倒れのあった年月日

　　　(ハ)　貸倒に係る債権の内容（貸倒れに係る課税資産の譲渡等が軽減対象資
　　　　　産の譲渡等に係るものである場合には、資産の内容及び軽減対象資産の譲
　　　　　渡等である旨）

　　　(ニ)　税率の異なるごとに区分した貸倒れに係る金額

16 国、地方公共団体等に係る特例とは

―〔ポイント〕―

1　国、地方公共団体については、一般会計又は特別会計ごとに一の法人とみなされます。

2　国、地方公共団体が行う資産の譲渡等、課税仕入れ等については、その対価を収納すべき会計年度又は費用の支払をすべき会計年度の末日に行われたものとすることができます。

3　国、地方公共団体、公共・公益法人及び人格のない社団等については、特定収入（税金、補助金、寄附金等）に対応する課税仕入れ等の税額は、仕入税額控除の対象から除外されます。

4　国、地方公共団体の一般会計については、売上げに係る消費税額と各種の控除税額の合計額は同額とみなされ、申告義務も免除されます。また、事業者免税点制度の規定の適用もありません。

5　国、地方公共団体等については、申告期限の特例が設けられています。

1　事業単位の特例

　国若しくは地方公共団体が一般会計に係る業務として行う事業又は国若しくは地方公共団体が特別会計を設けて行う事業については、その一般会計又は特別会計ごとに一の法人が行う事業とみなされます（法60①）。

なお、専らその特別会計を設ける国又は地方公共団体の一般会計に対して資産の譲渡等を行う特別会計（物品調達特別会計、自動車集中管理特別会計等）に係る事業は、その一般会計に係る業務として行う事業とみなされます（法60①、令72①）。

2　譲渡等の時期の特例

　国又は地方公共団体が行った資産の譲渡等、課税仕入れ及び課税貨物の保税地域からの引取りは、国又は地方公共団体の会計の処理に関する法令の定めるところにより、その資産の譲渡等の対価を収納すべき会計年度並びにその課税仕入れ及び課税貨物の保税地域からの引取りの費用の支払をすべき会計年度の末日において行われたものとすることができます（法60②、令73）。

　また、法別表第三に掲げる法人のうち、法令等に定められた会計の処理の方法が国又は地方公共団体の会計の処理の方法に準ずるもので税務署長の承認を受けたものについては、国又は地方公共団体と同様に、資産の譲渡等、課税仕入れ等のあった時期の特例が設けられています（法60③、令74①）。

> 注　「会計の処理の方法が国又は地方公共団体の会計の処理の方法に準ずるもの」とは、国又は地方公共団体の会計の処理の方法に準じて、収入・支出の所属会計年度について発生主義以外の特別な会計処理により行うこととされている場合の会計の処理の方法をいいます。
> 　なお、社団法人、財団法人等のように発生主義により経理することとされている法人は、この特例の対象にはなりません（通16－1－2の2）。

3　仕入税額控除の特例

　国若しくは地方公共団体（特別会計を設けて行う事業に限ります。）、法別

表第三に掲げる法人（公共法人、公益社団（財団）法人、一般社団（財団）法人等）又は人格のない社団等の仕入れに係る消費税額として控除する税額の合計額は、原則的な方法により計算しますが、特定収入の割合が５％を超える場合には、その計算された仕入れに係る消費税額から特定収入に係る課税仕入れ等の税額を、控除することとされています（法60④、令75③、④）。

　なお、この控除をして控除しきれない金額があるときは、その控除しきれない金額は、課税売上げに係る消費税額とみなされます（法60⑤）。

　ただし、簡易課税制度の適用を受ける場合には、この調整計算を行う必要はありません（法60④）。

> 注　特定収入の割合とは、その課税期間における資産の譲渡等の対価の額（消費税及び地方消費税抜き）の合計額にその課税期間の特定収入の額の合計額を加算した金額のうちに、その特定収入の額の合計額の占める割合をいいます。

（1）特定収入

　特定収入とは、資産の譲渡等の対価以外の収入で、次に掲げるもの以外のものです（法60④、令75①）。

① 　借入金及び債券の発行に係る収入で、法令においてその返済又は償還のための補助金、負担金その他これらに類するものの交付を受けることが規定されているもの以外のもの（借入金等）

② 　出資金

③ 　預金、貯金及び預り金

④ 　貸付回収金

⑤ 　返還金及び還付金

⑥ 　次に掲げる収入

イ　法令又は交付要綱等において、次に掲げる支出以外の支出（特定支出）のためにのみ使用することとされている収入

　　㋑　課税仕入れに係る支払対価の額に係る支出

　　㋺　特定課税仕入れに係る支払対価の額及び特定課税仕入れに係る消費税額及び地方消費税額に係る支出

　　㋩　課税貨物の引取価額に係る支出

　　㋥　借入金等の返済金又は償還金に係る支出

ロ　国又は地方公共団体が合理的な方法により、資産の譲渡等の対価以外の収入の使途を明らかにした文書において、特定支出のためにのみ使用することとされている収入

ハ　公益社団法人又は公益財団法人が作成した寄附金の募集に係る文書において、特定支出のためにのみ使用することとされている当該寄附金の収入（当該寄附金が次に掲げる要件のすべてを満たすことについて当該寄附金の募集に係る文書において明らかにされていることにつき、公益社団法人及び公益財団法人の認定等に関する法律第3条《行政庁》に規定する行政庁の確認を受けているものに限られます。）

　　㋑　特定の活動に係る特定支出のためにのみ使用されること

　　㋺　期間を限定して募集されること

　　㋩　他の資金と明確に区分して管理されること

　したがって、例えば、租税、補助金、交付金、他会計からの繰入金、寄附金、会費等及び喜捨金等といったものが、特定収入に該当することになります。

　なお、借入金等に係る債務の全部又は一部の免除があった場合のその免除に係る債務の額は、特定収入となります（令75②）。

（2）特定収入に係る仕入税額の計算

　原則的な方法により計算された仕入れに係る消費税額の合計額から控除すべき特定収入に係る課税仕入れ等の税額は、次により計算します（令75④、平28改正令附則10）。

①　課税仕入れ等の税額の全額が控除対象となる場合には、次のイとロの金額の合計額となります。

　　イ　特定収入のうち、法令等において課税仕入れに係る支払対価の額、特定課税仕入れに係る支払対価等の額又は課税貨物の引取価額に係る支出のためにのみ使用することとされている部分の$\frac{7.8}{110}$（軽減税率の場合は$\frac{6.24}{108}$）相当額

　　ロ　（原則的な方法により計算した場合に控除されることとなる仕入れに係る消費税額の合計額－イ）×調整割合

　　注　「調整割合」とは、その課税期間における資産の譲渡等の対価の額の合計額にその課税期間における課税仕入れ等に係る特定収入以外の特定収入の合計額を加算した金額のうちに、その課税仕入れ等に係る特定収入以外の特定収入の合計額の占める割合をいいます。

　　なお、ロの「原則的な方法により計算した場合に控除されることとなる仕入れに係る消費税額の合計額」（②及び③において「課税仕入れ等の税額」といいます。）からイの金額を控除して控除しきれない場合には、イの金額から、その控除しきれない金額に調整割合を乗じて計算した金額を控除した金額が特定収入に係る仕入税額になります。

②　仕入れに係る消費税額を個別対応方式により計算する場合には、次のイからハまでの金額の合計額となります。

イ　その課税期間における特定収入のうち、法令等において課税資産の譲渡等にのみ対応する課税仕入れに係る支払対価の額、課税資産の譲渡等にのみ要する特定課税仕入れに係る支払対価等の額又は課税資産の譲渡等にのみ対応する課税貨物の引取価額に係る支出のためにのみ使用することとされている部分の合計額の$\frac{7.8}{110}$（軽減税率の場合は$\frac{6.24}{108}$）相当額

ロ　その課税期間における特定収入のうち、法令等において課税資産の譲渡等とその他の資産の譲渡等に共通して対応する課税仕入れに係る支払対価の額、課税資産の譲渡等とその他の資産の譲渡等に共通して要する特定課税仕入れに係る支払対価等の額又は課税資産の譲渡等とその他の資産の譲渡等に共通して要する課税貨物の引取価額に係る支出のためにのみ使用することとされている部分の合計額の$\frac{7.8}{110}$（軽減税率の場合は$\frac{6.24}{108}$）相当額に、課税売上割合（課税売上割合に準ずる割合を含みます。）を乗じて計算した金額

ハ　その課税期間の課税仕入れ等の税額からイとロの金額の合計額を控除した残額に、その課税期間の調整割合を乗じて計算した金額

　なお、その課税期間の課税仕入れ等の税額からイとロの金額の合計額を控除して控除しきれない金額があるときは、イとロの金額の合計額から、その控除しきれない金額にその課税期間の調整割合を乗じて計算した金額を控除した金額が特定収入に係る仕入税額となります。

③　仕入れに係る消費税額を一括比例配分方式により計算する場合には、次のイとロの金額の合計額となります。

イ　その課税期間における課税仕入れ等に係る特定収入の合計額の

$\dfrac{7.8}{110}$ （軽減税率の場合は$\dfrac{6.24}{108}$）相当額に、課税売上割合を乗じて計算した金額

ロ　その課税期間の課税仕入れ等の税額からイの金額を控除した残額に、その課税期間の調整割合を乗じて計算した金額

なお、その課税期間の課税仕入れ等の税額からイの金額を控除して控除しきれない金額がある場合には、イの金額から、その控除しきれない金額にその課税期間の調整割合を乗じて計算した金額を控除した金額が特定収入に係る仕入税額となります。

4　国又は地方公共団体の一般会計の特例

　国又は地方公共団体が一般会計に係る業務として行う事業については、売上げに係る消費税額から控除することができる消費税額の合計額は、売上げに係る消費税額と同額とみなされ（法60⑥）、確定申告を行う必要もありません（法60⑦）。

　また、国又は地方公共団体が一般会計に係る業務として行う事業については、事業者免税点制度の適用がありません（法9①、60⑦）。

5　申告期限の特例

（1）確定申告

　国若しくは地方公共団体の特別会計又は公共法人等のうち、法令によりその決算を完結する日が会計年度の末日の翌日以後2か月以上経過した日と定められていることその他特別な事情があるもので、税務署長の承認を受けたものの確定申告書の提出期限（納期限を含みます。）は、課税期間の末日の翌日から次に掲げる期間内とされています（令76）。

① 国……………………………………………………………5か月

② 地方公共団体（③に掲げるものを除きます。）………………6か月

③ 地方公営企業法第30条第1項の規定の適用を受ける
地方公共団体の経営する企業…………………………………3か月

④ 法別表第三に掲げる法人のうち会計年度の末日から2か月以内に
決算が完結しないもので税務署長の承認を受けたもの
…………………………6か月以内で税務署長が承認する期間

（2）中間申告

（1）の確定申告書の提出期限の特例の適用を受ける事業者については、確定申告書の提出期限の区分に応じ、中間申告書の提出期限についても特例が設けられています（令76③）。

17 総額表示の義務付けとは

　課税事業者は、不特定かつ多数の者に課税資産の譲渡等を行う場合（専ら他の事業者に課税資産の譲渡等を行う場合を除きます。）において、あらかじめその資産又は役務の価格を表示するときは、その資産又は役務に係る消費税及び地方消費税相当額を含んだ価格（税込価格）を表示する、いわゆる総額表示が義務付けられています（法63）。

1　総額表示の対象となる取引等

（1）対象者

　総額表示が義務付けられるのは、消費税の課税事業者です。

> 注　免税事業者は、取引に課される税がないことから、そもそも「税抜価格」を表示して別途消費税相当額を受領することは、消費税の仕組み上予定されていません。

（2）対象となる取引

　総額表示の義務付けは、不特定かつ多数の者に対し商品の販売、役務の提供等を行う場合（一般的には小売段階）における価格表示を対象としています。

　ただし、不特定かつ多数の者に対する取引であっても、専ら他の事業者に課税資産の譲渡等を行う、いわゆる事業者間取引については総額表示の対象から除かれます。

> 注1　会員のみが利用できる会員制の店舗等（会員制のディスカウントストア、レンタルビデオ・CD店、スポーツクラブ等）のように、会員のみが利用できる場合であっても、その会員の募集が不特定かつ多数の者を対象として行われているのであれば総額表示

の対象となります。

2　「専ら他の事業者に課税資産の譲渡等を行う場合」とは、資産
又は役務の内容若しくは性質から、およそ事業の用にしか供され
ないような資産又は役務の取引であることが客観的に明らかな場
合をいい、例えば、次に掲げるような取引がこれに該当します。

イ　建設機械の展示販売

ロ　事業用資産のメンテナンス

（3）対象となる価格表示

①　単価、手数料率等の取扱い

総額表示が義務付けられる価格には、商品やサービスの単価、あ
るいは手数料率を表示する場合など、最終的な取引価格そのものは
表示されないが、事実上、価格を表示しているに等しい表示も含ま
れます。

したがって、例えば、肉の量り売り、ガソリンなどのように一定
単位での価格表示、不動産仲介手数料や有価証券の取引手数料など、
取引金額に一定割合（○％）とされている表示についても総額表示
の対象となります。

【総額表示が義務付けられる単価等の表示例】・税率が10％（軽減税率の
場合には8％）であることを前提として示しています。

・《肉》　100グラム　200円　→　100グラム　216円

・《ガソリン、灯油》　1リットル150円　→　1リットル　165円

・《旅館、レンタルビデオ》　1泊2日　10,000円　→　1泊2日　11,000円

・《不動産仲介手数料》　売買価格の3.00％　→　売買価格の3.3％

注　取引金額の一定割合を手数料やサービス料として受け取る事業者に
ついては、その基礎となる取引金額が「税込価格」となっていれば、
手数料やサービス料の割合を変更する必要はありません。

② 希望小売価格の取扱い

　製造業者、卸売業者、輸入総代理店等の小売業者以外の者が、自己の供給する商品について、小売業者の価格設定の参考になるものとして設定している、いわゆる希望小売価格は、課税資産の譲渡等を行う課税事業者が、取引の相手方である消費者に対して行う価格表示ではありませんから、総額表示の対象とはなりません。

　なお、小売業者において製造業者等が商品本体へ印字した希望小売価格等をそのまま消費者に対する販売価格とする場合には、その価格が総額表示の対象となりますから、希望小売価格等が税抜価格である場合には、小売業者において棚札などに税込価格を表示する必要があります。

③ 値引き表示の取扱い

　特定の商品を対象とした一定の営業時間に限った価格の引下げ又は生鮮食料品等について一定の営業時間経過後の価格の引下げ等を行う、いわゆるタイムサービスのように、値引き後の価格が表示されずに、値引き前の価格に対する割引率又は割引額のみを表示する場合がありますが、このような場合の割引率又は割引額の表示は、総額表示の対象となる価格表示には該当しません。

　なお、値引き後の価格を表示するか否かは事業者の任意ですが、値引き後の価格を表示する場合には、その価格表示が総額表示の対象となります。

2　総額表示の方法

（1）総額表示の具体的な表示方法

　価格表示の方法については、商品やサービス、あるいは、事業者によって様々な方法があると考えられますが、「税込価格」が明示されているか否かがポイントとなります。また、表示された価格が税込価格であれば「税込価格である」旨の表示は必要なく、税込価格に併せて「税抜価格」又は「消費税額等」が表示されていても差し支えありませんので、例えば、次に掲げるような表示が総額表示に該当します（税率が10％であることを前提としています。）。

---

　①　11,000円

　②　11,000円（税込）

　③　11,000円（税抜価格10,000円）

　④　11,000円（うち消費税額等1,000円）

　⑤　11,000円（税抜価格10,000円、消費税額等1,000円）

　⑥　11,000円（税抜価格10,000円、消費税率10％）

　⑦　10,000円（税込価格11,000円）

注 1　1円未満の端数を表示する場合や「10,000円（税込11,000円）」といった表示についても、総額表示の義務付けに反するものではありませんが、税抜価格などをことさら強調することにより消費者に誤認を与えるような表示となる場合には、総額表示に該当しません。
　　2　「10,000円（税 抜）」、「税 抜10,000円 ＋ 税」、「税 抜10,000円（税1,000円）」といった表示は、税込価格が明示されていませんので、総額表示には該当しません。

（2）総額表示の対象となる表示媒体

　総額表示の義務付けは、不特定かつ多数の者に対し商品の販売、役務の提供等を行う場合（一般的には小売段階）における価格表示を対象としており、それがどのような表示媒体により行われるものであるかを問いませんので、例えば、次に掲げるようなものがこれに該当します。

---

　① 　値札、商品陳列棚、店内表示などによる価格の表示

　② 　商品のパッケージなどへの印字あるいは貼付した価格の表示

　③ 　チラシ、パンフレット、商品カタログなどによる価格の表示

　④ 　新聞、雑誌、テレビ、インターネットホームページ、電子メールなどの媒体を利用した広告

　⑤ 　ポスター、看板などによる価格の表示

注　総額表示の義務付けは、価格表示を行う場合を対象とするものですから、価格表示を行っていない場合について表示を強制するものではありません。
　　また、口頭によるもの、見積書や契約書又は決済段階で作成される請求書や領収書は、総額表示義務の対象とはなりません。

18 税金に不服があるときは どうすればよいのか

─〔ポイント〕─

1　申告書に記載された課税標準や税額が税務署の調査したところと違っている場合、税務署長は、是正の通知をしますが、この処分を「更正」といいます。また、無申告の場合に税額などを決める処分を「決定」といいます。

2　税務署長の行った更正や決定の処分に対して不服がある納税者は、その納税者の選択する税務署長に対する再調査の請求又は国税不服審判所長に対する審査請求をして、その処分の取消を求めることができます。

3　再調査の請求に対する税務署長の行った決定になお不服のあるときは、国税不服審判所長に対し審査請求をすることができます。

4　再調査の請求の決定や審査請求の裁決になお不服のあるときは、訴訟を提起することができます。

5　附帯税は、本税に付随して課されるもので、納付遅延の利息としての意味合いもある延滞税と罰則的な意味合いもある加算税があります。

1 更正、決定等

更正とは、申告書に記載された課税標準や税額などが税法どおり計算

されておらず、また税務署の調査したところと違っている場合、税務署長が是正する行政処分をいいます（通則法24）。

　また、決定とは、納税申告書を提出しなければならない者が申告書を提出しない場合に、税務署長が調査によって課税標準や税額などを決める処分をいいます（通則法25）。

　次に更正や決定があった後、その更正額や決定額になお過不足がある場合には、再更正が行われます（通則法26）。

　更正又は決定を行うことができる期間は、原則として申告書提出期限（法定申告期限）から５年を経過した日までとされています（通則法70①）。

　なお、偽りその他の不正行為により脱税していたり、無申告となっている場合の更正や決定は、この期間が７年になっています（通則法70⑤）。

2　不服申立て

　税務署長等が行った更正や決定の処分に不服がある納税者は、その全部又は一部の取消を求めることができます。これが不服申立ての制度で、国税通則法にその手続が定められています。その手続は、再調査の請求と審査請求の二つに分かれています。

　なお、不服申立ての結論になお不服があるときは、訴訟を提起することが可能となります。

（1）再調査の請求及び審査請求

　国税に関する処分に不服がある者は、処分の通知を受けた日の翌日から３か月以内に、処分を行った者に対する再調査の請求又は国税不服審判所長に対する審査請求のいずれかを選択することができます（通則法75①、77①）。

なお、処分を行った者に対する再調査の請求についての決定があった場合において、その決定の内容になお不服があるときは、再調査決定書の謄本の送達があった日の翌日から起算して1か月以内に国税不服審判所長に対して審査請求をすることができます（通則法75③、77②）。

　また、再調査の請求をした日から3か月を経過してもその再調査の請求についての決定がない場合や再調査の請求についての決定を経ないことについて正当な理由がある場合においては、再調査の決定を経ないで国税不服審判所長に対する審査請求ができることとされています（通則法75④）。

（2）訴　訟

　再調査の請求の決定や審査請求についての裁決に、なお不服があるときは、最終的に訴訟提起をすることになります。訴訟は、原則として決定や裁決を経た後でなければ提起することができません。提訴期間は、裁決があったことを知った日から6か月以内です（通則法115、行政事件訴訟法14）。

　ただし、国税不服審判所長又は国税庁長官に審査請求がされた日の翌日から3か月を過ぎても裁決や決定がないときや、緊急を要する場合等には、裁決を経ることなく直接出訴することができます（通則法115①ただし書）。

3　附帯税の徴収

　附帯税は、本税以外にそれに付随して課されるもので、納付遅延の利息としての意味合いもある延滞税、租税秩序違反に対する罰則的な意味合いもある加算税があります。

（1）延滞税

　これは、法定の納期限までに納税しないで滞納になった場合に、納期限の翌日から実際に納付する日までの期間に応じ、年14.6％の割合で課されます（通則法60②）。

　ただし、納期限の翌日から２か月を経過する日までは年7.3％の割合となります（通則法60②ただし書）。

　なお、上記の延滞税の割合は、延滞税特例基準割合が年7.3％に満たない場合には、14.6％の割合については延滞税特例基準割合に7.3％を加算した割合とされ、7.3％の割合については延滞税特例基準割合に１％を加算した割合（加算した割合が7.3％を超える場合には7.3％）とされます（措法94①）。

（2）利子税

　消費税法等の規定により納税申告書の提出期限の延長が認められた場合等においては、延長された期間に応じて年7.3％の割合で利子税が課されます（通則法64①）。

　なお、利子税の割合については、租税特別措置法において特例が設けられています（措法93）。

（3）過少申告加算税

　税務署から更正された場合又は修正申告をした場合には、増差税額の10％（調査があったことにより更正があるべきことを予知してされた修正申告でないときは５％）に相当する金額が過少申告加算税として課されます（通則法65①）。

　ただし、増差税額が当初申告税額と50万円とのいずれか多い金額を超

えるときは、その超える部分の税額に5％を掛けた金額が更に加算されます（通則法65②）。

　なお、納税者側に正当な理由があると認められる場合等には、その部分に関する税額は、前述の増差税額から除かれます（通則法65④）。また、調査があったことにより更正があるべきことを予知してされた修正申告でない場合において、その申告に係る調査通知がある前に行われたものであるときは、過少申告加算税は課されません（通則法65⑤）。

（4）無申告加算税

　申告期限後に申告した場合や期限内に申告をしなかったために決定を受けた場合等には、本税に15％（調査があったことにより更正があるべきことを予知してされた期限後申告又は修正申告でないときは10％）を掛けた金額が無申告加算税として課されます（通則法66①）。ただし、納付すべき税額が50万円を超える部分に係る税率は20％となり（通則法66②）、更に、納付すべき税額が300万円を超える部分に係る税率は30％となります（通則法66③）。なお、無申告であったことについて正当な理由があると認められる場合は、免除されます（通則法66①）。また、調査があったことにより更正又は決定があるべきことを予知してされたものでない場合において、その申告に係る調査通知がある前に行われたものであるときは、5％に軽減されます（通則法66⑧）。

　無申告加算税が課される場合において、過去5年以内に同一税目の国税について無申告加算税又は重加算税を課されたことがあるときは、10％の割合を乗じた金額を加算した金額が無申告加算税の額となります（通則法66⑤）。

　注　自主的な期限後申告について、①法定申告期限から1月以内に申

告が行われ、かつ、②納付税額の全額が法定納期限までに、納付されているなど、期限内申告書を提出する意思があったと認められる場合には、無申告加算税は免除されます（通則法66⑦、通則法令27の2①）。

（5）重加算税

過少申告加算税が課される場合で、課税標準や税額の計算の基礎となる事実を隠ぺい又は仮装して納税申告書を提出していたときは、過少申告加算税に代えて、隠ぺい又は仮装した部分の増差税額に35％を掛けた金額が重加算税として課されます（通則法68①）。

無申告加算税が課される場合で、課税標準や税額の計算の基礎となる事実を隠ぺい又は仮装して法定申告期限までに納税申告書を提出せず、又は法定申告期限後に納税申告書を提出していたときは、隠ぺい又は仮装した部分については、無申告加算税に代えて、隠ぺい又は仮装した部分の税額に40％を掛けた金額が重加算税として課されます（通則法68②）。

重加算税が課される場合において、過去5年以内に同一税目の国税について無申告加算税を課され又は徴収をされたことがあるとき若しくは期限後申告書等の提出又は更正若しくは決定について無申告加算税等を賦課されたこと等があるときは、10％の割合を乗じた金額を加算した金額が重加算税の額となります（通則法68④）。

19 地方消費税の概要

地方消費税の概要は、次のとおりです。

1 納税義務者等 (地方税法72の78等)

国内取引（譲渡割）については、消費税の課税事業者に対して、住所等又は本店所在地等の都道府県が地方消費税（譲渡割）を課することとされています。

輸入取引（貨物割）については、課税貨物を保税地域から引き取る者に対して、当該保税地域の所在地の都道府県が地方消費税（貨物割）を課することとされています。

2 課税標準 (地方税法72の77、72の82)

国内取引については、課税資産の譲渡等に係る消費税額から仕入れ等に係る消費税額等を控除した後の消費税額（消費税法第45条第1項第4号に掲げる消費税額）が地方消費税の課税標準となります。

輸入取引については、課税貨物に係る消費税額（消費税法第50条の規定により納付すべき消費税額）が地方消費税の課税標準となります。

3 税 率 (地方税法72の83)

消費税額の78分の22となります。

したがって、資産の譲渡等の対価の額に対する地方消費税の税率は2.2%相当となります。

注 地方消費税の税率は、消費税額の78分の22となり、標準税率の場合

には消費税率2.2％相当（消費税と合わせた税率は10％）、軽減税率の場合には1.76％相当（消費税と合わせた税率は8％）となります。

4　申告・納付（地方税法72の86、72の100）

　消費税の課税事業者は、消費税の申告期限までに、一定の申告書を住所等又は本店所在地等の都道府県知事に提出し、その申告した地方消費税額を納付しなければならないこととされています。

　課税貨物を保税地域から引き取る者は、一定の申告書を消費税の申告と併せて税関長に提出し、その申告した地方消費税額を納付しなければならないこととされています。

5　地方税法附則の内容等

（1）執行機関等（地方税法附則9の4）

　国内取引に係る地方消費税（譲渡割）の賦課徴収は、当分の間、消費税の納税地を所轄する税務署長が、消費税の賦課徴収の例により、当該消費税の賦課徴収と併せて行うこととされています。

　したがって、地方消費税（譲渡割）に係る申告・納付、調査、滞納処分等の一切は、国（税務署）が行うこととなります。

> 注　輸入取引に係る地方消費税（貨物割）の賦課徴収は、税関長が、消費税の賦課徴収の例により、併せて行うことになります（当分の間ではありません。地方税法72の100）。

（2）地方消費税（譲渡割）の申告・納付（地方税法附則9の5、9の6）

　消費税の確定申告書等を提出する義務がある事業者は、消費税の申告期限までに、消費税の申告書と併せて地方消費税（譲渡割）の申告書を税務署長に提出し、申告した地方消費税額を消費税と併せて国に納付し

—263—

第19章　地方消費税の概要

ます。

> 注　消費税と地方消費税の申告は、様式通達の第27-（1）号様式又は第
> 27-（2）号様式により、1枚の申告書により併せて申告します。

6　消費税と地方消費税の申告に係る税額の更正等の取扱い

　消費税と地方消費税は、国税と地方税であり、それぞれ別の税ですが、その申告は、両者同時にすべきものであり、その申告書も「消費税及び地方消費税の申告書」としており、両税の申告を併せて行うことにより適正に申告がなされたものとなります。

　したがって、いずれか一方の税は正しい金額で申告され、他の一方の申告に誤りがある場合には、全体として見れば申告内容に誤りがあることになりますから、消費税及び地方消費税の申告内容に誤りがあるものとして「消費税及び地方消費税の申告書」に係る修正申告又は更正をすべきものとなります（通18-1-2）。

20 消費税及び地方消費税の 申告書の作成は

第1節　一般用申告書の作成

適格請求書等保存方式適用後の軽減税率制度に対応した申告書
の作成手順（一般用）
課税売上高が5億円以下、かつ、課税売上割合が95％以上の場合

Ⅰ　申告書の作成手順

　消費税の申告書は、課税期間における課税標準額に対する消費税額から仕入れに係る消費税額等を控除することを前提として、その過程を申告書等に表し、納付税額を計算して申告することになります。

　令和元（2019）年10月1日から消費税の税率が7.8%（地方消費税の税率を合せた税率は10%）に引き上げられ、それに併せて「飲食料品の譲渡」及び「定期購読契約に基づく新聞の譲渡」について軽減税率を適用することとされ、その税率は6.24%（地方消費税の税率を合せた税率は8%）とされています。

　したがって、課税期間が令和元（2019）年10月1日以後の日を含む課税期間となる場合には、改正後の税率の7.8%及び6.24%が適用されることとなり、それぞれの税率ごとに課税標準額、課税標準額に対する消費税額及び控除税額の計算をする必要が生じることになります。

　また、令和5年10月1日以後はインボイス方式である適格請求書等保存方式が適用されていることから、課税標準額に対する消費税額及び課

第20章

消費税及び地方消費税の申告書の作成は

税仕入れ等に係る消費税額の計算も改正後の規定に基づき計算する必要があることになります。

　地方消費税については、国の消費税額を課税標準等として消費税と併せて国（税務署）に申告することになります。

　ここでは、取引内容が次のとおりである法人を例に説明します。

　なお、税額計算における課税標準額及び課税仕入れの金額に係る計算方法は、いずれも総額割戻し方式によっているものとします。

【設　例】

　　ドラッグストアを経営する国税商事（株）（輸出物品販売場の許可を得ており、そこでの非居住者に対する販売は輸出免税の対象となる。）の当課税期間（令和6（2024）年4月1日～令和7（2025）年3月31日）の課税売上高等の状況は、次のとおりです。

　　なお、課税標準額に対する消費税額の計算は、総額割戻し方式（法45①）によっています。

　1　課税期間中の売上高

　　(1)　課税売上高（税込み）　　　　　　　432,500,000円

　　　税率区分別の課税売上高

　　　イ　7.8％適用分　　　　　　　　　　319,109,000円

　　　ロ　6.24％適用分　　　　　　　　　113,391,000円

　　(2)　免税売上高　　　　　　　　　　　12,600,000円

　　(3)　非課税売上高　　　　　　　　　　　1,200,000円

　2　課税期間中に受けた事業者向け電気通信利用役務の提供

　　　　　　　　　　　　　　　　　　　　　1,000,000円

3　売上対価の返還等の金額（すべて課税売上げに係るものである（税込み）。）　12,975,000円

税率区分別の売上対価の返還等の金額

　　イ　7.8% 適用分　10,378,000円

　　ロ　6.24% 適用分　2,597,000円

4　課税期間中の課税仕入れの金額（税込み）　337,500,000円

税率区分別の課税仕入れの金額

　　イ　7.8% 適用分　249,014,000円

　　ロ　6.24% 適用分　88,486,000円

5　仕入対価の返還等の金額（すべて課税仕入れに係るもの（税込み））　14,625,000円

税率区分別の仕入対価の返還等の金額

　　イ　7.8% 適用分　11,701,000円

　　ロ　6.24% 適用分　2,924,000円

6　貸倒処理した金額（すべて7.8% 適用分（税込み））　750,000円

7　貸倒回収額（すべて7.8% 適用分（税込み））　1,420,000円

8　中間納付税額　1,756,000円

9　中間納付譲渡割額　495,000円

Ⅱ　付表１−３の作成（その１）

　この項においては、主に、税率の異なるごとに区分した課税標準である金額の合計額及び課税標準額に対する消費税額等を計算します。

○　付表１−３の①〜③欄の記載

　注　売上金額から売上対価の返還等の金額を直接減額する方法で経理している場合は、減額した後の金額を基に課税資産の譲渡等の対価の額及び課税標準額を計算します。

(1) 「課税資産の譲渡等の対価の額①－1」欄

　税率6.24％適用分A

　　113,391,000×100/108＝104,991,666

　税率7.8％適用分B

　　319,109,000×100/110＝290,099,090

　合計C

　　104,991,666＋290,099,090＝395,090,756

(2) 「課税標準額①」欄

　税率6.24％適用分A

　　113,391,000×100/108＝104,991,000（千円未満切捨て）

　税率7.8％適用分B

　　319,109,000×100/110＝290,099,000（千円未満切捨て）

　合計C

　　104,991,000＋290,099,000＝395,090,000

(3) 「消費税額②」欄

　税率6.24％適用分A

　　104,991,000×6.24％＝6,551,438

　税率7.8％適用分B

　　290,099,000×7.8％＝22,627,722

　合計C

　　6,551,438＋22,627,722＝29,179,160

(4) 「控除過大調整税額③」欄

　6.24％適用分A はありません。

　税率7.8％適用分B 及び 合計C

　　100,690（1,420,000×7.8/110＝100,690）

Ⅲ 付表2-3の作成

この項においては、主に、課税売上割合・控除対象仕入税額を計算します。

1 付表2-3の①～⑧欄の記載

付表2-3では、課税売上割合を計算します。

(1)「課税売上額（税抜き）①」欄

税率6.24％適用分A

$113,391,000 \times 100/108 - 2,597,000 \times 100/108 = 102,587,037$

税率7.8％適用分B

$319,109,000 \times 100/110 - 10,378,000 \times 100/110 = 280,664,545$

合計C

$102,587,037 + 280,664,545 = 383,251,582$

注 売上金額から売上対価の返還等の金額を直接減額する方法で経理している場合は、減額した後の金額に$\frac{100}{108}$又は$\frac{100}{110}$を乗じた金額が①A又はB欄の金額となります。

(2)「免税売上額②」欄

12,600,000

(3)「課税資産の譲渡等の対価の額④C」欄

$383,251,582 + 12,600,000 = 395,851,582$

(4)「課税資産の譲渡等の対価の額⑤C」欄

④C欄から転記

(5)「非課税売上額⑥」欄

1,200,000

⑹ 「資産の譲渡等の対価の額⑦Ｃ」欄

395,851,582 + 1,200,000 = 397,051,582

⑺ 「課税売上割合⑧Ｃ」欄

395,851,582/397,051,582 = 99,697…％→99％

（99％≧95％⇒全額控除可）

2 付表2－3の⑨～㉘欄の記載

⑴ 「課税仕入れに係る支払対価の額（税込み）⑨」欄

税率6.24％適用分Ａ

88,486,000 − 2,924,000 = 85,562,000

税率7.8％適用分Ｂ

249,014,000 − 11,701,000 = 237,313,000

合計Ｃ

85,562,000 + 237,313,000 = 322,875,000

注 課税仕入れに係る対価の返還等の金額を直接仕入金額から減額する方法で経理している場合は、減額後の金額（税込み）を記載します。

⑵ 「課税仕入れに係る消費税額⑩」欄

設例における課税仕入れに係る消費税額の計算は、消費税法施行令第45条の3 《課税仕入れに係る消費税額の計算》の総額割戻し方式によっているものとして計算します。

税率6.24％適用分Ａ

88,486,000 × 6.24/108 − 2,924,000 × 6.24/108 = 4,943,582

税率7.8％適用分Ｂ

249,014,000 × 7.8/110 − 11,701,000 × 7.8/110 = 16,827,649

合計 C

　　4,943,582 ＋ 16,827,649 ＝ 21,771,231

(3)　「特定課税仕入れに係る支払対価の額⑬」欄

　　　設例においては特定課税仕入れに係る支払対価の額が1,000,000円あ
　　りますが、課税売上割合が95％以上（99％）であるため、その金額は
　　なかったものとされます。

(4)　「課税仕入れ等の税額の合計額⑰」欄

　税率6.24％適用分Ａ、税率7.8％適用分Ｂ

　　　設例の場合は⑩Ａ及びＢ欄と同じ

　合計 C

　　4,943,582 ＋ 16,827,649 ＝ 21,771,231

(5)　「課税売上高が５億円以下、かつ、課税売上割合が95％以上の場合
　　⑱」欄

　税率6.24％適用分Ａ、税率7.8％適用分Ｂ

　　　設例の場合は課税売上高が５億円以下、かつ、課税売上割合が95％
　　以上（Ⅳ1(7)参照）のため⑰Ａ及びＢ欄と同じ

　合計 C

　　4,943,582 ＋ 16,827,649 ＝ 21,771,231

(6)　「控除対象仕入税額㉖」欄

　税率6.24％適用分Ａ、税率7.8％適用分Ｂ

　　　設例の場合は⑱Ａ及びＢ欄と同じ

　合計 C

　　4,943,582 ＋ 16,827,649 ＝ 21,771,231

(7)　「貸倒回収に係る消費税額㉘」欄

　　　6.24％適用分はありません。

税率7.8%適用分B、合計C

100,690 （1,420,000×7.8/110＝100,690）

Ⅳ 付表１－３の作成（その２）

　この項においては、上記Ⅲ・Ⅳの計算結果から消費税額及び地方消費税額を計算します。

○ 付表１－３の④～⑯欄の記載

(1)　「控除対象仕入税額④」欄

税率6.24%適用分A、税率7.8%適用分B

　付表２－３の㉖A及びB欄から転記

合計C

4,943,582＋16,827,649＝21,771,231

(2)　「売上げの返還等対価に係る税額⑤－１」欄

税率6.24%適用分A

2,597,000×6.24/108＝150,048

税率7.8%適用分B

10,378,000×7.8/110＝735,894

合計C

150,048＋735,894＝885,942

(3)　「返還等対価に係る税額⑤」欄

税率6.24%適用分A、税率7.8%適用分B

　設例の場合は⑤－１A及びB欄と同じ

合計C

885,942

(4) 「貸倒れに係る税額⑥」欄

[合計C]

53,181（750,000×7.8/110＝53,181）

(5) 「控除税額小計⑦」欄

[税率6.24％適用分A]

4,943,582＋150,048＝5,093,630

[税率7.8％適用分B]

16,827,649＋735,894＋53,181＝17,616,724

[合計C]

5,093,630＋17,616,724＝22,710,354

(6) 「差引税額⑨」欄

[合計C]

29,179,160＋100,690－22,710,354＝6,569,400（百円未満切捨て）

(7) 「地方消費税の課税標準となる消費税額・差引税額⑫」欄

[合計C]

6,569,400

(8) 「譲渡割額・納税額⑮」欄

[合計C]

6,569,400×22/78＝1,852,900（百円未満切捨て）

V 申告書第一表・第二表の記載

次のとおり転記及び計算します。

第一表	転記元等
①	申告書第二表①
②	申告書第二表⑪
③	付　表1-3③C
④	付　表1-3④C
⑤	申告書第二表⑰
⑥	付　表1-3⑥C
⑦	付　表1-3⑦C
⑨	付　表1-3⑨C （プラスの場合に記載）
⑩	中間納付税額
⑪	申告書第一表⑨-⑩ （⑨＞⑩の場合に記載）
⑮	付　表2-3④C
⑯	付　表2-3⑦C
⑱	付　表1-3⑪C （プラスの場合に記載）
⑳	付　表1-3⑬C （プラスの場合に記載）
㉑	中間納付譲渡割額
㉒	申告書第一表⑳-㉑ （⑳＞㉑の場合に記載）
㉖	申告書第一表 （⑪+㉒）-（⑧+⑫+⑲+㉓）

第二表	転記元等
①	付　表1-3①C
⑤	付　表1-3①-1A
⑥	付　表1-3①-1B
⑦	付　表1-3①-1C
⑪	付　表1-3②C
⑮	付　表1-3②A
⑯	付　表1-3②B
⑰	付　表1-3⑤C
⑱	付　表1-3⑤-1C
⑳	付　表1-3⑪C
㉓	付　表1-3⑪C

VI 消費税及び地方消費税の申告書（一般用）の作成

　消費税及び地方消費税の申告書（一般用）の作成は、上記により計算した結果及び付表1-3、付表2-3に記載の金額等を転記等して行います。

第3-(1)号様式

令和 7 年 5 月 26 日

㊞ 受付印

麹町 税務署長殿

法人用

納 税 地	千代田区霞が関3-1-1	
	（電話番号　03 - 3581 -0×0×）	
（フリガナ）	コクゼイショウジ	
法 人 名	国税商事株式会社	
法 人 番 号	1 2 3 4 5 6 7 8 9 0 1 2 3	
（フリガナ）	コクゼイ タロウ	
代表者氏名	国 税 太 郎	

○ （個人の方）振替継続希望

※所轄税務署処理欄

基幹番号	署番号	整理番号
申告年月日	令和	年	月	日
申告区分	指導等	庁指定	局指定
通信日付印 確認		
年 月 日	指導年月日	相談 区分1 区分2 区分3
令和		

第一表

自 平成・令和 6 年 4 月 1 日
至 令和 7 年 3 月 31 日

課税期間分の消費税及び地方
消費税の（ 確定 ）申告書

中間申告 自 平成・令和 □□年□□月□□日
の場合の 対象期間 至 令和 □□年□□月□□日

令和五年十月一日以後終了課税期間分（一般用）

この申告書による消費税の税額の計算

課 税 標 準 額	①	3 9 5 0 9 0 0 0 0	03
消 費 税 額	②	2 9 1 7 9 1 6 0	06
控除過大調整税額	③	1 0 0 6 9 0	07
控除税額 控除対象仕入税額	④	2 1 7 7 1 2 3 1	08
返還等対価に係る税額	⑤	8 8 5 9 4 2	09
貸倒れに係る税額	⑥	5 3 1 8 1	10
控除税額小計（④+⑤+⑥）	⑦	2 2 7 1 0 3 5 4	13
控除不足還付税額（⑦-②-③）	⑧		13
差引税額（②+③-⑦）	⑨	6 5 6 9 4 0 0	15
中間納付税額	⑩	1 7 5 6 0 0 0	16
納付税額（⑨-⑩）	⑪	4 8 1 3 4 0 0	17
中間納付還付税額（⑩-⑨）	⑫	0 0	18
この申告書が修正申告である場合 既確定税額	⑬		19
差引納付税額	⑭	0 0	20
課税売上割合 課税資産の譲渡等の対価の額	⑮	3 9 5 8 5 1 5 8 2	21
資産の譲渡等の対価の額	⑯	3 9 5 8 5 1 5 8 2	22

この申告書による地方消費税の税額の計算

地方消費税の課税標準となる消費税額	控除不足還付税額	⑰		51
	差引税額	⑱	6 5 6 9 4 0 0	52
譲渡割額	還付額	⑲		53
	納税額	⑳	1 8 5 2 9 0 0	54
中間納付譲渡割額	㉑	4 9 5 0 0 0	55
納付譲渡割額（⑳-㉑）	㉒	1 3 5 7 9 0 0	56
中間納付還付譲渡割額（㉑-⑳）	㉓	0 0	57
この申告書が修正申告である場合 既確定譲渡割額	㉔		58
差引納付譲渡割額	㉕	0 0	59
消費税及び地方消費税の合計（納付又は還付）税額	㉖	6 1 7 1 3 0 0	60

⑪・⑫又は⑫・⑬の記入をお忘れなく。

付記事項・参考事項

付記事項	割賦基準の適用	有○ 無	31
	延払基準等の適用	有○ 無	32
	工事進行基準の適用	有○ 無	33
	現金主義会計の適用	有○ 無	34
参考事項	課税標準額に対する消費税額の計算の特例の適用	有○ 無	35
控除税額の計算方法	課税売上高5億円超又は課税売上割合95%未満	個別対応方式 一括比例配分方式	41
	上 記 以 外 ○	全額控除	
	基準期間の課税売上高	388,449 千円	
税額控除に係る経過措置の適用（2割特例）			42

還付を受けようとする金融機関等

銀 行	本店・支店
金庫・組合	出張所
農協・漁協	本所・支所
預金 口座番号	
ゆうちょ銀行の貯金記号番号	-
郵便局名等	

○ （個人の方）公金受取口座の利用

※税務署整理欄

税理士署名	
（電話番号 ）	

○ 税理士法第30条の書面提出有
○ 税理士法第33条の2の書面提出有

㉖=(⑨+⑱)-(⑬+⑭+⑮+⑳+㉓)・修正申告の場合㉖=⑭+㉕
㉖が還付税額となる場合はマイナス「-」を付してください。

※ 2割特例による申告の場合、㊽欄に㊼欄の数字を記載し、
（㊽欄×22/78から算出された金額を㉕欄に記載してください。）

第3-(2)号様式

課税標準額等の内訳書

法人用　第二表

整理番号

納税地	千代田区霞が関 3-1-1
	（電話番号　03 - 3581 -○×○×）
（フリガナ）	コクゼイショウジ
法人名	国税商事株式会社
（フリガナ）	コクゼイ　タロウ
代表者氏名	国税太郎

改正法附則による税額の特例計算

| 軽減売上割合（10営業日） | ○ | 附則38① | 51 |
| 小売等軽減仕入割合 | ○ | 附則38② | 52 |

自 令和 6年 4月 1日
至 令和 7年 3月 31日

課税期間分の消費税及び地方消費税の（ 確定 ）申告書

中間申告
の場合の
自 令和 　年 　月 　日
対象期間 至 令和 　年 　月 　日

令和四年四月一日以後終了課税期間分

課税標準額　※申告書（第一表）の①欄へ	①	3950900000	01

課税資産の譲渡等の対価の額の合計額	3 ％ 適用分	②		02
	4 ％ 適用分	③		03
	6.3 ％ 適用分	④		04
	6.24 ％ 適用分	⑤	1049911666	05
	7.8 ％ 適用分	⑥	2900990090	06
	（②～⑥の合計）	⑦	3950900756	07
特定課税仕入れに係る支払対価の額の合計額 （注1）	6.3 ％ 適用分	⑧		11
	7.8 ％ 適用分	⑨		12
	（⑧・⑨の合計）	⑩		13

消費税額　※申告書（第一表）の②欄へ		⑪	291179160	21
⑪ の 内 訳	3 ％ 適用分	⑫		22
	4 ％ 適用分	⑬		23
	6.3 ％ 適用分	⑭		24
	6.24 ％ 適用分	⑮	6551438	25
	7.8 ％ 適用分	⑯	226627722	26

返還等対価に係る税額　※申告書（第一表）の⑤欄へ	⑰	885942	31
⑰の内訳　売上げの返還等対価に係る税額	⑱	885942	32
特定課税仕入れの返還等対価に係る税額　（注1）	⑲		33

地方消費税の課税標準となる消費税額	（㉑～㉓の合計）	⑳	6569400	41
	4 ％ 適用分	㉑		42
	6.3 ％ 適用分	㉒		43
（注2）	6.24％及び7.8％ 適用分	㉓	6569400	44

（注1） ⑧～⑩欄及び⑲欄は、一般課税により申告する場合で、課税売上割合が95％未満、かつ、特定課税仕入れがある事業者のみ記載します。
（注2） ⑳～㉓欄が還付税額となる場合はマイナス「－」を付してください。

付表1-3　税率別消費税額計算表　兼　地方消費税の課税標準となる消費税額計算表　　　　　　一　般

課　税　期　間		6・4・1～7・3・31	氏名又は名称	国税商事株式会社

区　　　　　分		税率 6.24 % 適用分 A	税率 7.8 % 適用分 B	合　　計　　C (A+B)
課　税　標　準　額	①	104,991,000 円	290,099,000 円 ※第二表の①欄へ	395,090,000 円 ※第二表の①欄へ
①の内訳　課税資産の譲渡等の対価の額	①-1	※第二表の⑤欄へ 104,991,666	※第二表の⑥欄へ 290,099,090	※第二表の⑦欄へ 395,090,756
特定課税仕入れに係る支払対価の額	①-2	※①・2欄は、課税売上割合が95%未満、かつ、特定課税仕入れがある事業者のみ記載する。	※第二表の⑨欄へ	※第二表の⑩欄へ
消　　費　　税　　額	②	※第二表の⑮欄へ 6,551,438	※第二表の⑯欄へ 22,627,722	※第二表の⑪欄へ 29,179,160
控　除　過　大　調　整　税　額	③	(付表2-3の⑦・⑳A欄の合計金額)	(付表2-3の⑦・⑳B欄の合計金額) 100,690	※第一表の③欄へ 100,690
控除税額　控除対象仕入税額	④	(付表2-3の㉖A欄の金額) 4,943,582	(付表2-3の㉖B欄の金額) 16,827,649	※第一表の④欄へ 21,771,231
返還等対価に係る税額	⑤	150,048	735,894	※第二表の⑰欄へ 885,942
⑤の内訳　売上げの返還等の対価に係る税額	⑤-1	150,048	735,894	※第二表の⑱欄へ 885,942
特定課税仕入れの返還等の対価に係る税額	⑤-2	※⑤・2欄は、課税売上割合が95%未満、かつ、特定課税仕入れがある事業者のみ記載する。		※第二表の⑲欄へ
貸倒れに係る税額	⑥		53,181	※第一表の⑥欄へ 53,181
控除税額小計 (④+⑤+⑥)	⑦	5,093,630	17,616,724	※第一表の⑦欄へ 22,710,354
控除不足還付税額 (⑦-②-③)	⑧			※第一表の⑧欄へ
差　引　税　額 (②+③-⑦)	⑨			※第一表の⑨欄へ 6,569,4 00
地方消費税の課税標準となる消費税額　控除不足還付税額 (⑧)	⑩			※第一表の⑱欄へ ※マイナス「-」を付して第二表の㉙及び㉛欄へ
差　引　税　額 (⑨)	⑪			※第一表の⑲欄へ ※第二表の㉚及び㉛欄へ 6,569,4 00
譲渡割額　還　付　額	⑫			(⑩C欄×22/78) ※第一表の㉑欄へ
納　税　額	⑬			(⑪C欄×22/78) ※第一表の㉓欄へ 1,852,9 00

注意　金額の計算においては、1円未満の端数を切り捨てる。

(R5.10.1以後終了課税期間用)

第4-(10)号様式

付表2-3　課税売上割合・控除対象仕入税額等の計算表　　　　　一般

課税期間	6・4・1～7・3・31	氏名又は名称	国税商事株式会社

項目		税率6.24%適用分 A	税率7.8%適用分 B	合計 C (A+B)
課税売上額（税抜き）	①	102,587,037	280,664,545	383,251,582
免税売上額	②			12,600,000
非課税資産の輸出等の金額、海外支店等へ移送した資産の価額	③			
課税資産の譲渡等の対価の額（①＋②＋③）	④			395,851,582
課税資産の譲渡等の対価の額（④の金額）	⑤			395,851,582
非課税売上額	⑥			1,200,000
資産の譲渡等の対価の額（⑤＋⑥）	⑦			397,051,582
課税売上割合（④／⑦）	⑧			［99 %］
課税仕入れに係る支払対価の額（税込み）	⑨	85,562,000	237,313,000	322,875,000
課税仕入れに係る消費税額	⑩	4,943,582	16,827,649	21,771,231
適格請求書発行事業者以外の者から行った課税仕入れに係る経過措置の適用を受ける課税仕入れに係る支払対価の額（税込み）	⑪			
適格請求書発行事業者以外の者から行った課税仕入れに係る経過措置により課税仕入れに係る消費税額とみなされる額	⑫			
特定課税仕入れに係る支払対価の額	⑬			
特定課税仕入れに係る消費税額	⑭			
課税貨物に係る消費税額	⑮			
納税義務の免除を受けない（受ける）こととなった場合における消費税額の調整（加算又は減算）額	⑯			
課税仕入れ等の税額の合計額（⑩＋⑫＋⑭＋⑮±⑯）	⑰	4,943,582	16,827,649	21,771,231
課税売上高が5億円以下、かつ、課税売上割合が95%以上の場合（⑰の金額）	⑱	4,943,582	16,827,649	21,771,231
課税売上高が5億円超又は課税売上割合が95%未満の場合 個別対応方式 ⑰のうち、課税売上げにのみ要するもの	⑲			
個別対応方式 ⑰のうち、課税売上げと非課税売上げに共通して要するもの	⑳			
個別対応方式により控除する課税仕入れ等の税額〔⑲＋（⑳×④／⑦）〕	㉑			
一括比例配分方式により控除する課税仕入れ等の税額（⑰×④／⑦）	㉒			
課税売上割合変動時の調整対象固定資産に係る消費税額の調整（加算又は減算）額	㉓			
調整対象固定資産を課税業務用（非課税業務用）に転用した場合の調整（加算又は減算）額	㉔			
居住用賃貸建物を課税賃貸用に供した（譲渡した）場合の加算額	㉕			
控除対象仕入税額〔（⑱、㉑又は㉒の金額）±㉓±㉔＋㉕〕がプラスの時	㉖	4,943,582	16,827,649	21,771,231
控除過大調整税額〔（⑱、㉑又は㉒の金額）±㉓±㉔＋㉕〕がマイナスの時	㉗			
貸倒回収に係る消費税額	㉘		100,690	100,690

注意　1　金額の計算においては、1円未満の端数を切り捨てる。
　　　2　⑨、⑬及び㉘欄には、値引き、割戻し、割引きなど仕入対価の返還等の金額がある場合（仕入対価の返還等の金額を仕入金額から直接減額している場合を除く。）には、その金額を控除した後の金額を記載する。
　　　3　⑪及び⑫欄の経過措置とは、所得税法等の一部を改正する法律（平成28年法律第15号）附則第52条又は第53条の適用がある場合をいう。

第2節　簡易課税用申告書の作成

> 適格請求書等保存方式適用後の軽減税率制度に対応した申告書
> の作成手順（簡易課税用）
> みなし仕入率の特例を適用しない場合

Ⅰ　申告書の作成手順

　申告書の作成は、申告書の各項目の計算結果を記載することになりますが、控除対象仕入税額については、付表の金額を転記することになります。

　また、令和元（2019）年10月から消費税の税率が7.8％に引き上げられ、それに併せて「飲食料品の譲渡」及び「定期購読契約に基づく新聞の譲渡」について軽減税率が適用されることとされ、その税率は6.24％とされています。

　したがって、課税期間が令和元（2019）年10月1日以後の日を含む課税期間となる場合には、改正後の税率の7.8％及び6.24％が混在することとなり、それぞれの税率ごとに課税標準額、課税標準額に対する消費税額及び控除税額の計算をする必要が生じることになります。

　また、令和5年10月1日以後はインボイス方式である適格請求書等保存方式が適用されていることから、課税標準額に対する消費税額及び課税仕入れ等に係る消費税額の計算も改正後の規定に基づき計算する必要があることになります。

　ここでは、取引内容が次のとおりである法人を例に説明します。

【設　例】

　喫茶店を営む国税喫茶（株）の当課税期間（令和6（2024）年4月
1日～令和7（2025）年3月31日）の課税売上高の状況は、次のと
おりです。

　なお、国税喫茶（株）が営む喫茶店業における課税売上高の業種
区分は、店内飲食の第4種事業（7.8％の標準税率）、自己において製
造したケーキ等の持帰り販売（テイクアウト）の第3種事業（6.24％の
軽減税率）及び他の者から仕入れたコーヒー等の店頭販売の第2種
事業（6.24％の軽減税率）に該当するものがあることになります。

　なお、課税標準額に対する消費税額の計算は、総額割戻し方式
（法45①）によっています。

1	課税期間中の売上高	
	(1)　課税売上高（税込み）	31,400,000円
	7.8％適用分（第4種事業）	22,050,000円
	6.24％適用分	9,350,000円
	うち第2種事業	3,070,000円
	うち第3種事業	6,280,000円
	(2)　非課税売上高	300,000円
2	中間納付税額	0円
3	中間納付譲渡割額	0円

Ⅱ　付表4-3の作成（その1）

　この項においては、主に、税率の異なるごとに区分した課税標準であ
る金額の合計額及び課税標準額に対する消費税額等を計算します。

○ 付表４−３の①〜②欄の記載

(1) 「課税資産の譲渡等の対価の額①−１」欄

税率6.24％適用分Ａ

$9,350,000 \times 100/108 = 8,657,407$

税率7.8％適用分Ｂ

$22,050,000 \times 100/110 = 20,045,454$

合計Ｃ

$8,657,407 + 20,045,454 = 28,702,861$

(2) 「課税標準額①」欄

税率6.24％適用分Ａ

$9,350,000 \times 100/108 = 8,657,000$（千円未満切捨て）

税率7.8％適用分Ｂ

$22,050,000 \times 100/110 = 20,045,000$（千円未満切捨て）

合計Ｃ

$8,657,000 + 20,045,000 = 28,702,000$

(3) 「消費税額②」欄

税率6.24％適用分Ａ

$8,657,000 \times 6.24\% = 540,196$

税率7.8％適用分Ｂ

$20,045,000 \times 7.8\% = 1,563,510$

合計Ｃ

$540,196 + 1,563,510 = 2,103,706$

Ⅲ 付表5−3の作成

ここでは、控除対象仕入税額を計算します。

1 付表5−3の①〜⑲欄の記載

(1) 「Ⅰ　控除対象仕入税額の計算の基礎となる消費税額」欄

　　イ 「課税標準額に対する消費税額①」欄

　　　付表4−3②A、B及びC欄から転記

　　ロ 「控除対象仕入税額の計算の基礎となる消費税額④」欄

　　　$\boxed{税率6.24\%適用分A}$

　　　　540,196

　　　$\boxed{税率7.8\%適用分B}$

　　　　1,563,510

　　　$\boxed{合計C}$

　　　　540,196 + 1,563,510 = 2,103,706

(2) 「Ⅲ　2種類以上の事業を営む事業者の場合の控除対象仕入税額」欄

　　イ 「(1)　事業区分別の課税売上高（税抜き）の明細」欄

　　　(イ) 「事業区分別の合計額⑥」欄

　　　　$\boxed{税率6.24\%適用分A}$

　　　　　9,350,000 × 100/108 = 8,657,407

　　　　$\boxed{税率7.8\%適用分B}$

　　　　　22,050,000 × 100/110 = 20,045,454

　　　　$\boxed{合計C}$

　　　　　8,657,407 + 20,045,454 = 28,702,861

㈣ 「第二種事業⑧」欄

$\boxed{\text{税率6.24％適用分A}}$

$3,070,000 \times 100/108 = 2,842,592$

$\boxed{\text{売上割合}}$

$2,842,592/28,702,861 = 9.9035\cdots\% \rightarrow 9.90\%$

（9.90％＜75％　⇒　特例計算適用不可）

㈥　以下、第三種事業及び第四種事業についても75％以上にはなりません。

ロ　「(2)　(1)の事業区分別の課税売上高に係る消費税額の明細」欄

㈠　「第二種事業⑮」欄

$\boxed{\text{税率6.24％適用分A}}$

$3,070,000 \times 6.24/108 = 177,377$

㈣　第三種事業⑯」欄

$\boxed{\text{税率6.24％適用分A}}$

$6,280,000 \times 6.24/108 = 362,844$

㈥　「第四種事業⑰」欄

$\boxed{\text{税率7.8％適用分B}}$

$22,050,000 \times 7.8/110 = 1,563,545$

㈡　「事業区分別の合計額⑬」欄

$\boxed{\text{税率6.24％適用分A}}$

$177,377 + 362,844 = 540,221$

$\boxed{\text{税率7.8％適用分B}}$

$1,563,545$

$\boxed{\text{合計C}}$

$540,221 + 1,563,545 = 2,103,766$

2　付表5-3の⑳〜㊱欄の記載

(1)　「イ　原則計算を適用する場合⑳」欄

　　税率6.24％適用分A

　　　第二種事業　　第三種事業

$$\frac{177,377 \times 80\% + 362,844 \times 70\%}{540,221} = \frac{395,891}{540,221} \text{（みなし仕入率）}$$

　　　控除対象仕入税額 $= 540,196 \times \dfrac{395,891}{540,221} = 395,872$

　　税率7.8％適用分B

　　　第四種事業

$$\frac{1,563,545 \times 60\%}{1,563,545} = \frac{938,127}{1,563,545} \text{（みなし仕入率）}$$

　　　控除対象仕入税額 $= 1,563,510 \times \dfrac{938,127}{1,563,545} = 938,105$

　　合計C

　　　$395,872 + 938,105 = 1,333,977$

(2)　「ロ　特例計算を適用する場合」欄

　イ　「(イ)　1種類の事業で75％以上㉑」欄

　　　設例の場合は1種類の事業の課税売上高が全体の課税売上高の75％以上を占めるものはありませんから、この特例対象にはなりません。

　ロ　「(ロ)　2種類の事業で75％以上・第二種事業及び第四種事業㉘・第三種事業及び第四種事業㉛」欄

　　　設例の場合は第二種事業及び第四種事業と第三種事業及び第四種事業の課税売上高が全体の課税売上高の75％以上を占めることから、控除対象仕入税額の計算についてこれらの欄の計算式に従って計算することができますが、原則計算が有利となりますから、原則計算により控除税額の計算をします。

3 付表5－3の㊲欄の記載

最も有利な方法として選択した計算方法（原則計算）に基づく控除対象仕入税額を記載します。

「ハ　上記の計算式区分から選択した控除対象仕入税額㊲」欄

税率6.24％適用分A ⇒ 395,872

税率7.8％適用分B ⇒ 938,105

合計C ⇒ 395,872 + 938,105 = 1,333,977

注 適用税率ごとに異なる計算方法を選択することはできません。

Ⅳ　付表4－3の作成（その2）

この項においては、上記Ⅱ・Ⅲの計算結果から消費税額及び地方消費税額を計算します。

○ 付表4－3の④及び⑥～⑬欄の記載

(1)「控除対象仕入税額④」欄

　　付表5－3の㊲A、B及びC欄から転記

(2)「控除税額小計⑦」欄

税率6.24％適用分A

395,872

税率7.8％適用分B

938,105

合計C

395,872 + 938,105 = 1,333,977

(3)「差引税額⑨」欄

合計C

2,103,706 - 1,333,977 = 769,700

(4) 「地方消費税の課税標準となる消費税額・差引税額⑪」欄

$\boxed{\text{合計C}}$

769,700

(5) 「譲渡割額・納税額⑬」欄

$\boxed{\text{合計C}}$

769,700 × 22/78 ＝ 217,000 （百円未満切捨て）

V 申告書第一表・第二表の記載

次のとおり転記及び計算します。

第一表	転記元等
①	申告書　第二表　①
②	申告書　第二表　⑪
④	付　表　4－3　④C
⑦	付　表　4－3　⑦C
⑨	付　表　4－3　⑨C （プラスの場合に記載）
⑪	申告書　第一表　⑨－⑩ （⑨＞⑩の場合に記載）
⑮	課税期間の課税売上高
⑯	基準期間の課税売上高
⑱	付　表　4－3　⑪C （プラスの場合に記載）
⑳	付　表　4－3　⑬C （プラスの場合に記載）
㉒	申告書　第一表　⑳－㉑ （⑳＞㉑の場合に記載）
㉖	申告書　第一表 （⑪＋㉒）－（⑧＋⑫＋⑲＋㉓）

第二表	転記元等
①	付　表4－3　①C
⑤	付　表4－3　①－1A
⑥	付　表4－3　①－1B
⑦	付　表4－3　①－1C
⑪	付　表4－3　②C
⑮	付　表4－3　②A
⑯	付　表4－3　②B
⑳	付　表4－3　⑪C
㉓	付　表4－3　⑪C

第3-(3)号様式

GK0407

令和 7 年 5 月 26 日

麹町 税務署長殿

○（個人の方）振替継続希望

（簡）法人用

納 税 地	千代田区霞が関 3-1-1
	（電話番号 03 - 3581 -○×○×）
（フリガナ）	コクゼイ キッサ
法 人 名	国税喫茶株式会社
法人番号	1 2 3 4 5 6 7 8 9 0 1 2 3
（フリガナ）	コクゼイ イチロウ
代表者氏名	国 税 一 郎

※税務署処理欄

| 所 番 整理 |
| 申告年月日 令和 年 月 日 |
| 申告区分 指導等 庁指定 局指定 |
| 通信日付印 確認 |
| 月 日 |
| 指 導 年 月 日 相談 区分1 区分2 区分3 |
| 令和 |

第一表

自 平成（令和） 6 年 4 月 1 日
至 令和 7 年 3 月 31 日

課税期間分の消費税及び地方
消費税の（ 確定 ）申告書

中間申告 自 平成/令和 年 月 日
の場合の
対象期間 至 令和 年 月 日

令和五年十月一日以後終了課税期間分（簡易課税用）

この申告書による消費税の税額の計算

課 税 標 準 額	①	2 8 7 0 2 0 0 0	03
消 費 税 額	②	2 1 0 3 7 0 6	06
貸倒回収に係る消費税額	③		07
控除税額 控除対象仕入税額	④	1 3 3 3 9 7 7	08
返還等対価に係る税額	⑤		09
貸倒れに係る税額	⑥		10
控除税額小計(④+⑤+⑥)	⑦	1 3 3 3 9 7 7	11
控除不足還付税額(⑦-②-③)	⑧		13
差 引 税 額(②+③-⑦)	⑨	7 6 9 7 0 0	15
中間納付税額	⑩	0 0	16
納 付 税 額(⑨-⑩)	⑪	7 6 9 7 0 0	17
中間納付還付税額(⑩-⑨)	⑫	0 0	18
この申告書が修正申告である場合 既確定税額	⑬		19
差引納付税額	⑭	0 0	20
この課税期間の課税売上高	⑮	2 8 7 0 2 8 6 1	21
基準期間の課税売上高	⑯	2 8 2 2 2 2 2 2	

この申告書による地方消費税の税額の計算

地方消費税の課税標準となる消費税額 控除不足還付税額	⑰		51
差 引 税 額	⑱	7 6 9 7 0 0	52
譲渡割額 還 付 額	⑲		53
納 税 額	⑳	2 1 7 0 0 0	54
中間納付譲渡割額	㉑		55
納付譲渡割額(⑳-㉑)	㉒	2 1 7 0 0 0	56
中間納付還付譲渡割額(㉑-⑳)	㉓	0 0	57
この申告書が修正申告である場合 既確定譲渡割額	㉔		58
差引納付譲渡割額	㉕	0 0	59
消費税及び地方消費税の合計(納付又は還付)税額	㉖	9 8 6 7 0 0	60

㉖=（⑪+㉒）-（⑧+⑫+⑲+㉓）・修正申告の場合㉖=⑭+㉕
㉖が還付税額となる場合はマイナス「-」を付してください。

⑪・㉒又は⑫・㉓の記入をお忘れなく。

付記事項・参考事項

割賦基準の適用	○有 ○無	31
延払基準等の適用	○有 ○無	32
工事進行基準の適用	○有 ○無	33
現金主義会計の適用	○有 ○無	34
課税標準額に対する消費税額の計算の特例の適用	○有 ○無	35

区分	課税売上高（免税売上高を除く） 千円	売上割合 %	
第1種			36
第2種	2,842	9.9	37
第3種	5,814	20.2	38
第4種	20,045	69.8	39
第5種			42
第6種			43

特例計算適用（令57③） ○有 ○無 40

○税額控除に係る経過措置の適用（2割特例） 44

還付を受けようとする金融機関等

銀 行	本店・支店
金庫・組合	出 張 所
農協・漁協	本所・支所
預金 口座番号	
ゆうちょ銀行の貯金記号番号	-
郵 便 局 名 等	

○（個人の方）公金受取口座の利用

※税務署整理欄

| 税理士署名 | |
| | （電話番号 ） |

○ 税理士法第30条の書面提出有
○ 税理士法第33条の2の書面提出有

※ 2割特例による申告の場合、⑮欄に⑨欄の数字を記載し、
⑱欄×22/78から算出された金額を⑳欄に記載してください。

第20章 消費税及び地方消費税の申告書の作成は

第3-(2)号様式

課税標準額等の内訳書

納 税 地	千代田区霞が関 3-1-1
	（電話番号 03 - 3581 -０×０×）
（フリガナ）	コクゼイキッサ
法 人 名	国 税 喫 茶 株 式 会 社
（フリガナ）	コクゼイ イチロウ
代表者氏名	国 税 一 郎

整理番号	

法人用

改 正 法 附 則 に よ る 税 額 の 特 例 計 算			
軽減売上割合（10営業日）	○	附則38①	51
小売等軽減仕入割合	○	附則38②	52

第二表

自 令和 ６年 ４月 １日
至 令和 ７年 ３月 31日

課税期間分の消費税及び地方消費税の（ 確定 ）申告書

中間申告 自 令和 □年□月□日
の場合の 対象期間 至 令和 □年□月□日

令和四年四月一日以後終了課税期間分

課　税　標　準　額 ※申告書（第一表）の①欄へ	①				十 売 千 百 十 億 千 百 十 万 千 百 十 一 円 　 　 　 ２ ８ ７ ０ ２ ０ ０ ０	01

課 税 資 産 の 譲 渡 等 の 対 価 の 合 計 額	3 ％ 適用分	②		02
	4 ％ 適用分	③		03
	6.3 ％ 適用分	④		04
	6.24 ％ 適用分	⑤	８ ６ ５ ７ ４ ０ ７	05
	7.8 ％ 適用分	⑥	２ ０ ０ ４ ５ ４ ５ ４	06
	（②～⑥の合計）	⑦	２ ８ ７ ０ ２ ８ ６ １	07
特定課税仕入れ に係る支払対価 の額の合計額 （注1）	6.3 ％ 適用分	⑧		11
	7.8 ％ 適用分	⑨		12
	（⑧・⑨の合計）	⑩		13

消　費　税　額 ※申告書（第一表）の②欄へ	⑪	２ １ ０ ３ ７ ０ ６	21
⑪ の 内 訳	3 ％ 適用分 ⑫		22
	4 ％ 適用分 ⑬		23
	6.3 ％ 適用分 ⑭		24
	6.24 ％ 適用分 ⑮	５ ４ ０ １ ９ ６	25
	7.8 ％ 適用分 ⑯	１ ５ ６ ３ ５ １ ０	26

返　還　等　対　価　に　係　る　税　額 ※申告書（第一表）の⑤欄へ	⑰		31
⑰の内訳	売上げの返還等対価に係る税額 ⑱		32
	特定課税仕入れの返還等対価に係る税額 （注1） ⑲		33

地 方 消 費 税 の 課税標準となる 消 費 税 額 （注2）	（㉑～㉓の合計）	⑳	７ ６ ９ ７ ０ ０	41
	4 ％ 適用分	㉑		42
	6.3 ％ 適用分	㉒		43
	6.24%及び7.8％ 適用分	㉓	７ ６ ９ ７ ０ ０	44

（注1） ⑧～⑩及び⑲欄は、一般課税により申告する場合で、課税売上割合が95%未満、かつ、特定課税仕入れがある事業者のみ記載します。
（注2） ⑳～㉓欄が還付税額となる場合はマイナス「－」を付してください。

第4-(11)号様式

付表4-3　税率別消費税額計算表　兼　地方消費税の課税標準となる消費税額計算表

簡　易

| 課　税　期　間 | 6・4・1 ～ 7・3・31 | 氏名又は名称 | 国税喫茶株式会社 |

区　　　　分		税率 6.24 % 適用分 A	税率 7.8 % 適用分 B	合　　　計　C (A＋B)
課　税　標　準　額	①	円 8,657,000	円 20,045,000	※第二表の①欄へ 円 28,702,000
課税資産の譲渡等の対価の額	①-1	※第二表の⑤欄へ 8,657,407	※第二表の⑥欄へ 20,045,454	※第二表の⑦欄へ 28,702,861
消　　費　　税　　額	②	※付表5-3の①A欄へ ※第二表の⑮欄へ 540,196	※付表5-3の①B欄へ ※第二表の⑯欄へ 1,563,510	※付表5-3の①C欄へ ※第二表の⑪欄へ 2,103,706
貸倒回収に係る消費税額	③	※付表5-3の②A欄へ	※付表5-3の②B欄へ	※付表5-3の②C欄へ ※第一表の③欄へ
控除 控除対象仕入税額	④	(付表5-3の⑤A欄又は㉒A欄の金額) 395,872	(付表5-3の⑤B欄又は㉒B欄の金額) 938,105	(付表5-3の⑤C欄又は㉒C欄の金額) ※第一表の④欄へ 1,333,977
返還等対価に係る税額	⑤	※付表5-3の③A欄へ	※付表5-3の③B欄へ	※付表5-3の③C欄へ ※第二表の⑰欄へ
税 貸倒れに係る税額	⑥			※第一表の⑥欄へ
額 控除税額小計 (④＋⑤＋⑥)	⑦	395,872	938,105	※第一表の⑦欄へ 1,333,977
控除不足還付税額 (⑦－②－③)	⑧			※第一表の⑧欄へ
差　引　税　額 (②＋③－⑦)	⑨			※第一表の⑨欄へ 769,700
地方消費税の課税標準となる消費税額 控除不足還付税額 (⑧)	⑩			※第一表の⑱欄へ ※マイナス「－」を付して第二表の㉖及び㉑欄へ
差　引　税　額 (⑨)	⑪			※第一表の⑲欄へ ※第二表の㉖及び㉑欄へ 769,700
譲渡割額 還　付　額	⑫			(⑩C欄×22/78) ※第一表の㉑欄へ
納　税　額	⑬			(⑪C欄×22/78) ※第一表の㉒欄へ 217,000

注意　金額の計算においては、1円未満の端数を切り捨てる。

(R1.10.1以後終了課税期間用)

第4-(12)号様式

付表5-3　控除対象仕入税額等の計算表　　　　　　簡　易

| 課税期間 | 6・4・1～7・3・31 | 氏名又は名称 | 国税喫茶株式会社 |

Ⅰ　控除対象仕入税額の計算の基礎となる消費税額

項　　目		税率6.24%適用分 A	税率7.8%適用分 B	合計 C (A+B)
課税標準額に対する消費税額	①	(付表4-3の②A欄の金額) 540,196	(付表4-3の②B欄の金額) 1,563,510	(付表4-3の②C欄の金額) 2,103,706
貸倒回収に係る消費税額	②	(付表4-3の③A欄の金額)	(付表4-3の③B欄の金額)	(付表4-3の③C欄の金額)
売上対価の返還等に係る消費税額	③	(付表4-3の⑤A欄の金額)	(付表4-3の⑤B欄の金額)	(付表4-3の⑤C欄の金額)
控除対象仕入税額の計算の基礎となる消費税額 (①＋②－③)	④	540,196	1,563,510	2,103,706

Ⅱ　1種類の事業の専業者の場合の控除対象仕入税額

項　　目		税率6.24%適用分 A	税率7.8%適用分 B	合計 C (A+B)
④ × みなし仕入率 (90%・80%・70%・60%・50%・40%)	⑤	※付表4-3の④A欄へ　　円	※付表4-3の④B欄へ　　円	※付表4-3の④C欄へ　　円

Ⅲ　2種類以上の事業を営む事業者の場合の控除対象仕入税額

(1)　事業区分別の課税売上高(税抜き)の明細

項　　目		税率6.24%適用分 A	税率7.8%適用分 B	合計 C (A+B)	売上割合
事業区分別の合計額	⑥	8,657,407 円	20,045,454 円	28,702,861 円	%
第一種事業 (卸 売 業)	⑦			※第一表「事業区分」欄へ	％
第二種事業 (小 売 業 等)	⑧	2,842,592		※ 2,842,592	9.90
第三種事業 (製 造 業 等)	⑨	5,814,814		※ 5,814,814	20.2
第四種事業 (そ の 他)	⑩		20,045,454	※ 20,045,454	69.8
第五種事業 (サービス業等)	⑪			※	
第六種事業 (不 動 産 業)	⑫			※	

(2)　(1)の事業区分別の課税売上高に係る消費税額の明細

項　　目		税率6.24%適用分 A	税率7.8%適用分 B	合計 C (A+B)
事業区分別の合計額	⑬	540,221 円	1,563,545 円	2,103,766 円
第一種事業 (卸 売 業)	⑭			
第二種事業 (小 売 業 等)	⑮	177,377		177,377
第三種事業 (製 造 業 等)	⑯	362,844		362,844
第四種事業 (そ の 他)	⑰		1,563,545	1,563,545
第五種事業 (サービス業等)	⑱			
第六種事業 (不 動 産 業)	⑲			

注意　1　金額の計算においては、1円未満の端数を切り捨てる。
　　　2　課税売上げにつき返品を受け又は値引き・割戻しをした金額(売上対価の返還等の金額)があり、売上(収入)金額から減算しない方法で経理して経費に含めている場合には、⑥から⑫欄には売上対価の返還等の金額(税抜き)を控除した後の金額を記載する。

(1／2)

(R1.10.1以後終了課税期間用)

(3) 控除対象仕入税額の計算式区分の明細

イ 原則計算を適用する場合

控 除 対 象 仕 入 税 額 の 計 算 式 区 分		税率6.24%適用分 A	税率7.8%適用分 B	合計 C (A＋B)
④ × みなし仕入率 $\dfrac{⑭×90\%+⑮×80\%+⑯×70\%+⑰×60\%+⑱×50\%+⑲×40\%}{⑬}$	⑳	円 395,872	円 938,105	円 1,333,977

ロ 特例計算を適用する場合

(イ) 1種類の事業で75%以上

控 除 対 象 仕 入 税 額 の 計 算 式 区 分		税率6.24%適用分 A	税率7.8%適用分 B	合計 C (A＋B)
(⑦C/⑥C・⑧C/⑥C・⑨C/⑥C・⑩C・⑪C/⑥C・⑫C/⑥C)≧75% ④×みなし仕入率（90％・80％・70％・60％・50％・40％）	㉑	円	円	円

(ロ) 2種類の事業で75%以上

控 除 対 象 仕 入 税 額 の 計 算 式 区 分		税率6.24%適用分 A	税率7.8%適用分 B	合計 C (A＋B)
第 一 種 事 業 及 び 第 二 種 事 業 （⑦C＋⑧C）/⑥C≧75%	④× $\dfrac{⑭×90\%+(⑬−⑭)×80\%}{⑬}$ ㉒	円	円	円
第 一 種 事 業 及 び 第 三 種 事 業 （⑦C＋⑨C）/⑥C≧75%	④× $\dfrac{⑭×90\%+(⑬−⑭)×70\%}{⑬}$ ㉓			
第 一 種 事 業 及 び 第 四 種 事 業 （⑦C＋⑩C）/⑥C≧75%	④× $\dfrac{⑭×90\%+(⑬−⑭)×60\%}{⑬}$ ㉔			
第 一 種 事 業 及 び 第 五 種 事 業 （⑦C＋⑪C）/⑥C≧75%	④× $\dfrac{⑭×90\%+(⑬−⑭)×50\%}{⑬}$ ㉕			
第 一 種 事 業 及 び 第 六 種 事 業 （⑦C＋⑫C）/⑥C≧75%	④× $\dfrac{⑭×90\%+(⑬−⑭)×40\%}{⑬}$ ㉖			
第 二 種 事 業 及 び 第 三 種 事 業 （⑧C＋⑨C）/⑥C≧75%	④× $\dfrac{⑮×80\%+(⑬−⑮)×70\%}{⑬}$ ㉗			
第 二 種 事 業 及 び 第 四 種 事 業 （⑧C＋⑩C）/⑥C≧75%	④× $\dfrac{⑮×80\%+(⑬−⑮)×60\%}{⑬}$ ㉘			
第 二 種 事 業 及 び 第 五 種 事 業 （⑧C＋⑪C）/⑥C≧75%	④× $\dfrac{⑮×80\%+(⑬−⑮)×50\%}{⑬}$ ㉙			
第 二 種 事 業 及 び 第 六 種 事 業 （⑧C＋⑫C）/⑥C≧75%	④× $\dfrac{⑮×80\%+(⑬−⑮)×40\%}{⑬}$ ㉚			
第 三 種 事 業 及 び 第 四 種 事 業 （⑨C＋⑩C）/⑥C≧75%	④× $\dfrac{⑯×70\%+(⑬−⑯)×60\%}{⑬}$ ㉛			
第 三 種 事 業 及 び 第 五 種 事 業 （⑨C＋⑪C）/⑥C≧75%	④× $\dfrac{⑯×70\%+(⑬−⑯)×50\%}{⑬}$ ㉜			
第 三 種 事 業 及 び 第 六 種 事 業 （⑨C＋⑫C）/⑥C≧75%	④× $\dfrac{⑯×70\%+(⑬−⑯)×40\%}{⑬}$ ㉝			
第 四 種 事 業 及 び 第 五 種 事 業 （⑩C＋⑪C）/⑥C≧75%	④× $\dfrac{⑰×60\%+(⑬−⑰)×50\%}{⑬}$ ㉞			
第 四 種 事 業 及 び 第 六 種 事 業 （⑩C＋⑫C）/⑥C≧75%	④× $\dfrac{⑰×60\%+(⑬−⑰)×40\%}{⑬}$ ㉟			
第 五 種 事 業 及 び 第 六 種 事 業 （⑪C＋⑫C）/⑥C≧75%	④× $\dfrac{⑱×50\%+(⑬−⑱)×40\%}{⑬}$ ㊱			

ハ 上記の計算式区分から選択した控除対象仕入税額

項　　　　　目		税率6.24%適用分 A	税率7.8%適用分 B	合計 C (A＋B)
選 択 可 能 な 計 算 式 区 分 （ ⑳ ～ ㊱ ） の 内 か ら 選 択 し た 金 額	㊲	㊲付表4-3の①A欄へ 395,872	円 ㊲付表4-3の①B欄へ 938,105	円 ㊲付表4-3の①C欄へ 1,333,977

注意　金額の計算においては、1円未満の端数を切り捨てる。

(2／2)

(R1.10.1以後終了課税期間用)

　税額控除に係る2割特例の適用に係る申告書の作成手順
（一般用・簡易課税用）

Ⅰ　申告書の作成手順等

　令和5年度の消費税法の一部改正の附則において、「適格請求書発行
事業者となる小規模事業者に係る税額控除に関する経過措置」の規定が
設けられ（平28改正法附則51の2）、この規定の適用となる小規模事業者に
ついては、納付税額を課税標準額に対する消費税額の2割とする（いわ
ゆる2割特例）特例規定が適用されることとされました。

　2割特例が適用される事業者の税額計算は簡易課税制度における税額
計算と同様となりますが、税額計算における控除率が簡易課税制度とは
異なり、一律80％の控除率が適用されることになります（平28改正法附則
51の2①、②）。

　したがって、2割特例を適用する事業者については、その行う事業の
種類にかかわらず、課税標準額に対する消費税額の80％相当が控除税額
となります。

　なお、2割特例の適用を受ける事業者は、提出する申告書に2割特例
の適用を受ける旨を付記することとされています（平28改正法附則51の2
③）。

【設　例】

　　ビル清掃業を営む新宿ビル清掃（株）は、設立以来の基準期間に
おける課税売上高が1,000万円以下であること等からこれまで免税

事業者であり、当課税期間（令 6.4.1〜令 7.3.31）においてもその基準期間における課税売上高が1,000万円以下であることから、本来免税事業者となる事業者に該当します。

しかしながら、取引の相手方との協議の結果、取引の相手方が仕入税額控除ができるように当社は「適格請求書発行事業者」となり、当課税期間は課税事業者となることになりました。

当社の当課税期間（令和 6 年 4 月 1 日〜令和 7 年 3 月31日）における課税売上高等は、次のとおりです。

1　課税期間中の課税売上高

（1）課税売上高（税込み・すべて標準税率7.8％）　　　　　9,860,000円

2　課税標準額の計算　$9,860,000円 \times \dfrac{100}{110} = 8,963,636円$

　千円未満切捨てた金額（課税標準額）8,963,000円

これらのデータを前提として、申告書第一表、第二表及び付表 6 を作成します。

その1　一般用申告書の作成

第3-(1)号様式

<table>
<tr><td colspan="2">令和 7 年 5 月 23 日</td><td>新宿</td><td>税務署長殿</td></tr>
</table>

納税地	新宿区北新宿 ×-××-×××
	（電話番号 03 -××××-××××）
（フリガナ）	シンジュクビルセイソウ
法人名	新宿ビル清掃株式会社
法人番号	1 2 3 4 5 6 7 8 9 0 1 2 3
（フリガナ）	ゼイム タロウ
代表者氏名	税務太郎

（個人の方）振替継続希望

法人用　第一表

※税務署処理欄	
整理番号	
申告年月日　令和　年　月　日	
申告区分　指導等　庁指定　局指定	
通信日付印　確認	
指導　年　月　日　相談　区分1 区分2 区分3	
令和	

自 令和 6 年 4 月 1 日　　**課税期間分の消費税及び地方消費税の（ 確定 ）申告書**

至 令和 7 年 3 月 31 日

中間申告　自 令和　年　月　日　の場合の　対象期間　至 令和　年　月　日

令和五年十月一日以後終了課税期間分（一般用）

この申告書による消費税の税額の計算

		十兆千百十億千百十万千百十一円	
課税標準額	①	8 9 6 3 0 0 0	03
消費税額	②	6 9 9 1 1 4	06
控除過大調整税額	③		07
控除税額　控除対象仕入税額	④	5 5 9 2 9 1	08
返還等対価に係る税額	⑤		09
貸倒れに係る税額	⑥		10
控除税額小計（④+⑤+⑥）	⑦	5 5 9 2 9 1	11
控除不足還付税額（⑦-②-③）	⑧		13
差引税額（②+③-⑦）	⑨	1 3 9 8 0 0	15
中間納付税額	⑩	0 0	16
納付税額（⑨-⑩）	⑪	1 3 9 8 0 0	17
中間納付還付税額（⑩-⑨）	⑫	0 0	18
この申告書が修正申告である場合　既確定税額	⑬		19
差引納付税額	⑭	0 0	20
課税売上割合　課税資産の譲渡等の対価の額	⑮		21
資産の譲渡等の対価の額	⑯		22

この申告書による地方消費税の税額の計算

地方消費税の課税標準となる消費税額　控除不足還付税額	⑰		51
差引税額	⑱	1 3 9 8 0 0	52
譲渡割額　還付額	⑲		53
納税額	⑳	3 9 4 0 0	54
中間納付譲渡割額	㉑	0 0	55
納付譲渡割額（⑳-㉑）	㉒	3 9 4 0 0	56
中間納付還付譲渡割額（㉑-⑳）	㉓	0 0	57
この申告書が修正申告である場合　既確定譲渡割額	㉔		58
差引納付譲渡割額	㉕	0 0	59
消費税及び地方消費税の合計（納付又は還付）税額	㉖	1 7 9 2 0 0	60

⑪・⑫又は⑭・㉓の記入をお忘れなく。

㉖=（⑪+⑫）-（⑧+⑫+⑲+㉓）・修正申告の場合㉖=⑭+㉕　㉖が還付税額となる場合はマイナス「-」を付してください。

付記事項・参考事項

	有	無	
割賦基準の適用	○	○	31
延払基準等の適用	○	○	32
工事進行基準の適用	○	○	33
現金主義会計の適用	○	○	34
課税標準額に対する消費税額の計算の特例の適用	○	○	35

控除税額の計算方法	課税売上高5億円超又は課税売上割合95%未満	個別対応方式	○
		一括比例配分方式	○	41
上記以外	全額控除	○

基準期間の課税売上高　9740千円

○ 税額控除に係る経過措置の適用（2割特例）42

還付を受けようとする金融機関等	銀行・金庫・組合・農協・漁協	本店・支店 出張所 本所・支所
預金 口座番号		
ゆうちょ銀行の貯金記号番号	-	
郵便局名等		

○（個人の方）公金受取口座の利用

※税務署整理欄

税理士署名	
（電話番号　-　-）	

○ 税理士法第30条の書面提出有
○ 税理士法第33条の2の書面提出有

※ 2割特例による申告の場合、⑨欄に⑪欄の数字を記載し、⑱欄×22/78から算出された金額を⑳欄に記載してください。

第3-(2)号様式

課税標準額等の内訳書

整理番号

納税地	新宿区北新宿 ×-××-×××
	（電話番号 03 -××××-××××）
（フリガナ）	シンジュクビルセイソウ
法人名	新宿ビル清掃株式会社
（フリガナ）	ゼイム タロウ
代表者氏名	税務太郎

改正法附則による税額の特例計算

軽減売上割合（10営業日）	○	附則38①	51
小売等軽減仕入割合	○	附則38②	52

第二表

自 令和 6年 4月 1日
至 令和 7年 3月 31日

課税期間分の消費税及び地方消費税の（ 確定 ）申告書

中間申告 自令和 年 月 日
の場合の
対象期間 至令和 年 月 日

令和四年四月一日以後終了課税期間分

課税標準額 ※申告書（第一表）の①欄へ	①	8963000	01
課税資産の譲渡等の対価の額の合計額 3 ％適用分	②		02
4 ％適用分	③		03
6.3 ％適用分	④		04
6.24 ％適用分	⑤		05
7.8 ％適用分	⑥	8963636	06
（②～⑥の合計）	⑦	8963636	07
特定課税仕入れに係る支払対価の額の合計額（注1） 6.3 ％適用分	⑧		11
7.8 ％適用分	⑨		12
（⑧・⑨の合計）	⑩		13

消費税額 ※申告書（第一表）の②欄へ	⑪	699114	21
⑪の内訳 3 ％適用分	⑫		22
4 ％適用分	⑬		23
6.3 ％適用分	⑭		24
6.24 ％適用分	⑮		25
7.8 ％適用分	⑯	699114	26

返還等対価に係る税額 ※申告書（第一表）の⑤欄へ	⑰		31
⑰の内訳 売上げの返還等対価に係る税額	⑱		32
特定課税仕入れの返還等対価に係る税額（注1）	⑲		33

地方消費税の課税標準となる消費税額 （㉑～㉓の合計）	⑳		41
4 ％適用分	㉑		42
6.3 ％適用分	㉒		43
（注2）6.24％及び7.8％適用分	㉓	139800	44

（注1） ⑧～⑩及び⑲欄は、一般課税により申告する場合で、課税売上割合が95％未満、かつ、特定課税仕入れがある事業者のみ記載します。
（注2） ⑳～㉓欄が還付税額となる場合はマイナス「-」を付してください。

第20章 消費税及び地方消費税の申告書の作成は

第4-(13)号様式

付表6　税率別消費税額計算表　　　　　　　　　　　　　　　　　　　　　　　　　特別
　　　　〔小規模事業者に係る税額控除に関する経過措置を適用する課税期間用〕

課　税　期　間	6・4・1～7・3・31	氏名又は名称	新宿ビル清掃(株)

I　課税標準額に対する消費税額及び控除対象仕入税額の計算の基礎となる消費税額

区　　　　　　　分		税率 6.24 % 適 用 分　A	税率 7.8 % 適 用 分　B	合　　　計　　　C　(A＋B)
課 税 資 産 の 譲 渡 等 の 対 価 の 額	①	※第二表の⑤欄へ　　　　　　円	※第二表の⑥欄へ　　　　　　円 8,963,636	※第二表の⑦欄へ　　　　　　円 8,963,636
課 税 標 準 額	②	①A欄(千円未満切捨て)　　000	①B欄(千円未満切捨て)　8,963,000	※第二表の①欄へ　8,963,000
課 税 標 準 額 に 対 す る 消 費 税 額	③	(②A欄×6.24/100)　※第二表の⑬欄へ	(②B欄×7.8/100)　※第二表の⑭欄へ　699,114	※第二表の⑪欄へ　699,114
貸 倒 回 収 に 係 る 消 費 税 額	④			※第一表の③欄へ
売 上 対 価 の 返 還 等 に 係 る 消 費 税 額	⑤			※第一表の⑰、⑱欄へ
控除対象仕入税額の計算の基礎となる消費税額（③＋④－⑤）	⑥		699,114	699,114

II　控除対象仕入税額とみなされる特別控除税額

項　　　　　　　目		税率 6.24 % 適 用 分　A	税率 7.8 % 適 用 分　B	合　　　計　　　C　(A＋B)
特 別 控 除 税 額（　⑥　×　80　%　）	⑦		559,291	※第一表の④欄へ　559,291

III　貸倒れに係る税額

項　　　　　　　目		税率 6.24 % 適 用 分　A	税率 7.8 % 適 用 分　B	合　　　計　　　C　(A＋B)
貸 倒 れ に 係 る 税 額	⑧			※第一表の⑥欄へ

注意　　金額の計算においては、1円未満の端数を切り捨てる。

（R5.10.1以後終了課税期間用）

その2　簡易課税用申告書の作成

第3－(3)号様式

GK0407

令和 7 年 5 月 23 日	新宿 税務署長殿		ⓢ（個人の方）振替継続希望

(簡) 法人用

納税地　新宿区北新宿 ×-××-×××
（電話番号　03 -××××-××××）

（フリガナ）シンジュクビルセイソウ
法人名　新宿ビル清掃株式会社

法人番号　1 2 3 4 5 6 7 8 9 0 1 2 3

（フリガナ）ゼイム　タロウ
代表者氏名　税務太郎

第一表

自 平成/令和 6 年 4 月 1 日
至 令和 7 年 3 月 31 日

課税期間分の消費税及び地方
消費税の（　確定　）申告書

中間申告 自 平成/令和 □□年□□月□□日
の場合の 対象期間 至 令和 □□年□□月□□日

令和五年十月一日以後終了課税期間分（簡易課税用）

この申告書による消費税の税額の計算

		十兆千百十億千百十万千百十一円	
課税標準額	①	8 9 6 3 0 0 0	03
消費税額	②	6 9 9 1 1 4	06
貸倒回収に係る消費税額	③		07
控除税額	控除対象仕入税額 ④	5 5 9 2 9 1	08
	返還等対価に係る税額 ⑤		09
	貸倒れに係る税額 ⑥		10
	控除税額小計（④+⑤+⑥）⑦	5 5 9 2 9 1	
控除不足還付税額（⑦-②-③）⑧			13
差引税額（②+③-⑦）⑨		1 3 9 8 0 0	15
中間納付税額 ⑩		0 0	16
納付税額（⑨-⑩）⑪		1 3 9 8 0 0	17
中間納付還付税額（⑩-⑨）⑫		0 0	18
この申告書が修正申告である場合 既確定税額 ⑬			19
差引納付税額 ⑭		0 0	20
この課税期間の課税売上高 ⑮			21
基準期間の課税売上高 ⑯			

⑪・⑫又は⑭・㉓の記入をお忘れなく。

この申告書による地方消費税の税額の計算

地方消費税の課税標準となる消費税額	控除不足還付税額 ⑰		51
	差引税額 ⑱	1 3 9 8 0 0	52
譲渡割額	還付額 ⑲		53
	納税額 ⑳	3 9 4 0 0	54
中間納付譲渡割額 ㉑		0 0	55
納付譲渡割額（⑳-㉑）㉒		3 9 4 0 0	56
中間納付還付譲渡割額（㉑-⑳）㉓		0 0	57
この申告書が修正申告である場合 既確定譲渡割額 ㉔			58
差引納付譲渡割額 ㉕		0 0	59
消費税及び地方消費税の合計（納付又は還付）税額 ㉖	1 7 9 2 0 0		60

㉖=（⑪+⑫）-（⑱+⑲+⑳）・修正申告の場合=⑭+㉕
㉖が還付税額となる場合はマイナス「-」を付してください。

付記事項

割賦基準の適用	○有 ⦿無	31
延払基準等の適用	○有 ⦿無	32
工事進行基準の適用	○有 ⦿無	33
現金主義会計の適用	○有 ⦿無	34
課税標準額に対する消費税額の計算の特例の適用	○有 ⦿無	35

参考事項

区分	課税売上高（免税売上高を除く） 千円	売上割合 %	
事業区分	第1種		0 . 0	36
	第2種		0 . 0	37
	第3種		0 . 0	38
	第4種		0 . 0	39
	第5種	1 0 0 . 0	42
	第6種		0 . 0	43

特例計算適用（令57③）　○有 ⦿無 40

⦿ 税額控除に係る経過措置の適用（2割特例） 44

還付を受けようとする金融機関等

銀行	本店・支店
金庫・組合	出張所
農協・漁協	本所・支所

預金 口座番号

ゆうちょ銀行の貯金記号番号　　-
郵便局名等

○（個人の方）公金受取口座の利用

※税務署整理欄

税理士署名
（電話番号　　-　　-　　）

○ 税理士法第30条の書面提出有
○ 税理士法第33条の2の書面提出有

※ 2割特例による申告の場合、⑱欄に⑪欄の数字を記載し、
⑱欄×22/78から算出された金額を⑳欄に記載してください。

— 297 —

第3-(2)号様式

課税標準額等の内訳書

整理番号									法人用

納税地	新宿区北新宿 ×-××-×××
	（電話番号　03-××××-××××）
（フリガナ）	シンジュクビルセイソウ
法人名	新宿ビル清掃株式会社
（フリガナ）	ゼイム　タロウ
代表者氏名	税務太郎

改正法附則による税額の特例計算			
軽減売上割合（10営業日）	◯	附則38①	51
小売等軽減仕入割合	◯	附則38②	52

第二表

自 令和 6 年 4 月 1 日　至 令和 7 年 3 31 日

課税期間分の消費税及び地方消費税の（ 確定 ）申告書

中間申告 自 令和　　年　　月　　日
の場合の
対象期間 至 令和　　年　　月　　日

令和四年四月一日以後終了課税期間分

課　税　標　準　額 ※申告書（第一表）の①欄へ	①	十兆千百十億千百十万千百十一円　8 9 6 3 0 0 0	01

課税資産の譲渡等の対価の額の合計額	3 ％ 適用分	②		02
	4 ％ 適用分	③		03
	6.3 ％ 適用分	④		04
	6.24 ％ 適用分	⑤		05
	7.8 ％ 適用分	⑥	8 9 6 3 6 3 6	06
	（②～⑥の合計）	⑦	8 9 6 3 6 3 6	07
特定課税仕入れに係る支払対価の額の合計額 （注1）	6.3 ％ 適用分	⑧		11
	7.8 ％ 適用分	⑨		12
	（⑧・⑨の合計）	⑩		13

消　費　税　額 ※申告書（第一表）の②欄へ	⑪	6 9 9 1 1 4	21
⑪ の 内 訳	3 ％ 適用分	⑫		22
	4 ％ 適用分	⑬		23
	6.3 ％ 適用分	⑭		24
	6.24 ％ 適用分	⑮		25
	7.8 ％ 適用分	⑯	6 9 9 1 1 4	26

返　還　等　対　価　に　係　る　税　額 ※申告書（第一表）の⑤欄へ	⑰		31
⑰の内訳	売上げの返還等対価に係る税額	⑱		32
	特定課税仕入れの返還等対価に係る税額 （注1）	⑲		33

地方消費税の課税標準となる消費税額 （注2）	（㉑～㉓の合計）	⑳		41
	4 ％ 適用分	㉑		42
	6.3 ％ 適用分	㉒		43
	6.24％及び7.8％適用分	㉓	1 3 9 8 0 0	44

（注1）　⑧～⑩及び⑲欄は、一般課税により申告する場合で、課税売上割合が95％未満、かつ、特定課税仕入れがある事業者のみ記載します。
（注2）　⑳～㉓欄が還付税額となる場合はマイナス「－」を付してください。

付表6　税率別消費税額計算表
〔小規模事業者に係る税額控除に関する経過措置を適用する課税期間用〕

特 別

課 税 期 間	6・4・1 ～ 7・3・31	氏名又は名称	新宿ビル清掃㈱

I　課税標準額に対する消費税額及び控除対象仕入税額の計算の基礎となる消費税額

区　　　　　分		税率 6.24 % 適用分 A	税率 7.8 % 適用分 B	合　　　計　　C (A＋B)
課 税 資 産 の 譲 渡 等 の 対 価 の 額	①	※第二表の⑤欄へ　　　円	※第二表の⑥欄へ　　　円 8,963,636	※第二表の⑦欄へ　　　円 8,963,636
課 税 標 準 額	②	①A欄(千円未満切り捨て) 000	①B欄(千円未満切り捨て) 8,963, 000	※第二表の①欄へ 8,963, 000
課 税 標 準 額 に 対 す る 消 費 税 額	③	(②A欄×6.24/100) ※第二表の⑮欄へ	(②B欄×7.8/100) ※第二表の⑯欄へ 699,114	※第二表の⑪欄へ 699,114
貸 倒 回 収 に 係 る 消 費 税 額	④			※第一表の③欄へ
売 上 対 価 の 返 還 等 に 係 る 消 費 税 額	⑤			※第二表の⑰、⑱欄へ
控除対象仕入税額の計算 の基礎となる消費税額 (　③　＋　④　－　⑤　)	⑥		699,114	699,114

II　控除対象仕入税額とみなされる特別控除税額

項　　　　　目		税率 6.24 % 適用分 A	税率 7.8 % 適用分 B	合　　　計　　C (A＋B)
特 別 控 除 税 額 (　⑥　×　80　%　)	⑦		559,291	※第一表の④欄へ 559,291

III　貸倒れに係る税額

項　　　　　目		税率 6.24 % 適用分 A	税率 7.8 % 適用分 B	合　　　計　　C (A＋B)
貸 倒 れ に 係 る 税 額	⑧			※第一表の⑥欄へ

注意　金額の計算においては、1円未満の端数を切り捨てる。

(R5.10.1以後終了課税期間用)

第20章　消費税及び地方消費税の申告書の作成は

用　語　索　引

〔著者略歴〕

和氣　　光（わけ　ひかる）

平成４年　　国税庁消費税課課長補佐
平成８年　　東京国税局川崎南税務署副署長
平成９年　　税務大学校研究部教授
平成12年　　東京国税局調査第１部特別国税調査官
平成13年　　　同　　麻布税務署副署長
平成14年　　　同　　課税第２部統括国税調査官
平成16年　　　同　　消費税課長
平成17年　　　同　　町田税務署長
平成20年　　　同　　豊島税務署長を経て
平成21年　　税理士
現在、東京税理士会相談員（消費税担当）

主な著書に「消費税調査における是否認の接点(三訂版)」、
「消費税 軽減税率とインボイスのスタートガイド」（いずれも
大蔵財務協会）

令和６年度版　□基礎から身につく消費税□

令和６年６月６日　初版発行

不　許
複　製

著　者　　和　氣　　　光

（一財）大蔵財務協会　理事長
発行者　　木　村　幸　俊

発行所　　一般財団法人　大　蔵　財　務　協　会
〔郵便番号　130-8585〕
東京都墨田区東駒形1丁目14番1号
（販　売　部）TEL03(3829)4141・FAX03(3829)4001
（出版編集部）TEL03(3829)4142・FAX03(3829)4005
http://www.zaikyo.or.jp

乱丁・落丁はお取替えいたします。　　　　　　　印刷　恵友社
ISBN978-4-7547-3211-0